歷史學是什麼

What Is History ?

葛劍雄、周筱贇◎著

序　言

記得第一次見到「歷史」這個名詞，是小學三、四年級時看一種《中國歷史故事》，比上歷史課時間還早。當時並沒有注意這書是誰寫的，只是覺得很有趣，以致過了那麼多年後還能記得其中的大致內容。讀初中時，歷史已是我最喜愛的課程之一。雖然那時怎麼也不會想到，歷史的研究和教學會成爲我以後的職業。從我獲得歷史學博士學位到現在快滿二十年了，但當出版社約我寫《歷史學是什麼》一書時，還是讓我頗費躊躇。我一遍遍地問自己：歷史學是什麼？我也說不清。或許正因爲如此，我又產生了像當年看《中國歷史故事》一樣的興趣。何不趁此機會，將歷史學弄個明白？即使只是一知半解，也不妨寫出來，或許能產生當年的《中國歷史故事》一樣的作用，引起年輕朋友們的興趣。

不過，要講「歷史學」自然比講「歷史」更困難、更抽象。一方面我自己所知有限，另一方面，要將這些有限的所知講清楚也非易事。好在我並不希望這本書成爲艱澀的理論著作，專供專家學者研讀，所以盡可以避虛就實，多談些具體內容。

歷史學有其普遍性，歷史也不限中外，有中國史，更有世界史。可惜我對中國以外的歷史了解有限，外國的歷史學所知更少。與其強作解人，或拾人牙慧，還不如將本書的內容集中於中國。嚴格地說，本書的題目應該稱爲《中國歷史學是什麼》。

目　錄

1. 歷史的來歷

式觀元始，眇覿玄風，冬穴夏巢之時，茹毛飲血之世，世質民淳，斯文未作。逮乎伏羲之王天下也，始畫八卦，造書契，以代結繩之政，由是文籍生焉。

[梁]蕭統《文選序》

當我們考察上古時代，想像那悠遠的古風，那時的人們冬天住在洞穴，夏天在樹上築巢，身上披的是獸皮羽毛，嘴裡吃的是動物血肉，世道簡樸，民風淳厚，還沒有什麼文字記載。伏羲氏統治天下，才開始畫出八卦，創造文字和刻木，來代替結繩記事的辦法，從此產生了文字典籍。

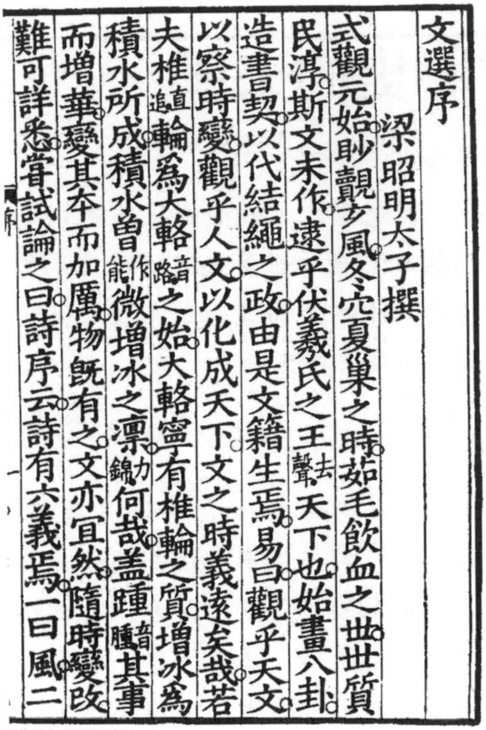

文選序
梁昭明太子撰
式觀元始眇覿玄風冬穴夏巢之時茹毛飲血之世世質民淳斯文未作逮乎伏羲氏之王天下也始畫八卦造書契以代結繩之政由是文籍生焉易曰觀乎天文以察時變觀乎人文以化成天下文之時義遠矣哉若夫椎輪爲大輅之始大輅寧有椎輪之質增冰爲積水所成積水曾微增冰之凛何哉蓋踵其事而增華變其本而加厲物既有之文亦宜然隨時變改難可詳悉嘗試論之曰詩序云詩有六義焉一曰風二

圖1　《昭明文選》書影，清胡克家據南宋淳熙刊本翻刻

蕭統（501-531），南朝梁武帝蕭衍長子，未及即位而卒，死後諡昭明，故世稱昭明太子。他編選了我國現存最早的一部詩文總集《昭明文選》，收錄自先秦至梁初的重要文學作品，爲後世研究這七百餘年的文學史保存了大量珍貴史料。

說到歷史，似乎是一個盡人皆知，誰都會用的概念。比如我們會提到世界歷史、中國歷史、城市歷史，以至一個家庭或個人的歷史；比如我們會說「自己的歷史要靠自己書寫」；或者說「寫下了歷史的新篇章」、「這已經成爲歷史」等等。大概不會有人刨根問底：「歷史是什麼意思？」好像大家都知道「歷史」的涵義。

不過，要是我們深入地想一下，問題就沒有那麼簡單了。究竟什麼是歷史？要找出一個確切的、完整的答案，可能會難倒大多數人。在中國那麼多的文字中，爲什麼我們偏要選擇用「歷」和「史」這兩個字來表達這樣一種廣泛而抽象的事物？

1.1 「歷」和「史」

我們要想確切地了解「歷史」的眞實涵義，就必須分別從「歷」和「史」這兩個字的意思談起。

「歷」，其下部的「止」字，在甲骨文和金文中的字形，就是一隻腳，表示人穿過一片樹林。漢代許愼所著的《說文解字》裡便說：「歷，過也，傳也。」「過」是指空間上的移動，「傳」則表示時間上的移動。

古人在長期觀察中發現，天象並非恆定不變，而是以某一時間爲週期做循環運動，某一天象與農時、氣象可以相對應。《禮記·月令》中就記載了日月星辰的位置以及此時對應的物候現象，比如「孟春之月，日在營室。昏參中，旦尾中。……東風解凍，蟄蟲始振。魚上冰，獺祭魚，鴻雁來。……是月也，天氣下降，地氣上騰，天地和同，草木萌動。」（夏曆的孟春正月，太陽的位置在營室。黃昏時參星在南方天中，黎明時尾星在南方天中。……東風使江河土地解凍，冬眠的蟄蟲開始活動。水底的魚游近水面的薄冰，獺捕魚，鴻雁由南而來。……這個月，天氣下降，地氣上升，天地二氣融合，草木開始萌發。）正因爲有這種規律性的對應關係，日月星辰的移動（「過也」）就可以用來確定年月、確定季節，「歷」由原來的動詞又衍生出名詞的涵義，即歷法。《大戴禮記·曾子天圓》說：「聖人愼守日月之數，以察星辰之行，以序四時之順逆，謂之歷。」（聖人很注意根據日和月的規律，來考察星辰的運行軌道，用來排列一年四季的順序，就稱之為歷。）在中國古代以農業爲主的社會，歷法對於播種、收穫等農時具有無比的重要性，所以歷法的涵義從「歷」中逐漸分化出來，另外創造出一個從日的曆。據《尙書·堯典》，帝堯「乃命羲和，欽若昊天，歷象日月星辰，敬授人時。」（於是命令羲氏與和氏，恭敬地遵循天道，推算日月星辰的運行規律，嚴肅謹慎地向百姓發布節氣時令。）還派遣羲仲、羲叔、和仲、和叔四人分別前往指定的東、西、南、北各個地點觀測各種天象，以便爲百姓制定曆法。《堯典》雖係後人所作，具體內容未必可信，但這條記載至少說明，中國在很早以前就有專職的天文官員了。

「史」字最早出現在甲骨文中。甲骨文中不但有「史」字，還有「大史」、「卸（御）史」、「公史」、「西史」等說法，都是表示一種特殊身分的人，或一種特殊的職位。由於甲骨文是刻在龜甲和獸骨上的，記錄極爲不便，所以用字必定非常儉約，能少一個字就少一個字，甲骨文中有不同類型的「史」，說明早在殷商時代「史」就已有了明確的分工。既然在「史」之外還有各種名稱的史官，就可以肯定他們的職權和地位是與

「史」不同的。《說文解字》中說：「史，記事者也，從又持中。中，正也。」即保持中正的態度用右手記事。但據王國維〈釋史〉（《觀堂集林》卷六）一文中的考證，「中」字在甲骨文、金文中的原始意義爲盛放簡策之器，後引申爲簿書之意，史的字形，即手持簿書之人，則「史之職，專以藏書、讀書、作書爲事」。比較而言，王國維的說法顯然更有說服力。殷商時期的官名，如卿事（士）、御史、三事（司）、吏等，都是由史字分化而來，可見當時「史」地位的尊崇。至於甲骨文中不同史官記事的範圍，我們現在還沒有找到十分明確的證據，但可以肯定並不限於天象，而是包括各個方面，甲骨文留下的記載應該就是各種「史」的一部分成果。

儘管早期史料缺乏，我們還是能從晚出的《周禮》，來推測當時史官的一點情況。學術界比較一致的意見，認爲《周禮》一書絕非如古代經學家所言，出自西周初年的周公之手，也不完全是西周時期的產物，而應成書於戰國時期。但這並不意味著《周禮》不包含戰國以前的內容，古代的典籍大多不是成於一人一時，從後世出土的西周金文中所見官制與《周禮》的記載基本相符這一點可以斷定，該書所反映的禮儀制度，雖然有不少是出於作者的想像，其中相當一部分還是西周制度的實錄，而且可能是西周沿用的殷商制度，所以可以用作我們推測早期史官情況時的參考。《周禮・春官》中有「大史」、「小史」、「內史」、「外史」、「御史」等官職，並明確記載了他們的職權範圍和人員設置。大史的職責是掌管建立邦國的六典，保管邦國之間盟約的副本，參與曆法和祭祀日期的確定；小史則掌管王國和畿內侯國的歷史記載，在祭祀、喪禮、會晤中協助大史的工作；內史主要保管國家的法典和政令的副本，考核邦國、官府、都鄙的政事和年終統計；外史則負責書寫天子下達給畿外諸臣的命令，保管四方諸侯的歷史記載。還有御史，保管治理諸侯國、地方以及百姓的法令。簡而言之，大史的地位最高，職責最重，小史協助他的工作，內史掌管宮廷內部事務，外史則掌管對外事務。此外值得注意的是，《周禮》一書所記職官體系，大多數職能部門均設「史」，少則一二人，多則十餘人，應當是記錄、保管部門內部公文、檔案資料的人員，相當於現在大多數單位裡都有的檔案館、檔案室等。這說明那時已有保存整理檔案材料，以備撰寫歷史之需的觀念。當然實際情況可能沒有制度規定的那麼完善，例如在周天子的地位不穩、權威下降、納貢制度名存實亡、直接轄地狹小的形勢下，史官的編制可能會不完整、不滿員，不同等級或類型的史官間的分工也會不明確，一部分職能甚至會喪失，各諸侯國也會因地位和實力的差異，或者因爲受到等級制度的限制，不可能建立起完整的史官制度。從這一意義上說，《周禮》所反映的，的確只是一種理想，而未必是已經存在的普遍的實際。

「歷」和「史」原本應該是兩個系統，分別負責不同的職責。但曆官（或負責曆事的人員）要將推算或觀察的結果記錄下來，這些記錄成爲曆法、曆書或天象表，相當於英語中的calendar。這些記錄必定要有確切的時間，形成一個嚴格的時間序列，否則就會毫無意義。史官的職責雖然是記事，但記錄過去已經發生過的事必定也需要有具體的時間，因而自然地形成原始的編年記載。事實上，早在甲骨文中，在其記事文字前就採用干支記日了，說明時間與事件密不可分。現在我們能看到的大部分早期史書，如《竹書紀年》、《春秋》、《左傳》等，都是編年體著作。在時間的特點上，「歷」和「史」有著很密切的關係，但就專業分工而言，曆官無疑要比史官更專門，對專業知識和技術的要求更高。而史官只需要利用曆官所提供的時間系列，或具體的曆書，就能進行各方面事實的記錄。但是曆官所負責的範圍只限於天象，或者與天象有直接關係的人事，而史官涉及的範圍則廣泛得多。

儘管分屬兩種不同的職責，但開始時，記天象的曆官和記事的史官在人員上並沒有嚴格的分工，往往就是同一個人。而且在通常情況下，只有同一個人才有資格，因爲一般人不可能掌握曆法。曆法的制定和使用掌握在極少數人的手中，而記事者又必須要記載事件發生的確切時間，所以史官除記事外，還兼有觀測天象、解釋災異、制定曆法的職責。如《左傳》哀公六年（前489）就記載該年「有雲如眾赤鳥，夾日而飛，三日，楚子使問諸周太史。」（天上的雲像一群紅色的鳥，在太陽兩邊飛快地流過，一連三天，楚國的國君（子爵）派人去問周天子屬下的太史。）一直到漢代依然如此，像司馬遷就參與過《太初曆》的制定。

儘管「歷」和「史」關係如此密切，但直到十九世紀末，在中國的學術分類中，並沒有「歷史」這麼一門。今天所說的歷史一般只要用一個「史」字來表示就可以了，如史籍、史書、史表、史家、史學、史法、史才、史識、史德等。如果用現代漢語來表達，這裡的「史」都可以用「歷史」二字來代替。《四庫全書》的分類也是經、史、子、集四部，史部當然就是歷史部。將「歷」和「史」兩字連用，古籍中反而不多。現在發現最早的例子，是《三國志．吳主傳》裴松之注引《吳書》，吳使趙咨向曹操稱頌孫權時說：「吳王浮江萬艘，帶甲百萬，任賢使能，志存經略，雖有餘閒，博覽書傳、歷史，籍採奇異，不效書生，尋章摘句而已。」（吳王在江上擁有萬艘戰船，武裝的士兵有百萬，任用賢人，發揮能人的作用，他的志向在於進取，雖然是空閒時間，也廣泛閱讀重要文獻和有關的注釋、以往歷代的史書，目的在於尋找罕見的事例和策略，不像一般的讀書人那樣，只是為了搜集或摘錄一些片斷或詞句。）但這裡「歷史」一詞的涵義，僅僅是指對過去事實的記載，「歷」是已經過去的意思，引申爲以往的各階段、各國、各朝、歷代，加在「史」字前作爲定語，是一個偏正結構的名詞片語，而不是今天意義上作爲術語的「歷史」。

就像中國大多數現代人文社會科學的名詞都是借鑑於日語一樣，「歷史」這個名詞也是來自日語，儘管這兩個字本來都是中文，並且已在中國用了至少三千年。明治維新以後，日本大量引入西方的科學概念，首先用「歷史」來迻譯西方概念的history，然後被早期遊歷日本的中國人介紹回來。清光緒二十二年（1896）梁啓超在《變法通議·論女學》中介紹：「日本之女學，約分十三科，……，五歷史……」（《飲冰室合集》第一冊，中華書局，1988）其後不久黃遵憲的《日本雜事詩》也說：「（日本）有小學校，有學科曰讀書，曰習字，曰算術，曰地理，曰歷史。」（《日本雜事詩廣注》，湖南人民出版社，1981）此後，「歷史」作爲一個固定的詞彙開始使用，1901年，梁啓超主持的《清議報》上便有「歷史學家米魯由苛被捕」的句子。實際上日語是借用了漢語古籍中已有的固定搭配，這種現象在語言學上稱爲「借詞」。日本人翻譯history時確定用「歷史」一詞，可能未必來源於《三國志》等古籍。明代有署名李廷機和袁黃（袁了凡）編纂的《歷史大方綱鑑》和《歷史大方綱鑑補》，這兩本書都是託名當時的名流，其實除標題有所改動外，內容完全一樣，是一部介紹歷史的通俗讀物，尤其後者，在日本頗爲流行，早在江戶時代的寬文三年（1663）就有了和刻本，僅比該書的萬曆三十八年（1610）刊本晚了五十二年。估計日本人將「歷史」作爲history的對應詞，很可能是來源於這類流行書的書名。

1.2 從口耳相傳到結繩記事

世界上大多數民族，在文字產生之後，都有專門的記錄人員用文字形式把本族的重大事件記錄下來，但是人類對往事的回憶，無疑早在沒有文字的時代就開始了。最早的歷史應該是口耳相傳的，當時人以口頭語言的形式對往事進行回憶，傳遞給年輕一代，他們又根據自己的記憶，同樣以口頭的方式傳給更年輕的一代。就這樣透過用口敘述、用耳接受、用腦記憶、再用口傳播等一系列無數人參與的過程，早期人類的歷史才不斷地流傳下去。

口耳相傳的內容，往往是一些給當時人留下深刻印象的自然現象，或者對他們的生存和發展帶來嚴重影響的事件，並且在長期流傳過程中被日益神化。盤古開天、女媧補天、精衛填海、羿射九日、大禹治水……，如此等等，都是經過相當長的時間，由一代代口耳相傳形成的。許多神話並不是中國獨有的現象，由於先民幾乎都受到過洪水的威脅，所以在不少民族的早期歷史中，都有大洪水的故事流傳下來。西元前1900年左右在西亞的閃族人中形成的史詩《吉爾伽美什》，記載著一對老夫婦在上帝決定發洪水毀滅整個人類前躲入一艘方舟中倖免於難；中國的大禹治水是我們耳熟能詳的故事；《聖經・創世紀》裡也記載上帝為懲罰人類，降大洪水毀滅世界，諾亞因事先得到消息，製造一艘方舟，率領全家並選取所有動物各一對入內避難，人類及物種才得以保全；中國南方苗族、彝族、瑤族、布依族等對於自身起源的傳說，則說大洪水時期只有一對兄妹躲入葫蘆中才得以逃命，為了人類的繁衍，遵從上天的意願自相婚配，成為該民族的始祖。

在早期口耳相傳的歷史中，一些重大事件往往與各種自然現象聯繫在一起，或者根據一種週期性的自然現象作為時間座標，如某次洪水、某次大旱、某次大火、某次地震，或某種異常天象的出現等，這是當時為了加深印象，不自覺地將兩者聯繫在了一起。這種記憶自然不可能完全可靠，特別是對一些罕見的自然現象或心目中的超人偉人，記憶會不斷重複、想像和誇大，以至演化為神話，或者會形成似是而非、眞假摻半的結果。如先民往往將各種發明和創舉都歸於某一部族首領，這些人的長相特別怪異，壽命或在位（實際上只是起了首領的作用）的年代又特別長。據《世本》、《帝系》、《帝王世紀》等書的記載，伏羲「蛇身人首」，「作瑟」、「制嫁娶之禮」，發明刻木記事、八卦、針灸等，在位一百二十年（圖1.2）；炎帝「人身牛首」，「作五弦之琴」、「為六十四卦」、「教天下耕種五穀」、嚐百草等，在位一百二十年；黃帝的發明就更多了，如穿井、作杵臼、弓矢、舟車、築宮室、製衣裳、作甲子、文字、占日月、算數、造律呂、笙竽等，在位也長達一百年。這些早期的歷史，都是先民在口耳相傳的過程中，將某個部落的集體創造和領導歸結到一兩個人身上的結果。在位時間特別長，一方面可以證明實際並非指一個人，而是泛指一個部族的首領；

另一方面，也是紀年方法還不準確、不規範的結果。

口耳相傳總是難以保證資訊的完整和準確，原始敘述者的表達能力、聽眾的記憶和複述能力都會影響傳播的效率，而且敘述者與聽眾必定無法擺脫本身的主觀局限，所以在傳播的過程中必定會不斷地、隨時地加以改編，以致到後來與原始內容已經相距甚遠，甚至會面目全非。古人也意識到了這一點，所以在遇到他們認爲對於本部落、本民族、本人非常重要的事情時，就會想辦法用其他手段來幫助，以鞏固維持於口耳間的記憶。比較簡單的辦法，就是將一些重要的數字或事物的特徵用某種能夠相對固定的方式記錄下來，這就是所謂的「結繩記事」。

圖1.2　伏羲女媧畫像石拓片，出山東嘉祥武氏祠

先秦古籍中對結繩記事多有記載，如《莊子·胠篋》裡便說，上古時代，「民結繩而用之」。結繩並非是很簡單地在繩上打一個結，而是要在繩上組成不同大小或形狀的結來代表不同的涵義。東漢經學家鄭玄在《周易注·繫辭下傳》中提到結繩記事的方法，「事大，大結其繩；事小，小結其繩。」估計鄭玄的解釋未必全面，因爲除了繩結大小的區別外，古人大概也會在繩結的形狀或花式上動腦筋的。大陸中央民族大學至今還收藏著一副台灣高山族的結繩。

除了結繩，還有刻木記事，相傳是伏羲所發明，孔安國

《尚書序》稱伏羲氏「造書契以代結繩之政」，即用利器在木頭或竹片、骨頭上刻劃簡單的符號，以取代原來結繩記事的方法。透過這種簡單的方法，增強後人對已經發生事實的記憶，或者在發生爭議時有所依據。直到宋代，南方的少數民族還有刻木記事的習俗。宋周去非在《嶺外代答》卷一〇〈蠻俗門〉中記載了一個很有意思的故事，作者在靜江府靈川縣（今廣西靈川縣）做官時，有瑤人手持木契來告狀。木契刻一道大的刻痕，其下有數十道小的刻痕，又刻一箭頭，上有火燒痕跡，並鑽了十多個小孔，穿上稻草打結。周去非不解其意，請人翻譯才明白，大小的刻痕指仇人及其帶領的部下，箭頭表示仇人用箭射我，火燒痕跡是表示十萬火急，十多個小孔並穿上稻草指希望仇人賠償十餘頭牛。

在文字產生以前，用這種方法記錄的內容肯定是比較簡略的，而且很可能會產生很多歧義、錯誤。下一代對符號的解讀也許並非是記錄者的原意，從而導致對歷史的歪曲，繩結、木頭的腐朽更可能造成一段歷史記憶的永遠消失，但它比前面第一個完全依靠口耳相傳的階段畢竟已經是進步了。

不過到錄音技術產生後，口耳相傳的歷史又重新發揮作用，並且成爲忠實保存原始聲音的最有效手段。今天，錄音帶或有關的數位資料已經成爲史料的重要組成部分。一些重大的活動、特別是重要的講話和現場，無不透過錄音記錄下來。口述歷史的興起和擴展在很大程度上也得益於錄音技術，因爲在此之前，整理者只能透過筆錄，但一旦口述者去世或不能準確表述，筆錄的內容就無法核對，而有了錄音後，錄音帶就能產生原始資料的作用。海外對這方面的研究起步較早，美國哥倫比亞大學（Columbia University）早在二十世紀五〇年代就在東亞研究所所長韋慕庭（Martin Wilbur）的領導下，成立了「口述歷史研究部」，陸續約請中國近代史上重要人物，如胡適、李宗仁、顧維鈞、陳立夫等人，以「由自己決定公開發表時機」爲條件做口述回憶，這些材料均已陸續在海內外公開出版，成爲中國近代史研究新的史料來源。哥倫比亞大學保存的錄音當中，最引起世人關注的莫過於張學良的數十小時口述歷史。張學良作爲改變中國歷史的西安事變的中心人物，直至2001年以一百零一歲高齡在美國逝世，幾乎從未公開談論過往事，可以想像這些錄音內容一旦按規定在2002年6月5日公布，許多歷史之謎將有可能大白於天下。

但我們運用口述歷史材料（包括根據口述整理的回憶錄）時要注意，口述者的記憶、他的知識程度、個人情感等等都會影響到史料的眞實性。其中有的是記憶發生偏差，也有的屬於情感因素，即使對記錄者十分信任，他也會不自覺地隱瞞一些關鍵事件。有時所謂的「目擊歷史」，也有片面性。有的人信誓旦旦說親眼目睹，其實他可能是把兩個場景混在一起了。更何況一旦摻雜入情感因素，即便是敘述者親身經歷，記憶也難免發生偏差。口述歷史的局限性就在於此。袁世凱的次子袁克文（寒雲），雖然曾寫過「絕憐高處多風雨，莫到瓊樓最上層」的詩句反對其父稱帝，但1920年他在上海《晶報》連載〈辛丙秘苑〉，回憶袁世凱稱帝前後的情況，照理這些都是他耳聞目睹的，但他卻處處爲袁辯護，說袁世凱稱帝主要是受了手下政客的慫恿，是受了蒙蔽，完全是爲他父親迴避隱瞞。更有甚者，他在《三十年聞見行錄》中竟編造戊戌變法時譚嗣同私見袁世凱時挾槍恫嚇等等，無異於小說家言。而十餘年前，段祺瑞女兒段式巽在《上海文史》創刊號發表文章，稱1926年3月18日發生在執政府門前的慘案並非段的責任，段事先曾下令不許對學生開槍，但其部下賈德耀置之不顧，悍然下令開槍，以致釀成死亡四十七人、傷二百餘人的慘案。段從此長齋禮佛，以示懺悔云云。試問這樣的回憶能夠眞實嗎？我們不難想像，沒有段祺瑞的命令，賈德耀敢下令向學生開槍嗎？至於吃齋唸佛，不少下台軍閥都是這樣做的，不過是故作姿態罷了。

口述歷史的重要性往往是與它的危險性同時存在的。因爲口述歷史的作者，即口述者，一般都是在事隔多年後才講述的，而且都未留下、或很少留下原始記錄，或者自己已經沒有書寫能力，或不願意書寫。但另一方面，他們與被敘述的歷史關係極其密切，或者是最重要、最直接的證人，或者儘管不太重要、比較間接，卻是碩果僅存，甚至是唯一還活著的見證者。他們或者因年老、疾病而影響了記憶或思維能力，或者由於種種原因故意要隱瞞、歪曲、突出若干事實，即使不考慮記錄者方面的因素，這些口述記錄也可能會離歷史眞相很遠。可是除了這類口述記錄外，有的史實已經找不到其他任何證據來核對和比較了。

譚其驤先生曾告訴我這樣一個例子：1928年，他在上海暨南大學中文系讀書時，系主任兼國文教授夏丏尊曾帶領他和班上的同學到市區一家餐館與魯迅見面，聚餐前進行了座談。他早就記不得那天魯迅講了什麼話，但他的同學黃永標在1949年後還記得很清楚，並就此事接受過多次採訪。黃永標在世時，雖還有譚先生（應該不只他一人）等參加者在世，但能記住並口述的只有他一人，談話者魯迅和夏丏尊都已離開人間，對黃所述的眞實性已經無法驗證了。到1977年黃本人去世，他留下的口述記錄就更具有唯一性。在沒有其他任何佐證、或佐證不足的情況下，對這樣的口述歷史應該採取十分慎重的態度，無論它看起來有多麼重要，有多麼大的吸引力。

1.3 圖畫與歷史

從歷史的第一個口耳相傳的階段到第二個符號階段，人類必定要經歷相當漫長的年代。與符號階段基本平行的，是圖畫階段。嚴格地說，符號與圖畫並沒有本質的區別，所不同的是，符號儘管形式簡單，卻是從具體事物中抽象出來的；而圖畫可以相當複雜，但基本上是直觀的。符號只能是象徵性的，自己看得懂自然沒有問題，但如果要讓別人也看得懂，不產生誤解，一般都需要預先約定，才能保證資訊的準確傳達。另一種辦法就是將符號複雜化，使它的形狀或特點儘量接近事物的眞相，但這樣一來，符號就演變爲簡單的圖畫了。

圖畫有符號所不具備的優點，需要表達什麼意思，畫下來就可以了。但圖畫也有其先天的缺點：首先，並不是所有的人都具有用圖畫方式來表達自己想法的能力，心裡想畫什麼，手裡未必畫得出來；自以爲畫得像什麼，實際上並不像，所謂「畫虎不成反類犬」。其次，圖畫只能表現具體實在的形象，簡單的圖畫更是如此，一些抽象的涵義，如感覺、心理活動等就很難透過圖畫來表達。對古代人來說，還有更大的困難：用什麼工具作畫？畫在哪裡？今人或許難以理解，但不妨設想一下，也許最簡單的辦法就是用樹枝或其他尖而硬的工具在沙土或泥土上勾畫，或者將帶顏色的液體塗在能吸收的材料如木板上面。當然刻畫符號也有這樣的困難，但畢竟要簡單得多。

無論是爲了記錄事實，還是爲了傳達資訊，或者只是隨意的自我宣洩，當時這類圖畫肯定是相當多的，但能夠保存下來的卻幾乎沒有。因爲如果要長期保存，即使不考慮人爲的破壞，也必須將圖畫畫在穩定、堅實的材料上，而且顏色必須經久不褪，或者有不易磨蝕的線條。符合這樣條件的大概只有岩畫，都是用天然的礦物或植物性顏料畫在岩石上的。廣西寧明的花山、寧夏的賀蘭山、內蒙古的陰山、新疆的阿爾泰山和世界其他很多地方的山岩上都發現了不少岩畫，它們都符合這樣的條件，並且大多是在人煙稀少、交通困難的地方，所以得以免受人爲破壞。有的岩畫已經在岩石上刻畫線條或形象，這至少要到作者掌握了石製或金屬工具以後，一般年代較晚。不過這也說明，爲了使圖畫的內容能夠長期保存，當時人已經在可能的條件下採取了一些特殊的方法。岩畫的線條一般都比較簡潔，色彩比較單調，內容大多比較直觀、形象。但岩畫的年代不易確定，研究者的意見往往有較大分歧，對內容的解釋也往往難以一致。

一般來說，在文字出現之後，圖畫的記事作用已經無足輕重，而逐漸發展爲一種藝術。但圖畫本身具有的形象化特點是文字所無法取代的，例如人的相貌、地理景觀、特殊的動植物和物品、奇異的天象等，所以在文字發達並且成爲記載歷史的主要手段之後，圖畫仍然是記載歷史的一種輔助手段。史料中往往使用插圖，來彌補文字的不足。如早期的《山海經》就是與圖一起流傳的，至少在東晉時還存世，陶淵明〈讀《山海經》十三首〉中就有「泛覽《周王傳》，流觀《山海圖》」的詩句。直到明清的方志，往往也都有關於山川地形、名勝古蹟、珍禽異獸、物產風俗等方面的插圖。一些寫實性的圖畫，因其直接顯示了歷史的某一片斷，本身就是一種史料，如漢代的畫像石、畫像磚（圖1.3.1），唐墓中的壁畫就爲我們了解當時的社會活動、日常生活和一些重大事件提供了豐富的內容。著名的《清明上河圖》（圖1.3.2）是宋代畫家張擇端創作的一幅風俗長

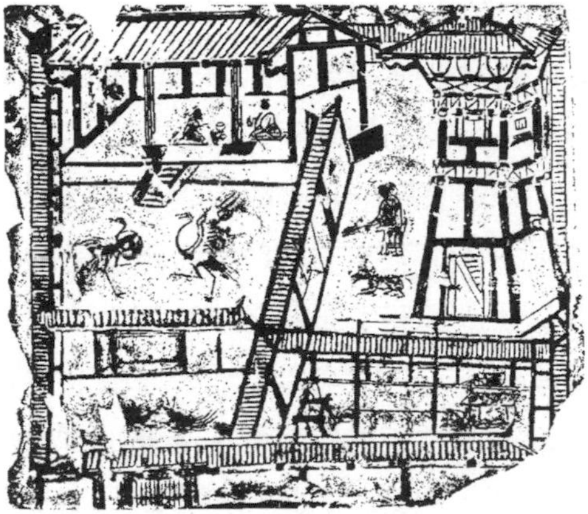

圖1.3.1　漢畫像磚拓片

四川成都楊子山出土，爲墓室內裝飾品。畫面爲一四方形庭院，雄雞相鬥，雙鶴對舞，廳內賓主二人對飲。

圖1.3.2《清明上河圖》（局部）

卷，長528.7公分，寬24.8公分，畫面上的人物多達五百多個，包括達官貴人、各類商人、手工業者、相士、僧道、船夫、車夫、轎夫等，用全景式構圖全面展現了宋代汴京城（今河南開封）的環境、建築、經濟活動和日常生活，可與《東京夢華錄》等文獻相映證，卻比這些文字記載更爲生動形象，是研究北宋社會的重要形象史料。

圖畫抽象化的另一種發展方向形成了地圖。象形文字來源於具體的圖形，先民最初的地理知識也是用具體的圖形來傳達的，而且一些文字本來就能夠直觀地表達它們所代表的地理內容。如表示河流的「川」字，就是幾股水流動的圖形；代表山峰的「山」字，就是三個山頭的形狀的寫生；「田」字是表示一塊有邊界並被分成若干小塊的土地；「國」字的本意是一個有城牆圍繞的居民點，所以外面是一個大口，是城牆的象徵，中間的口代表人口，「戈」字則代表守衛者。將這類字（或許就是畫）寫在一個平面上，已經具有表達一定地理要素的作用。當然，文字所能表現的具體形象畢竟有限，寫生性質的圖畫被用來描繪周圍的地形地物。開始時人們只是將自己熟悉的山嶺、河流、道路、森林、草木、鳥獸等畫下來，但以後就考慮到了它們的方位和分布，因而作者在圖形的布置上已有所注意，使看圖的人能根據圖上各種圖形的具體位置，來判斷這些圖形所代表的地理要素的實際分布狀況。這一類圖就成了原始的地圖，就如《左傳》宣公三年（前606）王孫滿所說的：

> 昔夏之方有德也，遠方圖物，貢金九牧，鑄鼎象物，百物而為之備，使民知神奸。故民入川澤山林，不逢不若。魑魅魍魎，莫能降之，用能協於上下，以承天休。

（以往夏朝有德行的時候，遠方的部落將本部的山川和珍奇物產畫在圖上，還將銅貢獻給九州的長官，由他們鑄成鼎，將這些圖形都鑄在鼎上，使百姓知道該躲避的鬼神怪物。所以百姓在江河中航行，或進入山林之中，都能熟悉路徑，趨避妖魔鬼怪。正因為如此，百姓們能得到上天的保佑，人和鬼神能和睦相處。）

透過傳說的神秘色彩，我們還是不難想像這種鑄在鼎上的圖畫的眞相：這實際上是鑄在鼎上的原始地圖。由於它是根據各地部落報告的情況畫成的，所以大致能夠反映各地的地理情況，因此百姓可以找到合適的路徑，不致遇見「妖魔鬼怪」，避免兇猛的野獸經常出沒、地形複雜或難以通行的危險地區。

「九鼎」到東周末還存在，據說是大禹治水成功後所鑄，每州一個，象徵全國九州，夏、商、周三代奉爲傳國之寶，是國家權力的象徵。大禹鑄九鼎的說法到目前爲止還找不到根據，不僅禹的時代還不可能劃分全國爲九州，就是傳世的青銅器中也沒有發現早於商代的大器。但我們至少可以肯定，東周時的九鼎上有各地富有代表性的圖像，這說明用圖畫來記載歷史進入了一個高級階段，已經採用了鑄造的手段。作爲一種傳統，圖畫與文字一樣被刻在石上、鑄在金屬上，只是由於技術上的困難，一般僅用於最重要或最具象徵意義的場合。

圖畫發展成爲一種藝術後，除了不追求形似，只注重畫家個人情感表達的寫意流派外，同樣也有一支寫實的流派，它追求的是盡可能地符合被畫者的原貌，做到惟妙惟肖，甚至毫髮不爽。直到十九世紀後期，西方的人像畫作者還會花費大量時間，在現場精確地描繪人像。當年清朝的慈禧太后爲了獲得一幅自己的畫像，曾經耐著性子，端坐不動讓西方畫師寫生，留下了中國歷代帝后中最眞實的一幅畫像。

作爲立體的圖畫，寫實類的雕塑也具有這樣的功能。今天我們看到的古希臘、古羅馬時代的雕塑，就傳神地再現了當時的社會風貌和人物形象。秦兵馬俑出土的大量武士俑，就爲我們研究當時的軍人、軍制、軍服、武器等提供了可靠的實物依據。只是中國的雕塑沒有走上寫實的發展道路，此後比較多的雕塑運用了抽象、誇張、神化、想像、寫意的手法，雖然還有現實的影子，卻已經不是眞實的寫照，不能簡單地運用於復原歷史。

圖畫和雕塑畢竟是一種藝術，它們的眞實與否既取決於作者的技法，也受到客觀條件的制約，例如對宗教中的神靈和世俗的君主，在描繪或塑造時往往不得不掩飾他們的缺陷，而突出甚至誇大他們的優點。更大的問題是，對它們所反映的眞實性一般無法得到檢驗，因爲他們所表現的人或事物早已不復存在，後人無從比較。例如慈禧太后的畫像，要不是後來她留下了照片（圖1.3.3），我們怎麼能判斷它像不像眞實的慈禧呢？

圖1.3.3　慈禧太后照片

慈禧太后（1835-1908），又稱西太后，咸豐帝妃，同治帝生母，是同治、光緒兩朝實際最高統治者，秉政長達47年。

攝影技術的出現使圖像在歷史中的作用發生了根本性、革命性的變化。從此，照片和此後發展起來的電影、電視、錄影與文字一樣，成爲了歷史的主要載體，並且起了文字所無法取代的作用。內蒙古額濟納旗出土的居延漢簡（圖1.3.4）中有不少戶口材料，如記某人「年廿八，長七尺二寸，黑色」，最多再說此人「多鬚」，就憑這幾句話，我們還是無法對此人的相貌有一個明確的印象。對一個人相貌的識別，哪怕最傳神的文筆都無法勝過一張照片。對已經消失了的人和事，照片是復原有關史實的最可靠的根據。

圖1.3.4 居延漢簡，現藏甘肅省文物考古研究所

例如我們對十九、二十世紀之交中國的了解，一部分就來源於當時留下的各種照片。最近上海古籍出版社出版了一本影集《二十世紀初的中國印象》，攝影者福蘭西斯·尤金·施塔福（Francis Eugene Stafford）於1909年至1915年在上海商務印書館工作，負責三色照相印刷製版技術。這六年間，施塔福還到過很多地方，足跡北至北京，南到香港，西及四川，東臨煙台，包括辛亥革命前後的武漢，拍攝了大量照片，至今還留下一千多張。正如中國史學會會長金沖及教授在序言中所說：「施塔福先生有許多令人難以具備的優越條件：他在1909年至1915年這六年間生活在

中國，在我國當時最大的出版機構——商務印書館當攝影記者，接觸面廣，許多其他人難以在場的地方，他不僅可以在場，而且可以自由拍攝；他興趣廣泛，除重大歷史事件外，對自然風光、城市風貌、社會習俗、各行各業以至民眾的苦難生活等，都能一一攝入鏡頭；他又有嫻熟的攝影技術，配備著良好的攝影器材，所攝的照片不僅數量多，而且品質好。感謝他的妻子、女兒和外孫，在他去世後仍能將這批珍貴的照片細心地保存下來。這實在是一件難能可貴的事情。」這樣優秀的史料眞是可遇不可求的，不知能勝過多少文字！這些照片生動地再現了歷史的片斷，對復原歷史起了不可替代的作用。例如，當時的湖北軍政府的原貌早已不復存在，但其中正好有一張黎元洪等人在軍政府門前的合影，完整地顯示了這座建築物的正面形象，成爲今天修復的主要根據。又如，商務印書館是當時中國最大的出版機構，施塔福拍的照片反映了它的主要生產流程：從鑄字排字、紙版和鉛版製造，到印刷裝訂的生產流程；從總事務部、編譯所到繪畫部、照相製版部等印書館內部組織機構；從企業創辦人、普通員工到附屬學校、消防隊；甚至企業的內部管理和企業文化，他的鏡頭都有所記錄。由於商務印書館的主要建築和檔案都已毀於「一二八」日寇轟炸，要是沒有這些照片，人們就再也無法窺見這一著名企業的早期狀況了。

正因爲如此，在攝影技術產生之後，照片已經成爲史料不可或缺的組成部分。二十世紀九〇年代以來，出版界有一股出版「老照片」的熱潮，林林總總不下百種，不僅供普通人消遣、懷舊，也日益受到史學界的重視。電影、電視、錄影、多媒體產品也無不如此。有人預言，人類今後會進入一個「讀圖時代」，不過現在似乎還主要是指文學作品而言。不過對歷史來說，即便是純理論的著作，也開始注意使用圖像史料。最近，英國歷史學家湯恩比（Arnold Joseph Toynbee, 1889-1975）的名著《歷史研究》就出了一個插圖本。今後，這樣的歷史著作所占的比例還會不斷提高。如果說文學作品中的插圖，只是爲了便於理解，或增加藝術情趣，那麼歷史中的「插圖」（圖像史料）更主要的還是爲了加深讀者對歷史中某一方面的印象，增強讀者對歷史的理解，或者復原歷史，因爲它們本身就是歷史的一部分。

1.4 文字與歷史

符號和抽象化的圖畫進一步發展，最終就產生了文字。最初的文字還是形象的，只是圖畫的抽象化和規範化。如果進一步抽象和規範，就與圖畫完全分離了，成爲一種純粹的記錄手段。

目前所知中國最早的文字是甲骨文，一般都認爲甲骨文是清光緒二十四年（1898）首先被學者王懿榮從一些被用作中藥材的「龍骨」上發現，第二年得到認定的。學者們追根尋源，才知道這些「龍骨」來自河南安陽附近的小屯村殷墟，原來這裡正是商朝後期的都城所在，距今已有三千多年。商人非常迷信，出征、漁獵、婚嫁、祭祀諸事都要占卜，先將龜甲或獸骨鑽孔然後放在火上灼烤，根據甲骨上的裂紋形狀來判斷卜兆的吉凶，最後將占卜的內容刻在甲骨上，所以甲骨文絕大多數是占卜記錄，被稱爲甲骨卜辭，非占卜的記事刻辭爲數不多（**圖1.4.1**）。到現在爲止，已經出土並收集到的甲骨共有十萬多片，

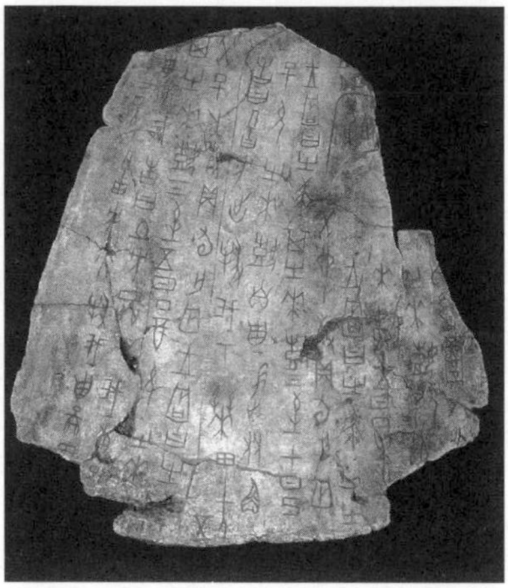

圖1.4.1 商武丁時期甲骨卜辭，現藏北京中國歷史博物館

發現單字五千餘個，經考釋後能大致了解意義的約二千多個。二十世紀七〇年代，在陝西扶風和岐山交界的周原遺址陸續發現西周甲骨一萬七千片，其中有刻辭的約三百餘片。在山西洪洞坊堆、陝西長安張家坡、北京昌平白浮村和房山鎭江營、河北刑台南小汪等地也零星出土過早期的甲骨文。

從世界範圍看，在西亞的美索不達米亞平原的蘇美地區，經過一千多年的演變，在西元前2500年左右形成了一種相當成熟的「楔形文字」，是用蘆葦製成的帶三角形筆尖的筆在濕泥板上刻畫而成的楔形符號組成的。這種符號有五百種左右，其中有許多具有多重涵義。古埃及人大約在西元前3100年前就有了一種象形文字，到了古王國時期（約前2770至約前2200），象形文字就以三種書寫符號爲基礎：象形、音節和字母。這些文字都比甲骨文要早得多。由於現在我們看到的甲骨文已經相當系統、成熟，此前可能已經有了一個相當長的發展過程，就像楔形文字一樣，或者此前出現過其他文字。不過，到目前爲止，考古學家還沒有找到充分的證據。雖然在商朝以前的器物上發現過一些類似文字的符號（圖1.4.2），但數量很少，不足以構成文字。在甲骨文之前究竟有沒有文字？有什麼樣的文字？至今還是待解之謎。

漢字的抽象化過程完成得很早，但在其他一些民族中，有的直到近代還在使用象形文字，像雲南納西族的東巴文（圖1.4.3），就是目前世界上僅有的幾種還在流傳使用的象形文字，至今還被東巴經師用來抄經、記事、記帳等。象形文字由於還沒有擺脫形象的顯示，所以適合表達具體的、有形象的內容，對抽象的、無形象的內容就很難表達，或者無法作深層次的表達。而且書寫也比較困難，速度不快。但象形文字比較容易理解，特別是在當時當地。

圖1.4.2　新石器時代陶器上的符號

山東泰安大汶口文化晚期（前3500-前2400）墓葬出土，有學者釋爲「旦」字。

有了文字，歷史眞正成爲了獨立的記事手段，以後才發展成爲一門科學。因爲文字所能表達的內容遠遠超過了圖畫，更

圖1.4.3　東巴文經卷

加超過了符號。在沒有錄音技術的時代，聲音是不可能長期存在的，口耳相傳的歷史一經說出轉瞬即逝，後面的人來重複前面的話，即使主觀上完全忠實於原來的內容，也不可能完全一致，實際上只能說是摻雜個人因素的新的敘述，更何況必定會有人故意要增添、修改。但後人不可能對此前出現過的不同說法進行比較，更無法追溯其根源，因爲人們能夠聽到的，只是流傳到當時的說法，不可能是在此之前的。而有了文字，就有一個相對固定的說法，減少了流傳過程中間的變異。用文字記載歷史，除了故意要進行歪曲、篡改以外，都能夠比較忠實地保持記錄者的原意。如果原文被曲解，只要原文還存在，就不難進行比較、分析和研究，而這正是歷史學的重要任務之一。

文字的表達能力當然遠遠高於符號或圖畫，所能夠表達的內容也比口耳相傳的更加深刻、更加細緻。納西族的長篇史詩《創世經》，民間口耳相傳的故事就不如東巴文記載的完整感人。因爲這部史詩長達二千餘行，人的記憶總是有限的。書面文字的另一個好處，就是在書寫後可以進行修改，最後形成一個符合作者原意的文本，不像說話那樣，如果說者辭不達意，或者出現口誤，流傳下去的就是完全不同於原意的內容了。嚴謹的史料和歷史著作，其文字一般都會經過記錄者或研究者的反覆核對和推敲，力求能夠最準確地記錄和傳達史實。

文字能否便利地使用和長期保存，固然取決於人們掌握文字的能力，但更受到書寫工具和材料的制約。古埃及人因地制宜，用生長在尼羅河畔的紙莎草作爲書寫材料，兩河流域的蘇美人將文字刻在泥板上，古巴比倫的《漢摩拉比法典》則是刻在黑色玄武岩石柱上的。商朝人的甲骨文刻在龜甲獸骨上，另一些重要文字是鑄在青銅器或其他金屬器具上的，被稱爲金文

（又稱鐘鼎文，圖1.4.4）。在發明了書寫工具後，文字被寫在帛（或其他紡織品）和以竹子或木材製成的簡、牘上（以前不少人認爲竹簡上的文字是用「刀筆」刻上去的，這完全是一種誤解）。帛作爲一種絲織品，分量很輕，容易攜帶，但價格昂貴，一般人用不起。竹木簡牘取材方便，但分量重，每一片上容納的字數有限，攜帶也不便。據《史記》記載，秦始皇每天要看的文書，多到要用一百二十斤重的「衡石」來稱量。這一方面固然說明他的勤政，另一方面也說明由於當時記載文字介質的局限，這些重量的簡牘上能記錄的字數不可能很多，所以尙在一個人一天所能閱讀完的範圍內。古時讚揚一個人有學問，往往用「學富五車」來形容，其實五輛牛車（讀書人一般不能用駟馬高車）上能裝的竹簡雖不少，記載的內容卻不可能很多。正因爲書寫困難，所以古人對文字力求簡約，幾乎到了字字計較的程度，逐漸形成了完全不同於口頭語言的書面語言。

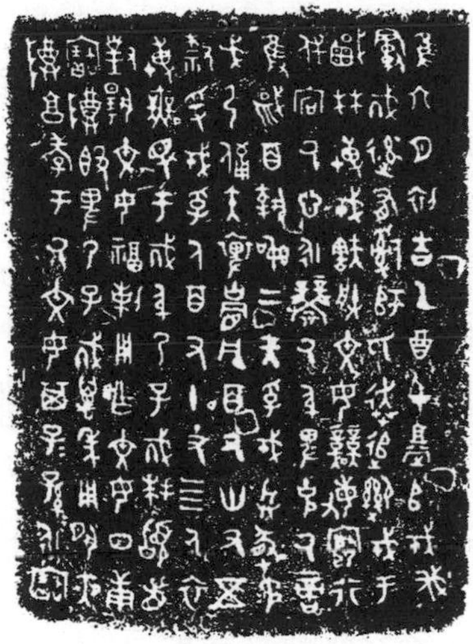

圖1.4.4　西周大克鼎（銘文）

現藏上海博物館。內壁銘文共290字，記載周厲王賜給「克」命服、土地、奴隸的史實。

紙的發明和普及使文字的傳播得到飛躍發展，學術界一般認爲東漢的蔡倫是紙的發明者，但近幾十年來，考古中也有一些早於東漢的紙出土，目前這個問題還存在較大爭議。但我們至少可以這樣說，自蔡倫使用樹皮、破布等廉價原料造紙以後，價廉物美的紙才成爲可能。從此，不僅重要的史料得到記錄，而且日常的政治、經濟、文化、生活中也產生了大量的史料，也使各類文書、檔案、戶籍的編制成爲可能。中國古代由於實行中央集權制度，即使在紙廣泛使用之前，行政管理和日常生活產生的文件也相當可觀。例如，位於漢代敦煌郡效谷縣懸泉鄉的懸泉置（驛站）遺址（今甘肅敦煌五冬鄉甜水井南五公里的火焰山下），近年來出土了大量簡牘、帛書、紙文書以及牆壁題記，僅漢簡的總數就達二萬三千餘枚，內容包括郵書、過所（通行證）、乘傳（出行者的身分證明以及用車規格）、詔書、各種官府文書、律令等司法文書，各種簿籍、信札，以及關於西域邊塞軍事機構、人口、水利建設、自然災害等內容的簡書（圖1.4.5）。其中數量最多的是各種郵書，說明該機構的日常郵務產生了大量文字記錄。可以想像，當時的原始資料不知要比遺存下來的多了多少倍。這還是以簡牘爲主的年代，要是紙普及了，文件量肯定還會大量增加。又如，對中央集權政府至關重要的戶籍登記，從出土的居延漢簡看，漢朝基層政府的戶籍登記就比較簡單，但到唐朝就有了三年進行一次全國性戶籍登記的規定，並由各縣逐級上報全部戶口冊。要是沒有廉價

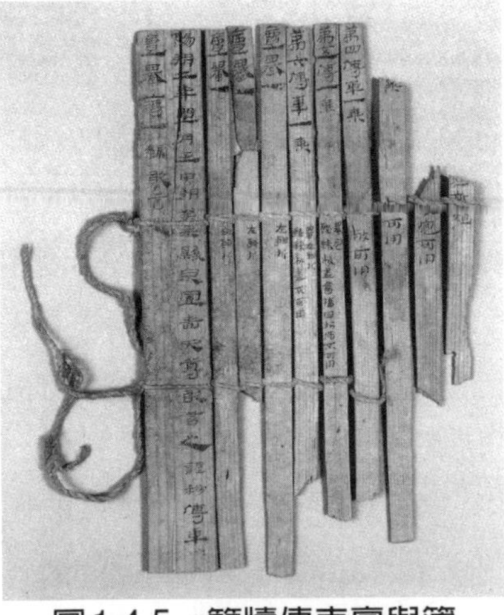
圖1.4.5　簡牘傳車亶與簿

而充足的紙張供應，這樣的措施是完全不可能採取的。明朝的戶籍黃冊，雖然到了後來由於各級官員的隱匿、漏報，成了毫無意義的胡編亂造，但還是每十年修造一次，每次都由各地官員浩浩蕩蕩將這些戶籍冊護送到南京後湖儲藏，到明亡時留下的黃冊超過四千噸。

如果說紙的發明促成了史料和史書的大量產生的話，印刷術的發明就使史料和史書得到有效的流傳。原來只能透過抄寫複製的資料或書籍，透過印刷就能成百上千地複製。書籍每傳抄一次都必然產生新的錯誤，所以不同的鈔本會有很大的差異，越流傳差異越大。而在印刷時，只要校勘精良，同一版本的書籍就不會產生新的錯誤。而且印刷術的產生使得書籍複製的數量大，流傳的範圍廣，在天災人禍中一般不致完全滅絕。秦始皇焚書時還沒有印刷術，也沒有紙，書籍的複製很困難，被毀的書複本不多，大多從此絕跡。到西漢初年徵求遺書，有的儒家經典已找不到原書，只能靠老學者憑記憶重新記錄整理出來。由於這些以當時通行的隸書寫成的文本與後來發現的用先秦古文字書寫的鈔本篇目、字句等頗有不同，以致形成持續近二千年的「今古文」之爭，至今仍聚訟不已，莫衷一是。

但在印刷術發明以後，只要已經印刷發行的書，一般就不會絕跡。有的書被統治者列爲禁毀書，書版和存書都被銷毀，但民間還會有留存。有的書在國內絕跡了，卻流傳到了海外。古代有些地方志，在國內已不見蹤影，但近年來陸續在海外發現，得以回歸故鄉，重新出版。如乾隆鈔本《越中雜記》，是清代西吳悔堂老人參考了康熙三十年（1691）《紹興府志》，並以「昔所流覽見聞極眞者記其間」，保存了不少珍貴史料，目前所知唯一的收藏單位是美國國會圖書館（Library of Congress）。二十世紀八〇年代初，美國史丹福大學（Stanford University）人類學系的施堅雅教授（William Skinner）將其複印件寄贈杭州大學陳橋驛教授，1983年由浙江人民出版社出版。

自蔡倫發明（或改進）了造紙技術後，紙成為中國文字的主要載體。俗話說「紙壽千年」，實際上現存最早的紙已經遠遠不只一千年了。中國的傳統書寫和印刷的材料──墨也是相當穩定的，所以只要保管得當，書寫或印刷的文字完全可以長期保存。像1900年在敦煌藏經洞陸續發現的數萬卷文書大部分寫於唐、五代時期，至今已有一千餘年了。

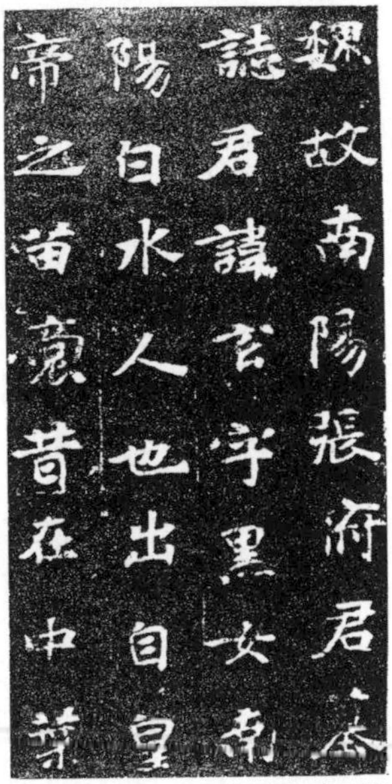

圖1.4.6　北魏張玄墓誌（拓片）

刻於北魏普泰元年（531），原石早佚，此為明拓孤本，現藏上海博物館。該墓誌書法端莊秀美，用筆似多側鋒，以篆、隸筆意入楷，被譽為魏碑中神品。

儘管紙張是記載文字很好的介質，但它依然有易蟲蛀、易黴變、不能防火等等缺點，古人出於能夠傳之永久、長期使用的目的，或者為了某種特殊的需要，如表示特別隆重、神聖等，將石、玉、金屬等材料繼續當作記錄文字的介質。如中國歷來對一些重大的事件或人物都會立碑紀念，在石頭上刻上有關文字。古人死後，要在墓前立碑，就是普通百姓也會在墓前立一塊碑，至少刻上死者的姓名。魏晉時期，由於官方嚴禁在墓前立碑，埋入墓室的墓誌銘漸興（圖1.4.6）。帝王頒發的重要文告、祭祀文章等，要用黃金、玉石、白銀刻成金冊、玉冊、銀冊。帝王、官員以至百姓都有用金、銀、銅、玉、骨、角、木等各種材料刻製的公私璽印、圖章。還有在各種金屬器物，如禮器、祭器、用具、武器、工具、儀器、度量衡上鑄造或刻製記事或紀念性文字等（圖1.4.7）。相對而言，刻在石頭上的文字最易保存，這不僅因爲石料能經得起歲月風霜的侵蝕，更由於石料一般沒有多少再利用的價值，即使要破壞，也只是將碑推倒了事，個別情況下才會被砸碎甚至磨滅。即便被用於修橋、鋪路、建房後，文字也還能繼續保存。而金屬器具則因其本身的價值而被爭奪或毀壞，如將金印熔化後當黃金使用。當然如果是一塊上等石料，或者當地不產石料因而特別貴重，碑石會被多次利用，磨掉舊文後另刻新文。所以，儘管這類「金石文字」一般比紙本保存的時間要長得多，但與製作者的願望相反，不少文字最後反而還是依靠書籍的記錄、紙張的拓片才保留下來。因爲原物被毀後一

圖1.4.7　錢鏐鐵券

現藏中國歷史博物館。呈覆瓦形，上嵌金字三百三十三個，係唐乾寧四年(897)，昭宗爲獎賞鎮海、鎮東等軍節度使錢鏐擊敗董昌，保全浙江之功而賜，内容是赦免錢鏐九次死罪，其子孫三次死罪。

般不可能再恢復，而一旦用紙記錄下來，就有可能透過傳抄或印刷的方式複製流傳。

中國古代的金石文字特別發達，對它們的研究形成了一門專門的學問：金石學。金石學是考古學的前身，與歐洲的銘刻學相似。早期的金石學偏重於著錄和考證文字資料，以達到證經補史的目的，因而從宋代以來的金石學著作中保存了許多有價值的古代銘刻資料。如南宋淳熙三年（1176），宋孝宗追封已去世二十餘年的抗金名將韓世忠爲蘄王，並親筆爲韓世忠墓神道碑題寫「中興佐命定國元勳之碑」，碑文由禮部尚書趙雄撰寫，著名文人周必大書，計有一萬三千九百餘字。該碑連龜趺高達十餘公尺，寬二公尺，民國《靈岩山志》稱「碑額之高，碑文之多，均爲天下第一」。但歷經近千年風雨，碑文早已漫漶不清。1939年，碑身又爲大風刮倒，碎爲十餘塊。如今在蘇州靈岩山腳下一個苗圃內還能見到這座用水泥拼接的殘碑，但碑文字跡早已無法辨認。所幸宋杜大珪所編《名臣碑傳》收錄了該碑全文，才使我們還能看到原文內容。對大量原物早已不復存在的碑銘，就只能依靠金石學著作了。歷代金石學著作記錄的金石文字和器物，包括古代傳世的各種器物上的銘文、碑刻、錢幣文字、印璽、度量衡器、畫像石、造像、磚瓦等，它們都是歷史記錄的一個重要方面。

每一種文字都是一個人群創造的，其使用範圍可能逐漸擴大至其他人群。如漢字產生後，先通行於中原地區的華夏諸族中，秦始皇統一六國後，採取規範文字的措施，標準漢字的使用範圍擴大到整個秦朝境內。以後，隨著疆域的擴大和文化的傳播，漢字不但普遍使用於中國，還傳到了朝鮮、日本、越南等地，成爲這些國家記錄歷史的主要手段，所以這些國家的古代史料基本上也都是以漢字撰寫的。漢字也是漢文化圈中有效的交流媒介，因爲朝鮮、日本、越南等國的知識份子雖然未必能說漢語，卻大多數能寫漢字、識漢文，所以這些國家的使者來華後儘管語言不通，卻能與中國的接待人員及士大夫透過「筆談」交往。明治維新前的日本知識份子一般都有很高的漢文水準，都能寫漢文、做漢詩，所以清朝後期出使日本的黃遵憲、楊守敬等都能與他們進行「筆談」，楊守敬筆談的原稿至今還保存在日本慶應義塾大學的圖書館中。

但有的文字只使用於特定的人群或民族當中，隨著這一人群人口的減少或被其他人群所吸收，或者本身被強制放棄使用自己的文字，這種文字會成爲死文字，用這種文字記錄的歷史也會成爲不解之謎。如中國歷史上建立遼朝的契丹人和建立西夏的黨項人都創造和使用過自己的文字，但隨著遼和西夏的覆滅，契丹文和西夏文逐漸成爲無人使用、無人解讀的死文字，直到近代才有歷史學家和語言學家重新加以研究，並致力於解讀。對研究這些人群或民族的歷史來說，解讀他們的文字是最有效的手段，否則用這些文字記錄的歷史就將永遠消失。

解讀死文字最便捷的途徑，是找到該文字的或該文字與其他文字對應的字典、辭書。二十世紀初，俄國探險家在今內蒙古額濟納旗境內的黑水城遺址發掘出大量西夏文遺書，總計在十萬件以上，其數量和文化價值足以與敦煌遺書的發現相媲美，其中就有這一類的工具書。如西夏學者羅瑞智忠等編纂的《文海》（**圖1.4.8**），成書於夏惠宗天賜禮盛國慶三年（1072），是一部解釋西夏文形、音、義的字典，《番漢合時掌中珠》是西夏學者骨勒茂才編，成書於夏仁宗乾祐二十一年（1190），是一部西夏文與漢文的雙解辭典，這些都是解開西夏文字奧秘的工具。另一途徑是透過譯文與原文對照的辦法，如西夏文的佛經和儒家典籍都是根據漢文翻譯的，如《佛說大孔雀明王經》、《地藏菩薩本願經》、《毛詩》、《左傳》等，將這些文字與漢文一一對應，就可以了解它們的涵義和用法，進而解讀西夏文字。寧夏社會科學院李範文教授編著的《夏漢字典》（中國社會科學出版社1997年）收錄了六千個單字（包括異體字），是解讀西夏文的重要工具。如果沒有這類媒介，直接透過死文字本身來解讀，難度就會相當大。而且如果沒有一定數量的文字，也不可能解讀。即使有人能提出解釋，也無法得到證明。

圖1.4.8　西夏文字書《文海》書影

以前有這樣的說法，有了文字記載才有了人類的歷史，當然現在回頭來看這種說法，還不是很完整。因爲前面講的口耳相傳階段、圖畫階段、符號階段所記載的內容也都是歷史。不過同時我們也應該承認，這些口頭的敘述、以圖畫、符號形式記錄的歷史，如果到一定的階段沒有透過文字記載保存下來，那麼它的存在時間就不會很長。更重要的是，在流傳過程中，它會越來越不準確。而文字的記載相對而言可以比較長久地保存下來，並且保持其原意。雖然後人的解釋可能會有錯誤，但是只要原文存在，解釋出現的錯誤比較容易得到糾正。不像口頭的東西，不可能長期存在，只能夠根據最後聽到的敘述來做出判斷。

例如從《尚書．禹貢》開始就有黃河「重源伏流」的說法，意思是黃河發源於西方的崑崙山，流入蒲昌海（今新疆羅布泊）後就潛入地下（伏流），直到積石山才重新發源而出（重源）。張騫通西域後，回來向漢武帝報告，說他在西域見到了一條大河，實際是今天的塔里木河，但後來的學者就將它指爲黃河的上源，並且更加堅持了重源伏流說。直到清朝的乾隆皇帝，儘管已經有了元朝都實和清朝阿彌達等人對黃河河源的探尋，並且已經取得了相當接近於事實的結果，但仍然堅持這一錯誤的舊說。不過由於這些說法，包括歷代對黃河源頭探索的史料都在，所以我們今天不難判斷孰是孰非，而且可以從中看出古人探求地理環境的艱難過程，不僅要克服自然的障礙，還必須排除墨守成規的保守觀念的種種干擾。要是黃河「重源伏流」只是一種口頭傳說，那千百年後不知會演化爲什麼樣子了。

文字出現以後，歷史記載的方式就有了一個根本性的變化，而且一直延續到現在。儘管我們現在已經有了其他多種記錄手段，但還是不可能完全離開文字。在可以預見的未來，文字仍然是人類歷史最有效、最基本的記錄手段。

1.5 遺跡遺物與歷史

曾經有人寫過科幻小說，說希望出現時光隧道，穿過時光隧道就能夠回到古代去，親身體驗曾經存在過的一切。還有人設想，根據愛因斯坦的廣義相對論，地球上發生的事，都透過光以每秒三十萬公里的速度向太空傳播，如果人乘坐的飛行器能夠超過光速，就可以趕在光的前面，看到過去。理論上可以這麼講，將來能否實現還是另一個問題，但爲什麼大家對此都那麼嚮往呢？其實就是很希望看到已經消失的歷史現象。從這個角度講，遺跡遺物就具有這個作用。

遺跡和遺物的優點是不言而喻的，它們本身就是最好的歷史證據。對商朝的王陵史書上缺乏具體記載，很多方面前人一無所知。但是隨著河南安陽殷墟遺址的發掘，對商代的墓葬制度和有關情況都有了實物可考，足以彌補文獻的空白。對秦始皇陵墓，儘管我們可以從《史記·秦始皇本紀》中看到相關的記載，但無論司馬遷寫得多麼生動、多麼準確，在沒有看到秦始皇陵之前總不會有一個眞實的印象和概念。但看到了秦始皇陵，儘管它已經經歷了二千多年的風雨，還是不難想像當年的浩大工程和奢華程度。秦兵馬俑（圖1.5.1）的發現和發掘，更爲我們解開了不少難解之謎，使我們對秦朝的政治、軍事、經濟、文化和社會生活有了更具體的了解。

遺跡和遺物的缺點也是顯而易見的。首先，能夠保存到今天的遺跡和遺物絕對不可能是全部，也非原貌，只能是其中的一部分，甚至是一個很小的片斷，具有很大的偶然性，而且往

圖1.5.1　秦兵馬俑一號坑軍陣（局部）

1974年陝西臨潼秦始皇陵東陪葬坑出土，由步兵、戰車、騎兵及統帥部組成。

往已有了很大的改變。當然，遺址和遺物的完好程度受到種種因素影響，既爲它們所存在的環境所制約，也取決於它們本身的品質。例如，由於日本人早就信奉佛教，戰亂中一般不會破壞寺廟，所以很多寺院還保留著盛唐時代建築的整體風格和結構，收藏在寺院中的書籍文書也相當完整。古埃及、古希臘、古羅馬的建築都使用石料，著名的胡夫金字塔，建於西元前二十六世紀，迄今已有近四千六百年的歷史；位於雅典衛城原址的帕德嫩神廟，建於西元前447年至432年；古羅馬的大競技場，建於西元70年至82年，迄今都已有二千年左右，雖歷經天災人禍，這些建築的主體結構依舊巍然屹立。而中國就找不到這樣古老的建築，中國古代的建築大多是磚木或土木結構，既容易倒塌，又常常會在戰亂中遭焚毀，所以現存最早的木結構建築——山西五台山南禪寺大殿，也只是唐建中三年（782）所建，距今僅一千二百餘年，與山西五台縣佛光寺（建於西元857年）和拉薩大昭寺（建於西元七世紀中葉）同爲碩果僅存的唐代建築，而漢唐宮闕至多只留下房基柱礎和殘磚碎瓦而已。

其次，遺跡遺址最大的缺陷就是沒有人，只有物，它是凝固的過去，而不是活著的過去。而人恰恰是歷史活動的主體，這些實物離開了人，也就不成其爲歷史。近年四川發掘了三星堆遺址，最近又在成都發掘了金沙遺址，都有許多驚人的考古發現。但千萬不要以爲，這樣就能解決一切歷史疑問。要眞正使這些遺跡遺物起作用，關鍵還是要復原當時的人在這些環境中的活動，了解他們爲什麼要製造這些建築和器具，利用這些建築和器具做了什麼。譚其驤先生說過，「歷史好比演劇，地理就是舞台。」（見〈《禹貢》發刊詞〉，載《禹貢半月刊》創刊號，1934年3月，**圖1.5.2**）某種程度上，遺址就是舞台，但在上面演什麼劇，還是決定於當年生活在這個遺址上的人。在同樣的舞台上，同樣的條件下，不同的人，甚至同樣的人，可以做出完全不同的理性選擇，產生完全不同的後果。

所以，如果離開了文獻記載，完全依賴於遺跡和遺物，很多問題還是找不到答案，也無法據以復原比較完整的歷史。在這一點上，歷史學不同於考古學，不是認識了遺跡遺物本身就夠了，而是要透過遺跡遺物來認識歷史或發現歷史。

當然，遺跡遺物所起的作用非常之大，最根本的原因就在

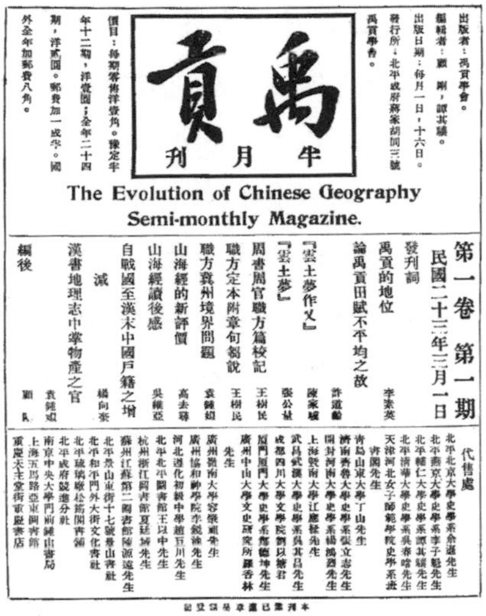
出版者：禹貢學會。
編輯者：顧 剛，譚其驤。
出版日期：每月一日，十六日。
發行所：北平成府蔣家胡同三號禹貢學會。

禹貢
半月刊

價目：每期零售洋壹角。預定半年十二期，洋壹圓；全年二十四期，洋貳圓。郵費加一成半。國外全年加郵費八角。

The Evolution of Chinese Geography
Semi-monthly Magazine.

第一卷 第一期
民國二十三年三月一日

發刊詞
禹貢的地位 李素英
論禹貢田賦不平均之故 許道齡
『雲土夢作乂』 陳家驥
『雲土夢』 張公量
周書周官職方篇校記 王樹民
職方定本附章句芻說 王樹民
職方冀州境界問題 袁鍾姒
山海經的新評價 高去尋
山海經讀後感 吳維亞
自戰國至漢末中國戶籍之增減 楊向奎
漢書地理志中掌物產之官 袁鍾姒
編後 顧[illegible]

代售處
北平北京大學史學系余遜先生
北平燕京大學史學系李子魁先生
北平輔仁大學史學系譚其驤先生
北平清華大學史學系吳春晗先生
天津河北女子師範學院史學系許閎先生
青島山東大學丁山先生
濟南齊魯大學史學系張立志先生
開封河南大學史學系楊鴻烈先生
上海暨南大學江應樑先生
武昌武漢大學史學系吳其昌先生
成都四川大學文學院劉以楝君
廈門廈門大學史學系鄭德坤先生
廣州中山大學文史研究所羅香林先生
廣州嶺南大學容肇祖先生
廣州協和神學院李鏡池先生
河北通化初級中學趙豆川先生
北平北平圖書館王以中先生
杭州浙江圖書館夏廷棫先生
蘇州江蘇第二圖書館陳源遠先生
北平景山東街十七號景山書社
北平和平門外大街文化書社
北平琉璃廠松筠閣書舖
北平成府競進分社
南京中央大學門前鍾山書局
上海五馬路亞東圖書館
重慶天主堂街重慶書店

本刊業已[illegible]登記

圖1.5.2　《禹貢半月刊》創刊號書影，1934年3月1日出版

於它能夠使我們直接面對過去曾經存在的實物。儘管與歷史長河中所有曾經存在過的實物相比，能夠遺留下來的本來就不多，能夠爲考古工作者發現的就更是一個不完整的片斷，但由於更完整的東西早已不復存在，片斷就尤爲珍貴了。

透過技術手段，可以對遺跡遺物的若干方面作出科學的鑑定。生物體在死亡後，其組織中吸收的來自宇宙射線的碳同位素C^{14}會不斷衰變爲N^{14}，其半衰期爲5730 ± 40年，對於遺跡遺物中的植物和動物殘體、木材、紡織品等，只要測出C^{14}的含量，就可以鑑定它們的年代，但適用的範圍在五萬年以內。隨著技術的進步，現在已經可以做到幾千年的長度中只有幾年的誤差。即使這樣，僅僅依靠遺跡遺物和相應的技術手段，也不能將它們完全復原爲歷史的一部分。

還必須注意，雖然遺址是固定的，但遺物是可以移動的。

在甲地發現的遺物，完全可以來自乙地，甚至相當遙遠的地方。如中國古代的玉器，很多是用產於新疆和田的玉石爲原料的。就是普通的銅和鐵，也未必產於當地。先秦的不少青銅器在當時都是「國之重寶」，不但世代相傳，而且也是敵國掠奪的對象（**圖1.5.3**）。一國的重器因其戰敗或滅亡而被掠至他國，甚至多次轉移的現象也屢見不鮮。越國鑄的劍、吳國的兵器品質高、名氣大，越王劍和吳王鉌就曾在戰國楚墓中出土。1956年在湖北江陵城北紀南城（楚郢都）遺址的數百座楚墓中曾出土大量兵器，其中在望山一號墓出土的越王勾踐劍（**圖1.5.4**）長五十五·七公分，劍首向外翻捲做圓箍形，內鑄十一道極細小的同心圓圈，劍格正面用藍色琉璃，背面用綠松石鑲嵌出美麗的花紋，劍身飾菱形暗紋，近格處有兩行鳥篆銘文：「邩王

圖1.5.3　司母戊鼎

青銅禮器，1939年河南安陽武官村出土，是商王文丁爲祭祀其母「母戊」所鑄，重875公斤，爲目前發現最大的青銅器，現藏中國歷史博物館。

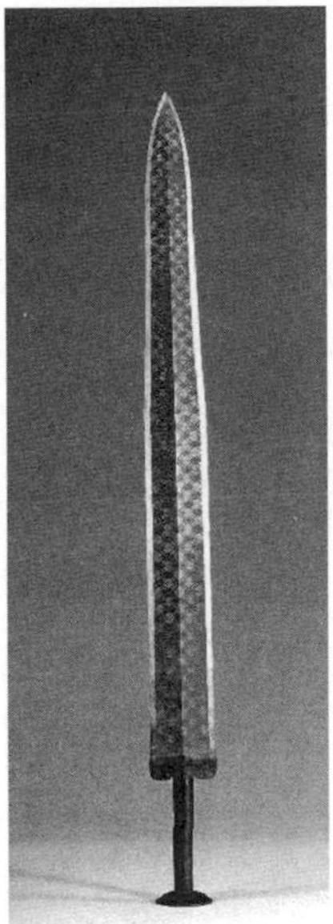

圖1.5.4 越王勾踐劍

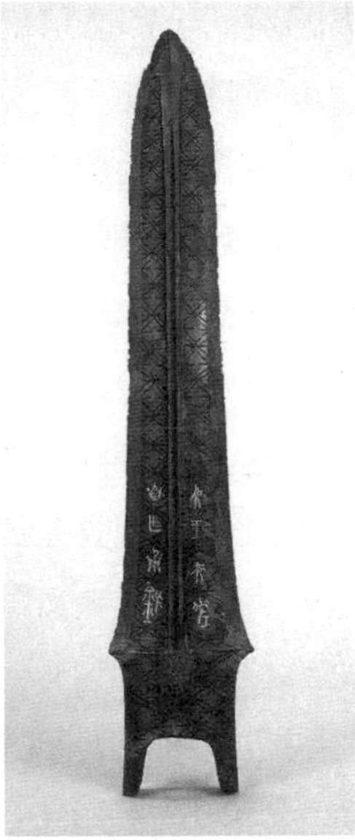

圖1.5.5 吳王夫差鈼

鳩淺自乍甬鐱（越王勾踐自作用劍）。」雖然埋藏二千四百餘年，出土時仍寒光閃閃，毫無鏽斑。吳王夫差鈼（圖1.5.5）出土於馬山五號墓，器身有八字錯金銘文：「吳王夫差自乍鈼」。此外還出土了「越王州句自乍用鐱」、「鄂君用寶」戈等。難道因爲出土了越國、吳國、鄂國的武器，就證明這些楚墓的所在地就是越國、吳國或鄂國的疆域範圍嗎？同樣道理，某地發現某政區的官印，並不表示該地當時就屬於某政區，種種偶然因素都可能使這枚印流落他鄉。以此類推會得出十分危險的結論：墨西哥可以被當作歷史上中國的一部分，因爲那裡發現的中國瓷器數量甚多；而西安也有屬於古代波斯的可能，因爲那裡出土了波斯銀幣也是千眞萬確的事實。前些年有報導說某地農村老太太餵貓食的碗竟是眞正的元朝青花瓷器。如果按照某些人的邏輯，那麼那位老太太的家豈不必定是元代建築？

正因爲如此，對同樣的遺跡遺物，不同的人可以做出完全不同的解釋，有的莫衷一是，有的卻是非立辨。如同樣看到中國石器時代的遺物，有的西方學者會認爲它們主要與西方的器物相似，應該來源於西方，提出了中國文化的西來說。而中國學者和另一部分西方學者則認爲，這些器物雖與西方的有某些相似之處，但存在根本區別，應該產生於本土。全盤西來顯然未必正確，但究竟是獨立產生還是存在早期的影響，還值得今後進一步探討。關鍵的問題首先是具體的證據，其次是正確的認識。

瑞典著名的地質學家和考古學家安特生（Johan Gunnar Andersson, 1874-1960）從1914年至1924在中國任北洋政府農商部礦政顧問期間，曾調查了北京周口店化石地點，成爲發現北京人考察工作的起點。他在河南澠池仰韶村發現了新石器時代的仰紹文化，還在甘肅、青海調查發掘大批新石器時代至青銅器時代的遺址，把以上的發現分爲齊家、仰韶（半山）、馬廠、辛店、寺窪（卡約）和沙井六期，並推測它們的絕對年代。他是較早從事中國新石器時代研究的學者之一，對中國的考古事業作出了重大貢獻，但由於受到當時的方法論和考古資料的局限，他對中國史前文化的分期作過不正確的判斷，又根據已發現的文化與中亞、西方的相似之處主張中國文化西來說。但以後隨著考古資料的豐富，安特生對中國文化西來說的觀點有所糾正，曾強調中國從仰紹文化經過商代直到今天，在人種和文化上是連續發展的。從今天已有的考古成果看，安特生的「中國文化西來說」無疑是站不住腳的，但這並不能否定安特生對中國考古學的貢獻，應該將安特生的觀點放在當時的資料和認識條件下來認識。由於中國人一貫以「天下之中」、「天朝大國」、「炎黃子孫」自居，加上舊中國長期遭受西方列強的凌辱，所以一般知識份子對「中國文化西來說」有著本能的反感，有的還將這種觀點與帝國主義的文化侵略聯繫起來。在當時的條件下，這種情緒不難理解，但現在我們應該認識到，這不是科學、實事求是的態度。其實，帝國主義雖然也進行文化侵略，但關注的還是現實的利益，並不強調歷史與現實、文化與政治的一致性，反而多數倒是被侵略、被殖民者自作多情。西方殖民主義者的殖民地幾乎遍及整個非洲，但從來沒有人聲明非洲文化西來說，倒是有不少西方人承認西方文化中有非洲移民帶去的非洲文化的影響，還最早提出了人類起源非洲之說。同樣，日本帝國主義自明治維新後接連發動侵華戰爭，直到占領半個中國，但也從來沒有宣揚中國文化東來說或日本來說，依然承認日本文化受惠於中國文化，天皇即位的詔書照樣使用中文，從「明治」到目前的「平成」，所有的年號都還是從中國古籍中找來的。

本來，對遺物、遺址和其他文化遺存的判斷有不同意見是完全正常的，有些爭論由於雙方的證據都不是很充分，短期內是無法作出完全令人信服的結論的，有的可能永遠都無法得出結論。但隨著考古發掘的擴大、考古研究的深入，還是可以越來越明顯，或者在此過程中取得新的成果。但有些人往往會將這種純粹的學術問題與狹隘民族主義情緒和所謂的「愛國主義」聯繫起來，或者爲了迎合某些現實的需要，故意突出某些觀點，曲解史料，甚至僞造證據。這樣做不僅違背了學術道德和歷史學的基本原則，對中華民族和中國的根本利益只會帶來不必要的損害。近年來一些人根據在美洲墨西哥馬雅文化遺址中發現的一些器具，認為它們淵源於中國，堅信周武王滅殷商後，數十萬殷人集體渡海東至美洲，建立了新的國家。「印加人」即「殷家人」，而印第安則是「他們念念不忘殷地安陽，見面時互以『殷地安』三字存問」。其實，自盤庚遷殷後，商人一直是稱其首都為殷的，安陽是戰國後期才在殷墟附近形成的城市，時間約在西元前三世紀，離殷商之亡已有好幾百年，他們怎麼會預見到幾百年後有人稱他們的故都之地為安陽呢？莫非是用甲骨占卜而知的不成？有人還根據墨西哥金字塔的照片和山東少昊陵的照片「有極大的相似之處」，認為這證實了「中美洲文明主要繼承的是太昊八卦太陽曆和少昊扶桑金星文明，以及殷商文明」，把這稱為「墨西哥和中國人的因緣」。可是他們大概沒有想到，古埃及的金字塔遠比少昊陵的建築年代早，數量也遠比中國少昊陵一類「金字塔」多，那麼為什麼墨西哥不能從埃及引進金字塔呢？如果墨西哥的金字塔是從中國引進的，那麼中國的金字塔又是從哪裡引進的呢？再說，現存的少昊陵的建築時間遠比殷商時代晚，而且石砌「金字塔」在中國又絕無僅有，究竟是誰學誰呢？又說「他們按照故國殷地安陽建立了新的家園拉文塔，建立太陽神廟，把殷商的文化一一搬了過去」。令人費解的是，位於今河南安陽小屯村一帶的殷墟遺址早已經過充分發掘，出土的甲骨文數以萬計，卻從來沒有發現什麼「拉文塔」或「太陽神廟」這類「殷商文化」的記載，更沒有發現任何實物。殷墟已發掘了大量商王的宮殿、陵墓和其他建築，都是木結構、夯土地基或牆壁，與墨西哥的石建築截然不同。要說地理條件，殷墟離太行山很近，很容易獲得花崗石原材。退一萬步說，即使幾萬年前有人從今天中國的領土到了美洲，那也不能說是「中國人」，因為當時根本還沒有「中國人」的概念，至多只能說是中國人的祖先，但不能否認他們也是其他國家人的祖先。即使殷人眞的遷到了墨西哥，並且繁衍成了以後的印第安人，這也只是一段遠在三千年前的歷史，並不會增加此後的中國人的光彩。同樣，要是中國人沒有最先到達美洲，要是印第安人不是殷人的後裔，也不會造成中國人的損失，不會給今天的中國抹黑。

對遺址、遺物和文化特徵，我們還應該注意到，人類的早期文化都有一定的共同性，特別是在地理環境相似的地區。但這種共同性並不意味著同源性，如果只是根據一些簡單的特徵就認定它們的源流關係，往往會犯先入爲主的錯誤。例如，全世界絕大多數語言中，對父親和母親的稱呼發音都極其相似，都含有Pa（或Ba）和Ma的語音，尤其後者更爲明顯。如英語中的father、mother（正式），daddy、mammy，papa、mama（非正式）；法語中的Père、Mère（正式），Papa、Maman（非正式）；西班牙語中的Padre、Madre（正式），Papa、Maman（非正式）；德語中的Vater、Mutter（正式），Papa、Mama（非正式）；捷克語中的Otec、Matka（正式），Táta、Máma（非正式）；津巴布韋修納語（Shona）中的Baba、Mai；南非祖魯語（Zulu）中的Ubaba、Umama；日語中的パパ（papa）、ママ（mama）；朝鮮語中的阿爸吉、阿媽妮；漢語中的爸爸、媽媽等等。這大概是由於小孩子發這兩個音，特別是ma這個音最方便的緣故。人類早期文化中一些特徵顯然也是與最方便、最容易創造出來有關，因爲人類總會具有一些共同的生理特徵，如此即便互相隔絕的原始文化也會具有一定的共性，自然不能輕易當作同出一源的理由。否則，像南非祖魯語對父母稱呼的發音類似於「吾爸爸」、「吾媽媽」，是否會有人以此爲據來論證南非的祖魯人是中國人的後裔呢？

1.6 神話與歷史

神話與歷史事實在上古時代並沒有嚴格的區別，因爲當時人們的觀察能力有限，對很多自然現象和社會現象無法理解，所以他們對往事的記憶從一開始就與事實不同，已經帶有了神話色彩。加上最早的歷史是口耳相傳的，在口頭傳播過程中，必定會產生很多變異，而且這種變異會隨著人們的主觀感情，越來越走向極端。比如說好人，傳播者都是說他好的一面，還要不斷誇大，結果越傳越好。英雄自然是法力無邊，無所不能，再把別人的事蹟移到他的身上，最後成了全能的神。由於這種口頭傳說是在傳播中逐步加深的，而且傳播者就是認同者，所以大家都很相信。宗教對於早期創始人的傳說，就無一不是神話。像耶穌基督、眞主阿拉、佛祖釋迦牟尼都有很多神蹟，這些神蹟很難說全部出於虛構，就是出於一種宗教的崇拜心理，不斷地把創始人的優點、能力無限誇大，到最後就變得不可思議。對於壞人也是一樣，人們只傳他壞的一面，並且在傳播過程中逐漸誇大，《論語．子張》記子貢的話：「紂之不善，不如是之甚也。是以君子惡居下流，天下之惡皆歸焉。」（紂王的不善，沒有像傳說的那麼厲害。這是因為君子厭惡處於下流地位的人，天下的壞事都會歸結到他頭上。）關於紂王造酒池肉林的說法，東漢的王充早在《論衡．語增》中便指出絕不可信，而是某些人爲了突出紂王的罪惡，不惜誇大事實，「聞一增以爲十，見百益以爲千」的結果。

神話雖然不是歷史，但它在某種程度上反映了歷史，而且世界上任何民族的古老歷史往往都離不開神話。只是各個民族因爲情況的不同，神話的發達程度也會不同。一般來說，文字發展得比較早、較早進入文明社會的民族都會比較缺乏成系統的神話，有人認爲中國的情況便是如此。按照胡適在《白話文學史》中的意見，中國古代民族因爲「生長在溫帶與寒帶之間，天然的供給遠沒有南方民族的豐富，他們需要時時對天然奮鬥，不能像熱帶民族那樣懶洋洋地睡在棕櫚樹下白日見鬼，白晝做夢」(《胡適文集》第八冊，北京大學出版社，1998)。這也未必盡然，比如寒冷的北歐，同樣也有發達的神話。中國神話不成系統的原因，還得另外尋找。

中國神話的一個突出特點，是常會和史實交織在一起，分辨不清哪是神話，哪是史實。比如說大禹治水，到底是神話還是史實？如果說完全是事實，那麼早已有人指出，根據黃河中下流的自然條件和地形地貌，絕不可能有持續時間長過數十年的大洪水，再大的洪水最多幾個月也就過去了，改道造成的氾濫只能出現在下游局部地區，怎麼可能範圍如此之廣、時間如此之長呢？現在也有人認爲，在距今一萬五年前的全新世發生卷轉蟲海侵，持續六千至七千年之久，造成東部沿海廣大地區爲海水淹沒，傳說中的這場史前大洪水即是這一史實的曲折反映。可是，如果眞是海侵的話，又怎麼可能透過大禹的疏導就能將水引走呢？所以大禹治水本身就是一件極可疑的事。再往上追溯，諸如盤古開天闢地、共工怒觸不周山、女媧補天、精衛塡海、后羿射日等等，也都是神話。但總體而言，中國的神話發展確實不如古希臘那樣系統，其中的主要原因，我想是在於中國的地域範圍與古希臘相比，不知要廣大多少倍。如果把古希臘和整個歐洲的神話都混在一起，也會出現這種紛繁雜亂的狀況。中國的神話，實際上原來有很多也是比較系統的。那些文字不甚發達的民族，他們的神話便很系統。而漢族的神話，在華夏族不斷融合其他民族，形成漢族的過程中，各民族的神話也不斷摻雜進來，盤古開天地的神話，就是漢武帝征服嶺南之後進入漢族神話系統的。現在我們看到的史書裡記載的神話，其實是代表了不同民族對自身歷史的各種不同的記憶。如此眾多不同來源的神話混雜在一起，當然也就不成系統了。這些神話經過漢族的文字記錄、整理，儘量刪除對自己不利的內容，將其納入一個體系裡，原始神話便從此消失了。

還有一些國家或地區，宗教過於發達，早期的眞實歷史就湮沒在那些充滿宗教色彩的神話中了，比如印度、西藏就是這樣，到後來眞的歷史反而講不清楚了，但不等於說這裡面沒有一點歷史的痕跡。西藏有一個關於藏族起源的神話，相傳遠古時有一隻受過觀世音菩薩點化的神猴，在今西藏乃東縣澤當鎮的貢布山潛心修煉。後來，這隻猴子受羅刹魔女誘惑，與其結爲夫妻，不斷繁衍，這就是藏族先民的由來。這個神話不僅作爲藏族民間的口頭文學廣泛流傳，還記入了藏文經書和史書。這當然只是一個美麗的神話，但最近幾十年的考古發現證明，早在舊石器時代，青藏高原大部分地區就有原始土著居民活動，到新石器時代，原居住於甘肅、青海一帶的氐、羌人和北方其他游牧部落不斷南下，與這些土著居民逐漸融合，發展成爲藏族。上述的藏族神話，明顯就可以解讀出這一發展過程的痕跡，也許這正是受佛教改造後原始神話對於早期歷史的曲折反映。

在中國的漢族地區，由於沒有眞正的宗教，或者宗教很不發達，實際是多神、泛神崇拜。加上地域遼闊，地區間差異很大，所以產生了很多地區性的民間信仰，出現了很多地區性的神話。這些神話往往與地方歷史有關，可以看成是地方歷史的一部分。如發源於福建湄洲島，廣泛流傳於台灣和東南沿海地區的媽祖崇拜就是如此。媽祖據說是北宋莆田縣都巡檢林願的女兒，爲救海難落水而死，被天帝封爲海神，專門保佑海上平安。也有史料記載她是唐代福建普通漁家之女。宋朝是否有都巡檢林願其人、林願是否有這樣一位女兒，還是只是漁家之女、她是否有最初的事蹟，這些都已無從查考，也沒有什麼意義。但媽祖這位神祇出現在宋朝以後的福建，卻有一定的歷史必然性，說明當時該地是航海最發達的區域，所以才會有專門保佑航海平安的神祇。如果沒有媽祖，也完全可能製造出另外一位神祇來。由於當時出海的都是男子，而在家等候並爲他們祝福的則是女性，所以必須製造一位女神，才會對在海上航行的男性產生一種更親切、更可靠的感覺。這大概是一種世界普遍現象。我曾在智利作家聶魯達的故居中看到數十個他專門收藏的航海女神，原來都是置於船首的雕塑，說明西方也曾經以女性作爲航海的庇護神。而媽祖崇拜地域範圍的擴大，正是福建籍移民遷居各地的證據。如台灣的人口大多數是福建移民的後裔，媽祖崇拜就是隨著福建移民擴大到台灣的。另有一部分福建移民遷入浙江山區，也將媽祖廟建到了他們的新定居地，但因爲是山區，保佑航海已經沒有實際意義，所以供奉媽祖的天后宮實際成了移民公共活動的場所。而上海、天津也因福建移民的遷入而出現了媽祖廟（天妃宮、天后宮），由於航海已經不是在那裡的福建移民的主要職業，所以天妃宮、天后宮實際上也是福建同鄉聚會的地方。

在我們國家，有一些神話，現在回過頭來做科學的分析，會發現其中包含了很多歷史的成分。比如《山海經》裡的記載，其中不乏荒誕不經、光怪陸離的說法，像《山海經．海外南經》記「羽民國在其東南，其爲人長頭，身生羽」(圖1.6)。人身上長羽毛當然絕不可能，但仔細分析，這應當是南方少數民族身披羽毛以爲服飾的訛傳。《禮記．禮運》說「昔者先王……未有麻絲，衣其羽皮」便是明證。東晉郭璞注《山海經》，就將「身生羽」進一步發展，成了「能飛不能遠，卵生」，完全變成了鳥類。順便說一句，直到數年前，某流行雜誌還發表在印尼叢林中發現卵生居民這類毫無根據的報導。這就是一件本來很合理的事情在傳播過程中的訛傳，以至於完全不合情理。古代嚴肅的歷史學家，往往對這類材料全盤否定，摒棄不用，像司馬遷寫《五帝本紀》時就認爲當時流傳的黃帝神話「其文

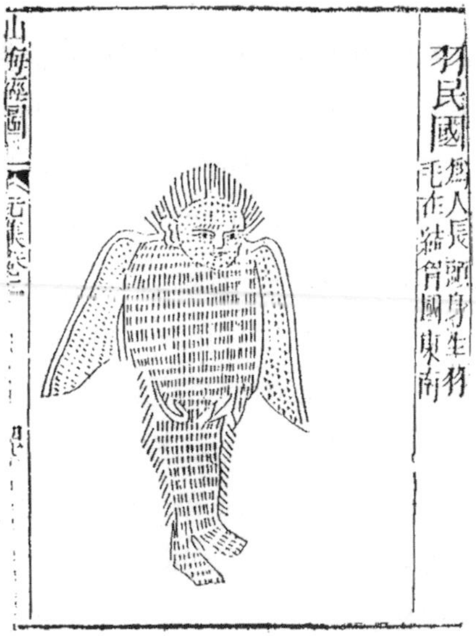

圖1.6　羽民國圖，採自清吳任臣《增補繪像山海經廣注》

不雅訓」，故不予採信。而現今的歷史學研究，就應該重新審視這類離奇的神話，研究流傳中爲什麼會遭受這樣的誤解或曲解、誤解或曲解的根源是什麼、它與歷史眞相之間的關係如何，這些問題都很值得研究。

還有一種情況，就是在歷史中摻雜了神話，但基本上還是歷史。這種情況在專制愚昧的時代相當普遍，如帝王得天下後都要神化自己的出身，都要製造祥瑞來證明自己的行爲符合天意，而遭覆滅或取代的朝代和君主已爲天意所棄，上天也會發出種種警示的徵兆。例如，《史記》中就有劉邦的母親是在大澤中與龍感應而懷孕生下他的記載，有劉邦在沒有做皇帝前一系列與眾不同的預兆，他停留的地方天上總是雲霧繚繞，以致他妻子十分容易找到他的行蹤。這些神話當然是劉邦自己或他的親信編造出來的，但也反映了一部分當時的歷史眞相。在母系社會的殘餘還存在時，人們往往知其母而不知其父，先秦這種情況很普遍，所以史書中不只一次可以見到類似的記載。如據《史記．周本紀》，西周始祖后稷的母親有邰氏姜原，就是在野外踩了巨人的腳印後受孕的。雖然姜原號稱是「帝嚳元妃」，但后稷卻不知道父親是誰，可能姜氏本人都已記不清這是她與哪位男子的產物。劉邦的母親或許也是如此，但當時並不以爲恥，反而可以編造出神話來。至於他的頭頂天上有雲霧繚繞的說法，也明顯是受到古代龍崇拜和戰國後期至秦朝神仙迷信的影響。對比後世的帝王，雖然也同樣製造神話，卻再也不會聲稱自己爲母親野合而生了，因爲這已經被視爲不光彩了。對上述一類神話，我們很容易加以區別，去僞存眞。但即使對其中的僞，也可以看出歷史的痕跡，考究這種僞說產生的背景和條件。

1.7 民間故事與歷史

民間故事和神話又有所不同，民間故事一般是指在非官方的途徑產生和流傳，在流傳中又經過傳播者的不斷加工，經非正式的歷史記載保存下來的內容，由於其民間性，我們稱之為民間故事。

民間故事基本上是一種寄託了編寫者或傳播者強烈的主觀願望的文學作品，不但內容可以完全出自杜撰編造，裡面涉及到的人名、地名、典章制度，也都是似是而非的，這是需要讀者特別注意的。如果一定要從歷史事實，或者是記錄歷史的方法來談民間故事和歷史的關係，應該講這兩者是沒有關係的。京劇中很多戲都是根據民間故事改編的，中國不少的古典小說，也是文人根據民間流傳已久的故事整理加工的，其中就有很多似是而非之處。稱謂、職官、地名等往往亂用，前朝的人物可以用後代的稱呼，有的名稱歷史上從來沒有用過，完全是作者杜撰的。如果認為這就是歷史，就要大上其當了。《三國演義》裡很多地名與東漢末年和三國時的實際情形不符，是後世才有的。如該書第五十四回稱劉備與東吳聯姻，「船到南徐州」，「居於南徐」，其實南徐州一名，直到南朝宋永初二年（421）才出現，治所在今江蘇鎮江，三國時根本無此地名。該書中的地理方位，也常常是南轅北轍、東西顛倒。第十七回中敘述袁術與曹操在壽春界口交戰，袁術大敗後率領殘兵渡淮南逃。而曹操攻破壽春後，與諸將「商議欲進兵渡淮，追趕袁術」。小說描繪得有聲有色，而其實壽春就在淮河以南，又何須渡過淮河呢？第二十七回寫官渡之戰時，關羽在曹操軍中，聞知劉備在河北，便拒絕曹操的高官厚祿，千里走單騎投奔劉備。小說爲了突出關羽的忠勇，說他從許都出發，西北至東嶺關，到洛陽，然後東走汜水關，再南下到滎陽，至滑州，敷衍出了「過五關、斬六將」的故事，其實這樣的路線，完全違背當時的地理情況，分明直線可以到達的，又何必在河洛平原上繞了個大圈子呢？

又如《金瓶梅》第三十三回潘金蓮口中出現「南京的沈萬三」一詞，沈萬三是明初江南巨富，明人的筆記、野史中頗多其事蹟的記載；第五十五回太師府贊賦中「九洲四海大小官員都來慶賀，六部尚書、三邊總督無不低頭」，「六部尚書、三邊總督」是明代才有的制度；第六十五回又有「咱山東一省也響出名去了」的話，「山東一省」的概念只有明代才出現，北宋時山東分屬京東東路、京東西路管轄，明繼承元的行省制，才設山東布政使司（俗稱省，元時山東屬中書省轄區）。

之所以會有這種情況，取決於編寫、傳播民間故事的人的知識水準，他們往往只是粗通文墨，歷史知識、地理知識有限，對家鄉一帶的情況還比較了解，遇到自己不熟悉的內容就只能想當然地胡編亂寫了。儘管經過了文人的加工，卻還是在不經意間向我們透露了當時、當地的資訊。

當然有的內容是作品有意編造的，如家譜（族譜）中先祖的事蹟，這類事蹟也可以看成是一種民間故事。一般家譜中都會有祖先遷移的故事，其中對本支的始遷祖可能有更詳細的敘述。採用的方法，無非是移花接木，誇大拔高，或者根據當時的歷史背景編出一些可能的事蹟，或者參考同時代其他家譜中的事例稍加改編。

民間故事也可以有書面記錄，甚至有比較早的書面記錄。當然民間故事最早都是口耳相傳，有文人把它記錄下來以後，就有兩條發展線索了。一個在文人圈裡流傳，另一個在民間繼續流傳，發展到後來兩者的差距會很大。比如元稹所作的唐傳奇《鶯鶯傳》，講述張生寓居蒲州普救寺，在戰亂中設法保護了崔鶯鶯母女，並對鶯鶯一見鍾情，兩人私定終身。後來張生赴京應舉，爲了自身利益而將她拋棄。這基本上是一個始亂終棄的故事，張生的這種行爲在小說中還被稱頌爲「善補過」。而到了元代王實甫創作的雜劇《西廂記》那裡，成了張生應考高中進士，然後與鶯鶯完婚的大團圓模式，並用讚賞的眼光描寫女性對愛情的主動追求，表達了對自由愛情的讚美。這種故事情節與結構的明顯改變，就反映了文人階層和市民社會的不同旨趣。儘管這種才子佳人的情節在後世的小說、戲曲中極爲氾濫，以至庸俗不堪，但正如陳寅恪在《柳如是別傳》一書中所指出的：「相傳世俗小說中，才子佳人、狀元宰相之鄙惡結構，固極可厭可笑，但亦頗能反映當日社會之一部分眞相也。」（三聯書店，2001）

總之，民間故事絕對不等於歷史，不能因爲它有文學價值或文化意義，就將它當作歷史來看待。

這裡不是要一概否定民間故事的價值，民間故事的情節都很曲折生動，引人入勝，表達民眾懲惡揚善的美好願望，如在旅遊景點的建設中，適當引入一些民間故事就可以產生很好的效果。去北京旅遊的中外遊客，幾乎都要去八達嶺或慕田峪、金山嶺看看，所謂「不到長城非好漢」。無數遊客會站在長城上讚歎這「二千年來的奇蹟」，有的導遊還在訴說著秦始皇的千秋功過。其實，北京附近的長城均是明代修築的，至多只有五百餘年的歷史，與秦始皇毫不相干。河北山海關有孟姜女廟，有人就介紹這便是當年孟姜女哭倒長城的地方。其實秦始皇時的長城遠在山海關以北數百上千里，孟姜女在這裡不僅哭不倒長城，就連長城的影子也看不到。不過既然是旅遊，就不必過於認眞，不妨姑妄聽之。但是我們一定要明白，這和歷史完全是兩回事。

從某種程度上說，民間故事和歷史的關係，與神話的情況有一定的類似，就是民間故事太發達了，就沒有眞正的歷史了。我們現在的電視劇有一股「戲說」歷史之風，尤其是清宮戲氾濫，如果這種情況持續下去，大家只知道康熙經常微服私訪，關心民生疾苦，充當俠義之士，掃蕩社會不平；乾隆不僅是位武林高手，還是位多情種子，七下江南就是為了找尋一位女子；慈禧不是那個統治清朝長達四十七年的心狠手辣的獨裁君主，也不是挪用海軍經費修頤和園、要「量中華之物力，結與國之歡心」的老佛爺，而是憂國憂民、日理萬機的女政治家；還有那個子虛烏有的「還珠格格」，弄到後來眞正的歷史就會受到影響。儘管編導可以在每部片子開頭都打上「本片純屬虛構」的字樣，明確告訴觀眾這不是歷史，但問題是這類東西長期影響下去，眞實的歷史就只能讓位於戲說了。因為這些電視劇編造出來的情節遠比眞實的歷史內容豐富、情節曲折，更加能夠吸引人，眞正的歷史在一般讀者看來，就遠不如這些胡編亂造的東西來得有趣。

而且，關鍵問題是這些影視作品在潛移默化中向觀眾赤裸裸地宣揚人治思想、等級意識、裙帶觀念，灌輸一種對聖主、明君的依賴心理，似乎只要有一個好皇帝，一切問題都可以解決，將殘酷的專制統治和血腥恐怖的手段當成歌頌展示的對象，這與現代文明社會最基本的民主、法制觀念完全是背道而馳的。在所有清宮戲中，康熙、雍正、乾隆等皇帝不僅個個雄才大略，還極具個人魅力和情趣，可惜這絕非歷史眞相。且不說清軍南下和下薙髮令後製造的「揚州十日」、「嘉定三屠」和「留頭不留髮」使數十百萬無辜平民喪生，單說所謂康、雍、乾盛世的文字獄，其數量和殘酷程度就遠遠超過以往任何一個朝代，達到了中國專制社會的頂峰。僅乾隆一朝，發生文字案共計一百三十餘起，其中四十七起的案犯被處以極刑，親族中男子十五歲以上連坐處斬，十五歲以下及女眷充軍，已死者也要開棺戮屍。搞得文人學士人人自危，要麼曲學阿世，要麼鑽入故紙，從中哪裡看得出半點電視劇中描繪的可愛之處！在推翻帝制已九十餘年的今天，忽然出現美化帝王的風潮，其中的原因實在值得所有人深思。

1.8 歷史還是新聞？

古代文字處理的能力、傳播的速度有限，所以歷史是指過去，而且是指離現在相當遙遠的過去，歷史和新聞之間的界限比較明白。但到了近代，就出現了新聞和歷史之間關係的問題。有一種觀點認爲，凡是過去的事情都是歷史。這種說法過於簡單了，其實我們能感知到的一切，等到感知了，都已經成爲過去。新聞中報導昨天開的會，那當然已經過去了，就算是現場直播，等到你看到畫面、聽到聲音時，這聲音與畫面本身也已成爲過去了，那麼是不是整個世界的一切存在都成了歷史呢？這顯然是不妥當的，也是不可能的。歷史是過去的事，但過去的事並不等於歷史。

歷史不是一個純客觀的存在，而是人們對以往的一種記錄和認識。既然是人們對以往的記錄，就不可避免地會帶有人的主觀性和選擇性。要使歷史記錄更符合事實本身，我們所稱的「歷史」就應該和「現在」有一定的時間間隔，離記錄者、傳播者、閱讀者都要有一定的時間間隔。如果沒有一定的時間間隔，人們所看到的並記錄下來的事實不一定就是事實的眞相，或者不一定就是事實的最主要方面。因爲同一時間內發生的事情太多，即便同一件事情，也有著紛繁複雜的各個方面，寫歷史不可能把它們全部記錄下來，必然有所取捨。沒有一定的時間間隔，事情的發展還在繼續，我們就無從判斷哪一個或哪些方面更具歷史價值。

比如我們在體育館裡看體育比賽，這邊是平衡木，那裡有雙槓，另外一個地方是自由體操，一個人是不可能全都看到的，電視直播也不可能同時播放所有的比賽，更何況世界上這樣的體育館不只一個，有時一些大規模的比賽，如奧運會、世界盃足球賽等，會在不同的體育場、館同時進行。作爲歷史的撰寫，最好是等比賽結束以後，我們根據比賽的結果，確定比賽中哪些應該重點描寫，哪些可以只寫一個統計數字，哪些則可以完全忽略。這就與新聞強調現場性、時效性截然不同了。這還只是個相當簡單的例子，整個人類社會的歷史，或者一個國家、一個地區的歷史，就更遠比體育比賽要複雜得多，所以就要過一段時間，有一定階段的間隔，形成一個比較穩定可靠的說法之後，我們才能把它作爲歷史記錄下來。

新聞可以是將來編寫歷史的資料來源，但是新聞絕不等於歷史。例如我們現在研究第二次世界大戰，當時的大量新聞報導就是很重要的、很具體的史料。但另一方面，今天我們也可以發現，其中不少新聞的內容並不符合實際，或者是純粹出於某種需要製造出來的假新聞。當時或有其必要，出於某種目的；或者是受到諸多局限，不得不如此發布新聞。還有一些新聞內容則是相互矛盾的，我們就需要透過認眞研究，並參考其他史料加以分析鑑別。這些在當時或現場是根本無法做到的，只能在有了一定的時間間隔以後才有可能。

至於這個間隔要多久，一般來說至少是一代人。國外有二十或三十年後解密檔案的制度，比如現在許多美國歷史學家都在急切地等待2004年的到來，因爲到那時，三十年前發生的導致當時在任總統尼克森（Richard Nixon, 1913-1994）下台的「水門事件」（Watergate Affair）的所有秘密檔案都將公諸於世，屆時也許美國的政治史便要改寫了。爲什麼要定二十或三十年呢，這其中的原因大概就是這個時間間隔至少是一代人。經過二十、三十年時間，上一代人基本上都去世了，或離開政治舞台了，下一代人才可能不受上一代影響，比較客觀地接受事實。當然並沒有人來嚴格地規定這一時間間隔，有的特殊情況，例如更重要的檔案可能要等五十年乃至一百年，甚至更久，這樣才可能不受外界影響，自由地進行歷史的記載和歷史的研究。

中國自古以來就有生不立傳的傳統，一個人還健在的時候一般不給他寫傳記，要等他去世以後，甚至去世以後過很長一段時間才能寫。以前有句話叫「蓋棺論定」，就是這個意思。比如我們現在來寫「文化大革命」的歷史，就比當時的人來寫要眞實客觀得多。儘管當時的人正在親身經歷著那個時代，但正因爲他們身處其中，就不得不寫「全國形勢一片大好，到處鶯歌燕舞」、「無產階級文化大革命就是好，堅決擁護」一類的違心話，眞實的歷史反而不可能在他們筆下產生。

歷史離開現實要有一定的距離，除了上述時間上的距離，還要有空間上的距離。歷史的撰寫者和研究者就是這段歷史的親歷者，對了解歷史眞相固然有好處，但如果撰寫者和研究者離現場太近了，或者自己就是其中的一員，就很難擺脫自身的影響，反而不容易做到客觀和眞實。我們經常看到一些人寫的回憶錄，且不說那些根本沒有回憶資格的人所假造的「親身經歷」，就是眞有親身經歷的人，也是人言言殊，原因就是他們無法擺脫自我，不能實事求是，因而出現爲尊者諱、爲賢者諱、爲本人諱、爲惡行諱這類通病。

在當今傳媒相當發達的情況下，傳媒的影響越來越迅速、直觀、生動。2001年9月11日美國發生的恐怖事件，傳媒以最快的速度作出反應，在事件剛發生不久就做了現場連線直播，波音飛機撞擊紐約世貿中心大廈的畫面，給受眾巨大的震撼。全世界傳媒發出了天文數字的圖像和文字，但很快就證明，其中一部分是錯誤的資訊，當然這一時難以避免。如世貿中心的死亡人數，最新的統計減少了上千人，今後可能還會有變化。至於事件背後的眞相，目前還不能說已經完全清楚了，只有等待今後的歷史來回答了。

不過由於新聞品質的不斷提高，傳播的手段日益先進，相信未來的歷史和新聞的界限會逐漸模糊或縮小，但絕對不會消失。

1.9 歷史資訊

前面已經說了圖畫符號、語言文字、遺跡遺物、神話傳說、民間故事等歷史賴以存在的手段，如果從廣義上講，這些都是包含著記載過去曾經發生過的一切人與事的資訊載體。但歷史資訊的載體除了上面講到的以外，應該還有更多。而且隨著科學技術的發展，新載體還將被發現和應用。歷史資訊載體是客觀存在的，問題只是我們以前限於科學技術的手段，發現不了或者利用不了而已。

最近一個明顯的例子，就是用分子遺傳學的方法來研究中國人種的起源，而在以前只能用古人類學方法。長期以來，幾乎所有的遺傳學家都認爲世界上的人種都起源於非洲大陸，這與古人類學得出的結論是相矛盾的。據最新的一項對亞洲男性Y染色體單核苷酸多態性標記（Single Nucleotide Polymorphism）的研究顯示，東亞的現代人類都起源於非洲，在距今十萬年前經東南亞進入中國的南方，然後越過長江向北方遷移。而目前已發現的大量早於十萬年前的本土早期智人（Homo sapiens）化石並非目前生活在該地區的現代人的祖先，他們都已在第四紀冰川期滅絕並爲非洲智人所完全取代（Yuehai Ke et al., African Origin of Modern Human in East Asia: A tale of 12,000 Y chromosome, 2001 *Science* 5519(292):1152-1154）。這無疑動搖了中國人種的本土起源說。雖然這一結果還有待進一步證實，但畢竟提供了一種新的研究方法。近兩年來，全球最優秀的生物學家正在聯手進行一項龐大的人類基因組測序工程，根據目前已取得的階段性成果，不同人種乃至不同物種之間的DNA（去氧核糖核酸）的差異很小，這也與此前的推測截然不同。今後，我們也完全可以把基因作爲歷史資訊的一部分，DNA的檢測可以有相當廣泛的運用，在遺跡、遺物中只要獲得微量的DNA，就可以檢測出生物的全部遺傳訊息。

這些早已存在的歷史資訊，一旦有條件加以利用，就可以豐富我們的歷史記載，改變我們的歷史觀念，糾正我們以前的誤解，開發我們以前不重視或無法觸及的新領域，更全面、眞實地揭示歷史眞相。如按照一般的說法，拿破崙（Napoléon Bonaparte, 1769-1821）病死於囚禁地大西洋中的聖赫勒拿島（Saint Helena Island），但一部分歷史學家一直懷疑拿破崙是被人謀殺的，卻找不到證據。近年透過對他頭髮的分析，發現其中砷的含量遠遠超出正常的範圍，證實他的確死於慢性砒霜中毒，爲謀殺說提供了有力的佐證。殘留在拿破崙頭髮中的歷史資訊雖是客觀存在的，但沒有一定的科學知識和技術手段，就既不知道，也無法利用。

歷史資訊應當是相當廣泛的，我們現在很難預測到底有多少。比如方言也可以成爲歷史資訊的一部分，透過對方言進行語言學的分析，就可以推導出一段移民的歷史。杭州方言在整片吳方言區內，是一個非常典型的方言孤島，僅分布於杭州市城區，範圍極小，甚至一到城郊方言就大不相同。杭州方言在語音、辭彙和語法等方面都有濃厚的北方官話色彩，如杭州方言具有大量的兒尾詞。但北方話中的「兒」，是附在前字音末尾，與其合成一個音，起捲舌作用，並非一個獨立的音節，而杭州方言卻恰恰相反。之所以造成這種情況，是北宋末年宋室南渡，大批北方移民湧入臨安（今杭州），受本地方言影響下的產物。另外，民國成立後，原清政府駐軍旗下營解散，大批旗人子弟也給杭州方言融入了北方官話的因素。從這種方言的演變就可以推出一段移民的歷史。又比如不同人種的面貌、膚色等體質特徵，也包含某種歷史資訊。蒙古人種由於最初生活在草原和半乾旱地區，在眼瞼上形成具有保護眼睛的眥褶的比例很高，人類學上稱作蒙古褶，俗稱雙眼皮。大部分蒙古人種的初生嬰兒臀部由於皮下色素沈積，出現青紫色斑，被認定是蒙古人種所特有的遺傳特徵，稱爲蒙古青。這些都是一種資訊，可能爲將來的歷史學研究所用。

對於遺物和遺跡，隨著科學技術的發展，我們現在可以從中了解到比以前更多的資訊。如美國漢學家艾蘭（Sarah Allan）開創性地使用顯微攝影方法研究甲骨文刻痕，根據筆劃的交叉和重疊確定其先後順序，發現甲骨文鍥刻時屢屢違反文字結構，甚至連貞人的名字都缺乏慣用筆順，從而認定主持宗教儀式的貞人自己並不鍥刻卜辭，而是由文化程度不高的刻手按照底本抄刻的。再如判斷不含碳的陶瓷器皿的製造年代，以前只能單純憑肉眼和經驗，現在用熱釋光斷代方法檢測，就可以比較準確地判斷。陶瓷器皿是用黏土燒製的，一般黏土中都含有微量鈾、釷和少量鉀等放射性物質，還夾有結晶固體顆粒，每時每刻受到各類輻射的作用。當陶器燒製時，高溫把結晶固體中原先貯存的能量都已釋放完了，此後重新積累能量隨時間而增加。放射性越強，年代越久，熱釋光量就越多，所以只要測出陶器中鈾、釷、鉀的含量，周圍土壤中的輻射強度和宇宙線強度，定出自然輻射年劑量，即可計算出陶器燒製的年代。只要取數十毫克樣品，就能快速有效地鑑定陶瓷製品的眞僞。大英博物館曾收藏了一批中國宋代的瓷器，經多位文物專家依據器形、釉色、題款等鑑定，一致認定是眞品，但熱釋光技術出現之後，大英博物館將這批瓷器用熱釋光檢測，竟發現全是贗品。

天象也是很重要的歷史資訊，可以用以解開某些歷史謎團。《古本竹書紀年》有「懿王元年，天再旦於鄭」的記載，鄭在今陝西華縣一帶，所謂「天再旦」，即日出前天已發亮，此時發生了一次大食分日食，天又變黑，不久日食結束，天再次放亮。但以前限於技術條件，儘管了解這項資料，卻無法進行推算。還有很多研究者試圖透過分析文獻記載的武王伐紂時的天象，來精確推算出這一歷史事件發生的確切時間，以期達到將中國原有確切西元紀年的年代從西元前841年(西周共和元年)大幅度前推的目的。但是這樣的研究最大困難來自兩方面，一是天象的復原相當困難，單靠紙筆演算很不現實，二是這條文獻記載究竟是否可靠。現在第一個問題已經解決了，電腦技術的飛速發展，使得天象的復原變得極其簡單。只要利用相關的現成軟體，輸入有關的資料，電腦就會自動計算出這種天象歷史上曾經在哪一天幾點幾分幾秒出現過、出現過多少次、各持續多長時間、出現在什麼範圍。只要排除不可能的情況，就可以確定精確的時間。1988年，美國航太航空局華裔天文學家彭瓞鈞利用電腦模擬推定懿王元年的這次日食發生在西元前899年4月21日當地時間凌晨5時48分，食分0.95。1997年3月9日黎明前後在大陸新疆北部發生了一次日全食，觀測到了天空兩次放亮，證實「天再旦」的現象確實是存在過的。現在就只剩下一個關鍵問題，就是史料本身的可靠與否。中國古人有所謂「天人感應」之說，即認爲天象與人事有直接的對應關係，或是對已經發生的人事的譴責或嘉許，或成爲未來人事的先兆。據

《淮南子．兵略訓》記載：「武王伐紂，東面而迎歲，至汜而水，至共頭而墜，彗星出，而授殷人其柄」，《今本竹書紀年》則稱當時「五緯聚房」。歲即指木星，「東面而迎歲」，是說武王軍隊清晨出發時，恰好看見木星出現在東方，這被認爲是有利於軍事行動的吉兆。彗星由於其形狀的特殊，它的出現在古今中外均被視爲凶兆，認爲是君臣失政、改朝換代的象徵（圖1.9），《開元占經》裡便說「君爲禍則彗星生也」（《開元占經》卷八八，〈彗星占上〉）。歷代正史的《天官書》、《五行志》中，這樣的例子非常之多。而「五緯聚房」，指金、木、水、火、土五大行星聚集在二十八宿中的房宿位置上，更被後世星占家視爲改朝換代的象徵。除了武王伐紂以外，史籍中記「齊桓將霸，五星聚箕。漢高入秦，五星聚東井」（《宋書．天文志》），也都有此天象，但據天文學家利用現代天文學方法回

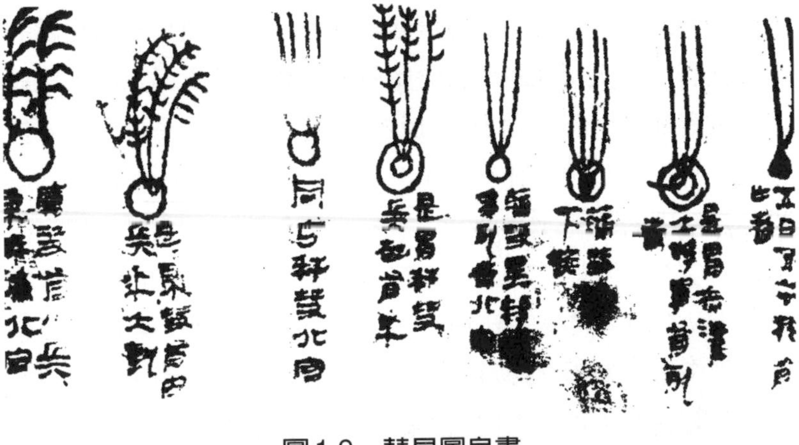

圖1.9　彗星圖帛畫

1973年長沙馬王堆3號漢墓出土，該圖爲以星、彗、雲、氣等占驗吉凶的帛書《天文氣象雜》的一部分，用朱、墨二色繪成。每顆彗星下記錄不同名稱，是世界上關於彗星形態的最早著作之一。現藏湖南省博物館。

推，這些記載都是僞造的。武王伐紂是以臣下反叛君上，諸侯挑戰中央，在當時就迫切需要理論上對其行動合法性的支援，而在後世的儒家那裡，周文王、武王都是被稱頌的聖人，儒家又最講究「君臣父子」的倫理道德，焉知這些天象不是後世爲證明殷周革命是順應天命之舉而僞造的？或者，將此前或此後數月乃至數年發生的天象附會在伐紂那些天裡？如果後人根據這些僞托的天象特徵去考證那一天的確切日期，就永遠也考證不出來，即便勉強找到了也必定是錯的。

類似的事情在當代也發生過，1969年9月2日，越南民主共和國主席胡志明逝世，而這一天偏巧是越南的國慶日，越共中央經過討論，決定在訃告中將胡志明的逝世日期推後一天，以避開國慶日。要不是後來越共中央公布了眞相，以後的歷史就會將胡志明去世的時間推遲一天，因爲誰會懷疑官方訃告上的時間呢？

我們現在所掌握的歷史資訊，都是一些片斷，科學技術的發展，就可以把這些片斷中隱藏的歷史資訊提取出來，並高速而有效地聯繫起來，藉此復原歷史的眞相。

1.10 未來的歷史

未來的歷史從本質上講，與以往的歷史並沒有多大的區別，但是其表現形式會與以往大不相同。

首先就是歷史資訊將極大地豐富。我們現在研究過去這一百年的歷史，能找到的資料不知比此前一千年來傳世資料的總和要多上多少倍。那麼到了二十二世紀研究二十一世紀的歷史，資訊更會無法想像地豐富。現在大量的照片、錄音、錄影資料的存在，也是以往任何時代都從來沒有過的。即使再發生一次世界大戰，史料的保存也比過去容易得多。中國歷史上天災人禍難以計數，尤其是戰爭期間，書籍更是極易毀於兵燹，明代胡應麟便曾謂書有「十厄」。例如梁承聖三年，被西魏大軍圍困在江陵的梁元帝下令將宮中收藏的十四萬卷圖書全部焚毀，幾乎毀滅了當時傳世書籍的一半。在印刷術尚未發明之時，書籍只有稿本和少數鈔本流傳，經過這樣一場中國文化史上的空前浩劫，直到隋文帝時，皇家的藏書也僅達到三萬餘卷。而今天就不會再重演這樣的歷史，現在一套光碟，就可以把一個圖書館的內容都保存在裡面，而且可以非常方便地複製，複件與原件沒有任何差別。在這種情況下，資料根本不可能全部摧毀。

隨著二十世紀末網路技術的發展和普及，網路迅速崛起，大有取代傳統媒體，成爲「第四媒體」之勢。網路的興起，對於未來歷史的意義，就在於它打破了話語權力的壟斷，產生了記錄和表達方式的一次大變革。任何人，只要認識字，會使用電腦，都可以自由地向公眾表達自己的見解。作家王小波曾說底層民眾是「沈默的大多數」，因爲他們沒有表達的管道。網路誕生之後，這種情況逐漸改變了。BBS上的帖子、網路聊天室和網路傳呼機ICQ中的對話、伺服器上的電子郵件，這些都是民眾思想和感情的最直接表達。即便有人說網上充斥了謊言與謠傳，但從中也反映了一種普遍的社會心態。我們今天完全可以預言，未來的歷史研究，網路中無比豐富的資料必定會成爲探究當代社會、文化、思想等眞實狀況的絕佳材料。

但是，在歷史記錄手段日益多樣化的同時，也應該看到，進行歪曲、篡改的方法也層出不窮。有些檔案的原件已經遺失或銷毀，現存的只是複製品。比如中國革命博物館所藏的安徽鳳陽小崗村1979年包幹到戶的生死契約，由於紙張過於潔白嶄新，引起了很多人的懷疑。據當事人的回憶和專家的考證，這只是事後爲拍攝紀錄片所需而補做的複製件，內容與原件也很不相同。除了文字材料外，照片也可以篡改。早在清末攝影術傳入之初，就有僞造照片之舉了。當年袁世凱爲打擊政敵岑春煊，知道慈禧平素最痛恨康有爲、梁啓超，於是賄賂照相師拼接了一幀岑與康、梁的合影秘呈慈禧（事見劉成禺《洪憲紀事詩簿注》卷二）。另有一張流傳甚廣，並曾被各種學術著作收錄的光緒帝與康、梁的合影，也已證明是拼接合成的。1976年9月9日毛澤東逝世後，於當年9月18日在北京天安門廣場舉行追悼大會，在1976年11月出版的《人民畫報》上，站成一排的國家領導人中間開了天窗，缺了四個人，無疑就是王洪文、張春橋、江青、姚文元「四人幫」了（圖1.10）。當時的技術水準不高，讓人一眼就看出了破綻，而現在用電腦合成，拼接絲毫不露痕跡，甚至可以無中生有，連專家都很難鑑別。幾年前的美

圖1.10　1976年11月出版的《人民畫報》

國大片《阿甘正傳》中，有美國前總統甘迺迪會見阿甘的鏡頭，就是用最先進的電腦技術合成的，畫面天衣無縫，與新聞記錄片無異，如果久遠的歷史年代之後，不明眞相的後人信以爲眞，以此來研究美國歷史，豈不是要大錯特錯了嗎？

其次，在技術飛速發展的情況下，後人獲取歷史事實或資料可能不需要花太多的時間與精力，而對分析、判斷的要求會越來越高。以前的歷史學研究，很重要的一項是史料，做學問靠博聞強記，講究「過目成誦」。據弟子回憶，陳寅恪晚年雙目失明後，他還可以隨便指出某句話在哪本書的第幾頁第幾段中。有人說這眞是了不得，這是了不得，但隨著現代科學技術的發展，檢索的手段會越來越便捷，光靠博聞強記，以後就沒有什麼優勢了。今天研究秦漢史，除非剛從某個秦漢墓中出土，其他所有的史料都已公開了，大家都憑著這點史料，體現高下差異的就是見解。在大家習以爲常的史料裡發現新的問題，這就是見解。而近現代史就不同，有人手裡掌握了某要人的日記稿本，別人就無法看到。像這樣的優勢，今後不能說沒有，但是會越來越少。

著名的語言學家王力曾經總結治學的教訓，說「言有易，言無難」，意思是說一件事情「有」很容易，只要發現一項資料就可以這樣講，只要這項資料不是出於後人僞托，就絕對不會錯。但如果要說「沒有」，就不能那麼輕易下斷言了。中國歷代典籍那麼多，萬一在某本不被注意的書中發現有一則記載，以前的一切結論都要被推翻了。比如以前我們一直認爲「歷史」一詞最早出現在《南齊書》中，不久前才發現《三國志》裴松之注中就已有該詞。

但是，隨著古籍電子化的進行，今後所有的存世古籍都會被輸入電腦，幾秒鐘內就可以將全部古籍檢索一遍，且絕對不會有所遺漏。在這種情況下，言「無」也會變得很容易。如《四庫全書》已由上海人民出版社和迪志文化出版有限公司合作出版光碟版，在電腦上查一個詞在《四庫全書》中的出現情況一般用不了一分鐘。但由於《四庫全書》在修纂過程中，許多書籍收入時，其中不利於清政府的記載都遭到了篡改，甚至面目全非，另外由於抄手的原因，傳抄時也存在不少脫漏、訛誤、衍文，所以對於大部分古籍而言，四庫本絕非什麼好的版本，因此在引用時，務必要找到更好的版本來核對。台灣「中央研究院」早在1984年就啓動「漢籍全文資料庫計畫」，目前已涵蓋了二十五史、十三經注疏、先秦兩漢諸子、佛藏、唐以前史籍文獻、台灣方志檔案等，是現今最完備的中文古籍電子資料庫（http://www.sinica.edu.tw/ftms-bin/ftmsw3）。海峽兩岸的專家學者都在計畫將所有漢文傳世典籍數位化，到那時，所有人面對著共同的知識、共同的資訊，研究水準的高下就靠理解和分析能力、創造性來體現，而不是像今天仍然存在的那樣，靠記憶、靠知識，甚至靠壟斷某些資料！

1.11 歷史學是什麼？

有人說過去的事實都是歷史，我要加上兩個字，過去的事實都可能是歷史，但能不能眞正成爲歷史，還要取決於後人如何記錄。從這個角度講，今天我們所看到的一切歷史，都有其主觀性，因爲它都是人所記錄的。既然是人所記錄的，就不可避免地受記錄者本人的思想感情、方法手段的影響。歷史事實沒有改變，但是記錄的人變了，記錄的觀念變了，記錄的手段變了，歷史重心就會發生轉移。但是無論如何，過去一切的事實都成爲歷史是絕對不可能的。

中國歷史上曾經生活過那麼多的人，最後被記載下來的只是極少部分，其餘大部分根本沒有人去記載。帝王家裡的三歲嬰兒，就因爲做過幾天皇帝，當朝就有「起居注」、「時政記」、「日曆」等記錄他的言行，後世的正史還得有「本紀」記載他的事蹟。而一個老太監辛辛苦苦在宮裡幹了一輩子，可能連個名字都沒有留下來。如果要研究這個老太監，什麼記錄都沒有，怎麼研究呢？這就是客觀事實，儘管看起來很殘酷。過去我們常說勞動人民創造了歷史，勞動人民是個群體，必須有一個具體的代表人物，沒有代表人物的話，那就只不過是一句空洞的宣傳口號而已。

人們都希望穿越時光隧道，能夠回到過去，但到現在爲止這還只是個科學幻想，我們眞正能做到的主要還是閱讀歷史文獻，透過這種方法了解過去。所以我們現在所看到的歷史事實，都已經經過歷代歷史學家或者歷史記載者的選擇、加工。比如我們研究的移民史，如果要把歷史上發生的所有人口遷移都寫進去，寫一輩子也寫不完，必須有所選擇。所以我在《中國移民史》（福建人民出版社，1997）第一卷中將移民定義爲「具有一定數量、一定距離、在遷入地居住了一定時間的遷移人口」，有人會問爲什麼要規定一定的數量、距離和時間？我當然只能選擇其中達到一定規模的人口移動來記載，否則我就記不勝記了。距離和時間的道理也是一樣，任何優秀的歷史學家，他的記載總是有限的。1957年開始的反右派運動，全國共計五十萬個右派，有人若試圖撰寫一部眞正的「全史」，不要說旁的，所有右派的名字能搜集全嗎？所以「全」也是相對的，像這些被湮沒的歷史恐怕永遠也不可能進入我們研究的視野。現在留下的記載還是歷史記錄者主觀的產物，不可能有純客觀的、全面的歷史。假如現在用一百部攝影機去將今天一天上海發生的事全拍下來，難道今後的歷史學家就該事無鉅細，全部寫入歷史嗎？當然不可能，必然會有所取捨。

說到底，歷史究竟是什麼呢？對於這個問題，我想，用最簡單的一句話說，歷史不僅是指過去的事實本身，更是指人們對過去事實的有意識、有選擇的記錄。而對於歷史的專門性研究，就是歷史學，簡稱爲史學，也可以稱之爲歷史科學，它不僅包括歷史本身，還應該包括在歷史事實的基礎上研究和總結歷史發展的規律，以及總結研究歷史的方法和理論。

2. 歷史的類型

子曰：「吾猶及史之闕文。」是知史文有缺，其來尚矣，自非博雅君子，何以補其遺逸者哉！蓋珍裘以眾腋成溫，廣廈以群材合構。自古探穴藏山之士，懷鉛握槧之客，何嘗不徵求異說，採摭群言，然後能成一家，傳諸不朽。

[唐]劉知幾《史通・採撰》

孔子說過：「我也經常遇到歷史記載中的缺漏。」可見歷史記載中的缺漏由來已久，如果不是知識廣博、見解高明的學者，怎麼能彌補史料的遺漏與散失呢？珍貴的皮袍是由很多狐狸腋下的皮條縫合的，高樓大廈是由種種建築材料構成的。自古以來探索歷史奧秘的人、立志著述的人，又有哪一個不是廣泛徵求不同的說法，大量收集各種記載，然後才能形成獨特的見解，留下千古流傳的不朽論著？

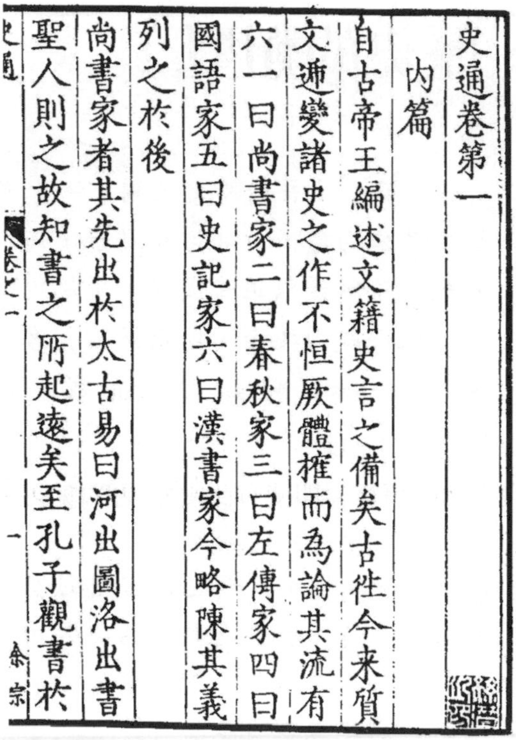
史通卷第一
內篇
自古帝王編述文籍史言之備矣古往今來質
文遞變諸史之作不恒厥體榷而為論其流有
六一曰尚書家二曰春秋家三曰左傳家四曰
國語家五曰史記家六曰漢書家今略陳其義
列之於後
尚書家者其先出於太古易曰河出圖洛出書
聖人則之故知書之所起遠矣至孔子觀書於
史通　卷之一　一

圖2　《史通》書影，明萬曆五年（1577）張之象刊本

劉知幾（661-721），字子玄，彭城（今江蘇徐州）人，唐代史學家。曾長期擔任史官，因不滿當時史館制度的混亂而辭職，撰寫《史通》以明其志。《史通》是我國第一部史學理論著作，對唐初以前的史書編纂進行了系統的總結，具有開創性意義。

到目前爲止，以記錄歷史的形式而言，主要還是透過文字，再輔以照片、圖畫等資料。這種記載方法歷經數千年而未改，但隨著科學技術的進步，保留資訊方式的多樣化，在可以預計的將來，完全可能會有透過聲音、圖像，甚至多媒體記載的歷史。但不論記載形式如何變化，其表現的內容都是共同的，都應該是歷史本身。

應該說明，我們這裡所說的歷史，是指經過歷史學者收集、整理、加工、編撰成的歷史記載或敘述，而不是不加整理的原始記錄。隨著科學技術的發展，原始記錄的手段已經越來越先進，成本越來越低。今後的記錄技術不僅能聞其聲，觀其形，甚至還可能嗅其味，與身臨其境幾乎沒有差別。但即使如此，也並不意味著歷史記載不會再起作用。因爲除了專門研究人員或特別有興趣的人以外，一般人沒有必要，也不可能重複觀察以往發生過的事實。即使有此需要或興趣，一般也會有所選擇。例如對一次聚會，儘管有全方位的記錄，但人們的注意力總是集中於主席台或聚會的主角，或者有特殊意義的參加者和會議的總體氣氛，而不可能是每一位參加者。而且，在作原始記錄時，攝影、錄音、轉播、記錄等人員肯定也會有所選擇和取捨，不可能將鏡頭或注意力用於每一位參加者，其實這已經是一個加工的過程了。

中國傳統史學對於歷史的分類，主要是按照歷史記載的形式，即史書的體裁，如紀傳體、編年體、記事本末體、政書、類書等等。這種分類法固然可以包括絕大多數傳統的史書，但還有少數書就歸不進哪一類，所以並不十分科學。同時這樣的分類過於講究記載的形式，對其內容與實質的區別卻並不明顯。

我們的想法是可以根據不同的標準將歷史分爲幾個系列，主要有如下幾種：

(1)時間系列：通史、斷代史、階段史等。

(2)空間（地域）系列：世界史、國別史、地區史等。

(3)內容系列：綜合史（總史）、專門史、資料彙編、年表、歷史地圖等。

(4)人物系列：個人、血緣群體、地域群體、專門群體等。

(5)另類歷史：文學、藝術、宗教、神話、音樂、戲劇、影視、民間故事等。

2.1 時間系列

歷史本身是一個時間的序列，根據時間的序列就可以將歷史劃分成不同的類型。在時間範圍上，從古到今全部包括在內的，可稱爲通史，記述一定時期的歷史則是斷代史或階段史。這裡要注意的是，通史的上限應該是從研究對象產生之後或留下記錄開始，如「中國道教史」，當然只能從道教產生寫起，包括它產生的環境和條件，對有關的因素可以作必要的追溯，但不可能也不應該沒有時間上的上限。又如「中國思想史」，應該包括整個中國的全部歷史階段存在過的思想，原始社會的先民當然有他們的思想活動，但沒有留下基本的史料和資訊，就暫且無法探究了。目前至多只能透過對尚處原始狀態民族的調查，來做一些合理的推測。

中國歷史上第一部通史，是司馬遷的《史記》，從傳說中的五帝，一直記到作者生活的漢武帝太初年間，共三千餘年的歷史。而所謂斷代史就是以一個朝代爲始終的歷史。中國歷來很注重朝代，在世界上或許不是普遍性的，但在中國卻是始終適用的，因爲從夏、商、周開始直到清朝，朝代可以覆蓋全部歷史年代。受中國影響及曾經屬於中國文化圈的鄰國也是如此，如朝鮮、越南、日本等。

「二十四史」中除《史記》以外，其餘均爲斷代史。東漢班固所作的《漢書》，敘事始於漢高祖元年（前206），終於王莽地皇四年（23），是整個西漢一代的斷代史，也是中國第一部斷代史。當然對開始階段一些人物的敘述，肯定會早於該朝代，如對劉邦的記述還追溯到他在秦朝的經歷，其他人物也是如此。其後的《南史》，雖然包括宋、齊、梁、陳，《北史》包括北魏、東魏、西魏、北齊和北周，新、舊《五代史》包括梁、唐、晉、漢、周，但南朝、北朝和五代同樣被視爲一個大的朝代或階段。這些史書除了前面幾部是出於私人之手，得到官方認可以外，其餘大多是在一個朝代滅亡之後，由後繼的朝代組織修撰的。從司馬遷寫《史記》、班固作《漢書》以後，就形成了一種制度，一直到民國建立以後成立史館編寫《清史稿》，也是遵循這一慣例。這成爲中國史學的一個特色。

但是，斷代史以朝代爲始終有不科學的地方，最大的問題就在於很多歷史上的變化並不完全是與朝代起迄相一致的。如清初張廷玉等人奉旨纂修的《明史》，起自洪武元年（1368），迄於崇禎十七年（1644）。之所以下限斷在崇禎十七年，是由於該年李自成率部攻入北京，崇禎皇帝在景山自縊，明朝的中央政權滅亡。但此後很長一段時間，中國南部很多地方都還在南明弘光、隆武、永曆三個政權的相繼控制之下。一直到大陸本土的南明政權覆滅後，占據台灣的鄭成功仍奉南明永曆年號爲正朔。嚴格地講，至少要到永曆政權滅亡，明朝的歷史才正式結束。當然作爲朝代的劃分，總得有所取捨，將1644年定爲明朝的結束也未嘗不可，問題是對明朝殘餘的史實應該有記載的地方，如果放在清朝的歷史中，往往就會受到種種影響，不能集中地、如實地得到反映。

階段史和斷代史實際上並沒有本質的區別，階段史的所謂「階段」，既可以大於一個朝代的時間，如中古、秦漢、宋元；也可以小於一個朝代的時間，如晚明、清末；還可以跨越一個朝代的時間，如明末清初、近代。就階段而言，主要有兩種類型，一種是按固定時間單位劃分的，另一種是按歷史發展過程劃分的。

前者如以一百年爲單位的世紀，始於西方人按照耶穌誕生的那年爲西元1年算起，以後漸成慣例。在西元2000年前後，新千年、世紀末、世紀之交、跨世紀等詞的使用頻率很高。還有人預言未來一百年是中國世紀或東亞世紀等等，「世紀」一詞幾乎天天見諸傳媒，似乎已成爲最時髦的辭彙之一，好像過了2001年元旦，整個世界就要爲之一變似的。其實世紀不過是紀年的方法而已，若耶穌早生或晚生若干年，跨世紀的時間便會提前或推後，世界難道就與現在大不相同了？歷史發展與紀年方法怎麼會有必然的聯繫？何況耶穌的生年實際上是出於後人的推測，據西方的宗教史學家研究，如果歷史上確有耶穌其人，他應該生於西元前7年至西元前4年之間，而非西元元年。

在辛亥革命以前，中國只有干支紀年、帝王在位的年代或年號紀年，沒有百年一度的世紀，也就沒有現代的世紀概念了。古來多少「跨世紀人物」、「跨世紀事件」和與「世紀」有關的一切，當時的人們是沒有絲毫感覺的。既不會有「世紀末」的恐懼，也不可能有「跨世紀」的榮耀。其實，就是在西方世界，在普遍採用西元紀年的西元六世紀之前，人們也沒有「世紀」的概念。古埃及的法老、巴比倫的君主、希臘的先哲、羅馬帝國的偉人，多少風流人物，不是照樣活躍在歷史的舞台上嗎？

很多人總覺得世紀之交應該是一個什麼「轉捩點」，至少有點不同尋常。我們姑且把「世紀之交」定在上一世紀的最後十年和下一世紀開始的十年，看看能從中國歷史中找出點什麼規律。可是查閱史書的結果卻令人失望，從有比較確切紀年開始的西元前841年（西周共和元年）算起，此後的二十七個世紀之交中，稱得上發生巨變的似乎只有六次，即：

(1)西元前三世紀與前二世紀之交是秦漢之際，秦始皇去世，陳勝、吳廣揭竿而起，楚漢相爭，西漢建立並鞏固。

(2)西元前一世紀與西元一世紀之交正值西漢末期和王莽篡漢之初。

(3)西元二世紀與三世紀之交，東漢實際崩潰，三國鼎立的局面形成。

(4)三、四世紀之交是西晉後期，經歷了「八王之亂」，「五胡十六國」已經開始。

(5)九、十世紀之交是唐朝覆滅，進入五代十國。

(6)十九、二十世紀之交發生了甲午戰爭、戊戌變法、義和團運動、八國聯軍入侵等一系列大事，實際已是清朝覆滅的前夜。

因爲西曆是將推測的耶穌出生那年定爲西元1年，所以如果當初耶穌出生推後了五十年，那麼「世紀之交」就會出現唐朝的安史之亂、北宋建立、元即將統一、明清之際、西方列強叩開清朝大門、太平天國運動這樣的大事，但前面列出來的事也就沾不上邊了。由此可見，歷史與世紀沒有什麼關係，當然更不會有以一百年爲周期的規律了。

正因爲固定時間單位的階段不符合歷史規律，往往會割裂歷史，所以我們更多採用的是第二種，即順乎歷史的階段。這種階段就不是人爲地劃分的，而是與歷史發展過程密切相關。如「鴉片戰爭時期」、「抗日戰爭時期」等等。這些階段都是以一個重大歷史事件爲標誌，以比較完整的歷史過程爲始終。

也有以某個人的生存或活動年代爲一個歷史階段的。比如西方有「荷馬時代」，就是以生活於西元前九世紀至八世紀的古希臘盲詩人荷馬的生活年代爲階段的。再如西方史學家常將西班牙國王菲利普二世（Felipe II）在位期間（1556-1598）的十六世紀後半期作爲一個完整的時代加以考察，稱之爲「菲利普二世時代」。中國有所謂「康乾盛世」、「同光中興」，也是把康熙和乾隆、同治和光緒連在一起作爲一個特定的歷史階段。

但是，與用朝代相類似，用階段作爲歷史考察的時段也有其缺陷。由於歷史的演進不是單一直線的，也不是均衡發展的，不會完全和時間一致。因此，對於不同的歷史考察對象，階段就應該有所不同，不可能都按同一個標準劃分。現在老是將「鴉片戰爭」作爲中國邁入近代的開端，將「五四運動」作爲中國現代史的起點，這些結論當然對於某些領域或者大多數領域是正確的，但並不適合於一切專門史。如對研究人口史而言，鴉片戰爭對中國人口變化就沒有多大的影響，人口變化的重大階段發生在太平天國時期。當太平天國運動發生時，中國人口已經達到了空前的四．三億，而此後最劇烈的戰爭和破壞發生在中國最富庶、人口最稠密的地區，如長江三角洲、安徽南部、江西、湖北等地，因而造成了驚人的損失，全國人口減少約一億。所以太平天國戰爭無疑是中國近代人口史的一大轉捩點，其意義要比鴉片戰爭大得多。而對於文學史而言，中國新文化運動的開端是胡適於1917年1月在《新青年》發表〈文學改良芻議〉，而不是1919年的五四運動。

其他如經濟史、社會史、宗教史、藝術史等專門史，1840年的鴉片戰爭、1911年的辛亥革命、1919年的五四運動等政治史上的重大事件，就未必一定可以用來作爲這些專門史的分界線。各種專門史應該根據所記載或所研究的歷史本身探討客觀規律，來確定它們特有的歷史發展階段，而絕不能生搬硬套。

階段史研究在當代相對較多，但傳統史學家中也有編寫階段史的，比如南宋李心傳所著《建炎以來繫年要錄》，記載南宋第一個皇帝高宗一朝的史實，就是階段史著作，體裁上則是編年的。因爲對於整個宋代，宋室南渡是影響深遠的事件，開創了南宋的歷史。這一階段開始於建炎元年（1127），終於紹興三十二年（1162），所以以「建炎以來」爲名。李心傳是當代人記當代事，所記時限不是整個宋朝，而是其中一個階段。

以研究對象的發展斷限的階段史，自然比純粹按皇朝興廢斷限的斷代史更加科學，但如果要編纂通史時，過於強調各方面的斷限就難免顧此失彼，所以一般只能沿用一個比較通行的階段。

中國長期以來之所以斷代史最發達，除了政治方面的因素外，史料方面的考慮也是一個主要原因。中國歷史的一個顯著特點是，每一個朝代都留下了浩如煙海的文獻記錄，據美國漢學家費正清（John King Fairbank, 1907-1991）在《美國與中國》（世界知識出版社，1999）一書中的估計，西元1750年以前，用中文印刷的書籍，比起全世界所有用別種文字印刷的書籍的總和還多。這還不包括存世的大量未經刊印的日記、書信、檔案、手稿、鈔本等等。我們可以毫不誇張地說，在現代以前，用中文記錄的文獻比世界上任何一種文字記錄的文獻都要多得多。這些中文文獻中有很多是以朝代爲記載時限的，如歷代的正史、實錄、詩文總集等，便於後世的學者將一個朝代作爲整體來研究，自然最適合於斷代史。

2.2 空間系列

第二個歷史的系列是根據空間來劃分的。

時間和空間，是歷史的兩個最重要的要素。時間概念是時代、階段，空間概念則是地域、區域。空間可以大到整個世界，也可以縮小到一個洲、一個國家，或者一個地區，甚至更小的一個村落或一個街區。研究者根據實際的需要，以空間內部的共同性和與外界的差異性爲標準來劃定研究的地域。

我們之所以能夠將某個地域作爲考察對象，應當是它作爲一個整體，與周圍有著顯著的不同，而內部各部分則存在著共同點。這種共同點可以是自然的，也可以是人文的，也可以是自然與人文兩者結合的。

對於空間的取捨並不是任意的，而是要根據歷史研究的需要出發。從理論上講，研究對象具體到每一個個體是最好的，因爲任何兩個個體間都存在差別。比如說「男人」這個概念，男人中有老有少，同樣年齡的男人還有健康狀況和性格氣質的差異，更會有相貌上的差異。但從研究的實際講，不可能每個個體都成爲研究對象。空間也是一樣，無疑空間劃得越小，研究便越精確，空間擴大必然不得不忽略掉各部分之間的一些細節差異，但是研究的實際情況決定了研究者不可能去做沒有代表性的極細小的區域和極瑣碎的差異，必須進行概括，否則就無法進行研究了。

由於區域的劃分是出於記載或研究的需要，不是任意的，也不是越小越好，所以在全國性的研究中，一般可以以現今一個省的範圍作爲一個區域。現在的省區劃分，基本上是繼承明清的制度，在建省之初，必定是由於這片區域具有一些共同點，所以才將它們劃歸在一起。建省之後，在同一個地方政府的管理之下，經濟、社會、文化上也會漸趨相同。除非出於統治者的特殊需要，很少會將兩個完全沒有共同性的地區劃在一起。比如中國是個很大的地域概念，內部存在諸多差異，但這是一個國家，歷史上長期處於一個高度中央集權的專制政府統治之下，這就是共同性。長江流域，則是一條長江把它們聯繫在一起，這也是共同性。以前一直把今天的江蘇南部、浙江北部和上海市轄區合稱爲「吳越」，之所以要把吳和越連在一起，就是因爲歷史上以今蘇州爲中心的吳國和以今紹興爲中心的越國在疆域上彼此連接，自然條件相似，經濟文化、風俗習慣上相近，很難將它們截然分開，所以就合稱爲「吳越」。從這種概念出發，吳與今湖北、湖南的楚就不屬同一個區域。但若以長江爲標準，吳和楚就同在一個區域內。總之，根據不同的需要，可以劃分爲不同的區域，但是任何劃歸在一起的區域一定有某一方面的共性，內部毫無共性的區域是不存在的，或者說是不合理的、錯誤的劃分。

2.3 內容系列

這裡所謂的「內容」，就是指歷史事實。但「事實」並不限於事件，而是包括諸如制度、數字、觀念、思想、風尚等具體和抽象的、物質和精神的各個方面。我們有意迴避使用「事件」一詞，是爲了不使讀者產生誤解——即使不構成任何「事件」的普通人的日常生活也是歷史事實。由於人物已單獨列爲另一系列，不在其內。

綜合史（總史）的任務是全面、系統地記述特定地域內政治、經濟、文化、科技、社會、民族、軍事等各個方面的歷史，凡是曾經存在而又可能記載或復原的事實，都屬於綜合史的範圍。專門史是記載或復原特定地域某一方面的歷史著作，與綜合史相比只是內容範圍上的區別。綜合史和專門史是相對而言的，專門史也還可以再細分。比如文學史是專門史，而文學史又可以分出詩歌史、駢文史、散文史、小說史等等。同理，科學技術史也可以細分爲化學史、物理學史、生物學史、地理學史等。綜合史和專門史與時間序列和空間序列相交叉，就會產生很多歷史學科門類。如中國通史就是以中國爲研究地域的通代的綜合史，中國物理學史則屬於通代的專門史。斷代史裡面也可以有綜合史，也可以有專門史。如「清代的西藏」是研究清代西藏地區的政治、經濟、宗教、文化、對外關係等的綜合史，「宋代江南經濟史」則是以江南地區爲研究範圍的斷代專門史。我們可以用下表來表述這些類型和它們之間的關係：

通史系列及舉例[1]

時間／空間	通代	斷代	階段
世界	全球通史	[2]	15至18世紀的物質文明、經濟和資本主義
國別	中國通史	劍橋明代史	春秋史
區域	陝西通史	清代的西藏	菲利普二世時代的地中海和地中海世界

1.本表及下表列出的著作只是作爲類型的例證，並不表示作者對該書內容和水準的評價。

2.斷代的概念不適用於世界史，故此處空缺，下表同。

專門史系列及舉例

時間／空間	通代	斷代	階段
世界	世界文明史		第二次世界大戰史(1939-1945)
國別	中國法制通史	清代學術概論	義大利文藝復興時期的文化
區域	中國長江流域開發史	宋代江南經濟史研究	近代華北農村社會變遷

史學理論包括歷史學理論、方法論、史學史等，是對歷史學本身的發展過程及其有關的思想、理論、方法、流派、人物、著作、事件等方面的研究，也是歷史學的重要組成部分。但這裡討論的是歷史學所要記載或復原的內容，或者說歷史學

應該研究的範圍，所以上表沒有包括史學理論。

除了綜合史和專門史以外，歷史的內容序列中還有資料彙編和工具書，兩者也都可以根據時間、地域分成很多類型，這裡就不再一一舉例說明了。

資料彙編有兩種，一種是編者僅僅收集、整理史料，按照一定的體例重加編排成書，另一種是在收集整理的基礎上，還加以編者的考證、評述。前者如中華書局陸續出版的《中國近代史資料叢刊》，按事件為專題將檔案、電報、奏摺等彙編在一起，選編者不加一語；後者如《陳寅恪先生編年事輯》、《呂思勉先生編年事輯》，按時間順序選編其日記、書信、詩詞及他人回憶文章，加上選編者的說明與評論。前者與後者一樣，也反映了編者的主觀意識。比如為了研究「文化大革命」，可以將文革時期的「中央文件」、「最高指示」、「梁效」和「羅思鼎」等寫作班子的批判文章、「兩報一刊」（《人民日報》、《解放軍報》和《紅旗》雜誌）的社論、領導人講話、當時的報導、外國人的評論等選編在一起，出版一本「文革資料彙編」，雖然編者一個字都沒寫，但對材料的取捨、選擇和編排方式也可以體現編者的思想傾向和主觀意識。可以肯定，不同的編者完全可能編出不同的資料彙編來。除非在資料很少，毫無選擇餘地時；或者編者要將資料一網打盡時；但在編排和處理時還是會有一定的傾向性的。朱正先生曾寫過一篇文章〈赦免麻雀的「說法」〉（《隨筆》，2000，期4），全文作者並未發多少議論，只是按時間順序逐條列舉中央文件中關於麻雀的「說法」，從1956年的「全國農業發展綱要（草案）」中歸入四害，要「在一切可能的地方，基本上消滅」，到1957年「全國農業發展綱要（修正草案）」中改為「在城市裡和林區的麻雀，可以不要消滅」，到1960年4月人大正式通過綱要時，四害中的麻雀改成了臭蟲，當時的副總理譚震林在大會報告中解釋「糧食逐年增產了」，已不需要打麻雀了。朱正文章緊接著馬上引用中共中央於1960年5月發出的「關於調運糧食的緊急指示」，文件稱：「近兩個月來，北京、天津、上海和遼寧省調入的糧食都不夠銷售，庫存已幾乎挖空了。如果不馬上突擊趕運一批糧食去接濟，就有脫銷的危險。」文章至此，已無需作者再費筆墨，僅僅列出這些文件就足以說明事實眞相和作者態度。舒蕪先生對此文極爲推崇，認爲有「無一字無來歷」的乾嘉考據遺風，譽之爲「段（玉裁）、戴（震）、錢（大昕）、王（鳴盛）之妙」。如果是文革期間選編「文化大革命以來農業戰線的偉大成就」，某些文件肯定不會編入。如果換一個人來選編，就可能未必採用這樣的編排方式。

從嚴格的學術意義上說，資料彙編不是歷史著作。比如王庸1938年出版的《中國地理學史》一書，他自己便說：「本書基本上是史料的彙輯，是歷史的下層工作而不能算是歷史著作。」但他利用當年在北京圖書館（現國家圖書館）工作的機會，將館藏的舊地理圖籍全部翻揀一遍，對每一部、每一種都下了一番細致的考核功夫，從中披沙揀金，整理歸納出對於研究地理學史有用的史料，爲後來的研究者創造了條件。這就遠比那種空泛的口號式文章，對學術的貢獻要大得多。

年表可以列爲工具書，它是歷史的一種獨特形式，即按照年代順序將歷史紀年、事件和人物編排成表格。司馬遷《史記》中的〈十二諸侯年表〉、〈六國年表〉、〈秦楚之際月表〉、〈漢興以來諸侯王年表〉等，爲存世最早的年表。由於歷史最強調時間性，這樣逐年、逐月甚至逐日地編排一些史實，不僅簡潔明瞭，查檢方便，而且相互之間的時間關係也一目瞭然，具有其他任何形式都不可比擬的優點，爲後代不少正史所採用。廣義的年表包括所有按時間順序編排的表格，如世系表、職官表、人物表等，儘管它們未必都逐年排列或精確到年，但至少在同一類中還是以時間爲序的。《漢書》、《新唐書》、《宋史》、《遼史》、《金史》、《元史》、《明史》都有年表，但還是有不少正史沒有年表。針對這種情況，清代乾嘉學派的學者做了大量工作，補做了很多年表。如萬斯同《歷代史表》、錢大昕《後漢書補表》、周嘉猷《南北史表》、洪飴孫《三國職官表》、齊召南《歷代帝王年表》等等。《清史稿》就增設了許多表，如〈諸臣封爵世表〉、〈大學士年表〉、〈軍機大臣年表〉、〈部院大臣表〉、〈疆臣年表〉、〈交聘表〉、〈藩部世表〉等。這一方面說明《清史稿》編者十分重視年表的作用，另一方面也是由於民國去清朝不遠，各種資料齊備的緣故。

在使用年表時，尤其要注意紀年的問題。中國最早的紀年方法是干支紀年，即十個天干和十二個地支排列組合，每六十年一個循環。以後增加了以帝王在位的年數紀年，從元年（一般爲即位的次年）開始，逐年累計到去位。最早的年號始於漢武帝元鼎元年（前116），當時據說在汾水旁獲得一只寶鼎，被認爲是一種吉兆，因而設置年號，從此成爲慣例。現在史書所見漢代此前的年號，都是後來追加的。1912年中華民國建立時雖然已改用西曆，但仍然保持紀元，稱中華民國元年，到1949年爲中華民國三十八年。退位後留在故宮中的溥儀小朝廷繼續使用宣統的年號，僞滿洲國用過大同和康得兩個年號。

在明代以前，同一皇帝在位時往往不只一個年號，常會以順應天象、慶賀吉兆等理由而改元，有的皇帝改元異常頻繁，如唐高宗李治在位的三十四年用過十四個年號，而武則天在位的二十一年間用了十七個年號。新皇帝繼位後，一般都從第二年開始使用新的年號，但也有當年就改的。這種情況下，這個元年就不是從正月開始，加上前面一位皇帝用的年號，一年中就會有兩個年號。如果這兩位皇帝在這一年還改過年號，那麼一年就會出現三個年號、甚至四個年號。例如東漢靈帝中平六年（189）四月，少帝劉辯繼位，改元光熹，至八月改元昭寧，九月獻帝劉協繼位，改元永漢，到十二月又稱中平六年，這一年中使用過的年號就有四個。有的割據政權改元更頻繁，如十六國時的西燕慕容沖更始二年（386）二月，段隨改元昌平，三月這一個月中三易其主，分別改元建明、建平、建武，到十月又由慕容永改元中興，這一年西燕共用過六個年號。在分裂時期，各個政權使用自己的年號，同一年間就會有多個年號。如與西燕這一年同時使用的還有東晉太元十一年、北魏登國元年、前秦太安二年和太初元年、後燕建興元年、西秦建義二年、後涼太安元年和後秦建初元年，總共有十三個年號。歷史上使用最短的年號不到一個月，而最長的年號康熙長達六十一年。

明清兩朝，一位皇帝只用一個年號，所以一般就用年號來稱呼皇帝，如乾隆皇帝，反而不大用他的廟號「高宗」、尊號「法天隆運至誠先覺體元立極敷文奮武欽明孝慈神至純皇帝」（簡稱純皇帝）和姓名愛新覺羅．弘曆。唯一的例外是明英宗朱祁鎮先後用過正統和天順兩個年號，但那是因爲他在位的時間也是分爲兩段。清朝的同治於七月繼位後改元祺祥，但到十月又改元同治，以次年爲同治元年，所以祺祥實際上沒有使用過，只是預鑄了祺祥年號的銅錢。

值得指出的是，皇帝、皇后（太后、太皇太后）的尊號、徽號、廟號、諡號雖然同屬一人，但不同時間有不同的稱呼，不能亂用或混用。皇帝生前可以有尊號和徽號，尊號還可以由簡而繁，不斷增加，但只有死後才會有諡號和廟號。現在有的「歷史劇」或「歷史小說」中大臣當著皇帝的面稱他爲「太宗皇帝」、「神宗」，實在是笑話，皇帝在世時誰敢議論他死後用什麼稱呼？又有誰敢當面用死人的稱呼來稱皇帝？帝、后有了尊號後，臣子還要不斷地給他們加頌揚褒美的詞作爲徽號，唐宋以後漸成慣例，往往每有喜慶吉兆就要增加，清朝每有大典都要給皇帝加徽號，對已故皇帝的諡號也要追加，清朝開國皇帝努爾哈赤最早的諡號是十四字「承天廣運聖德神功肇紀立極仁孝」，康熙時加「睿武弘文定業」六字，雍正時加「端毅」二字，乾隆時加「欽安」二字，共二十四字。到嘉慶時，大概覺得再加下去沒完沒了，就規定了制度，列朝皇帝已加到二十四字、皇后已加到十六字的便不再追加，所以其他皇帝都是二十二字或二十字。由於這類尊號、徽號幾乎用遍了頌詞，每個皇帝大同小異，已是毫無意義的文字遊戲，所以除了用在正式文書中外沒有什麼用處，就是當時人一般也都用簡稱，如慈禧太后尊號全稱是「慈禧端佑康頤昭豫莊誠壽恭欽獻崇熙皇太后」，一般僅稱「慈禧太后」，或「慈禧皇太后」。在她死以前，十六個字已經用滿，頌詞已用盡，所以死後就將尊號當作諡號。

年號出現後，干支依然流行，所以往往是年號與干支混合使用。特別是明清兩代，有的年號延續時間很長，由於當時人一般都很熟悉干支，兩者混用顯然比數字更方便，如萬曆十五年（1587）可稱萬曆丁亥，光緒二十六年（1900）可稱光緒庚子。除了康熙在位長達六十一年，出現過兩個壬寅（元年、六十一年）外，其他年號都不超過六十年，所以不存在混淆的問題。

由於年號是皇權的象徵，所以除中原皇朝外，分裂割據政權、邊疆或少數民族政權大多也使用年號。古代的朝鮮、越南、日本也仿照中國，長期使用年號。日本更沿用至今，目前的天皇繼位後使用「平成」年號，是當今世界唯一保持年號紀年的國家。

年號一般均爲二字，但也有極少數的多字年號。其中三字年號爲王莽的「始建國」、梁武帝的「中大通」和「中大同」。四字年號略多一些，主要集中在唐宋兩代，武則天一人就占了三個，「天冊萬歲」、「萬歲登封」、「萬歲通天」，宋太宗有「太平興國」、宋眞宗有「大中祥符」、宋徽宗有「建中靖國」，唐宋之前四字年號僅有東漢光武帝的「建武中元」和北魏太武帝的「太平眞君」兩個。唐宋以後中原皇朝就沒有多字年號了，雄踞西北，與宋、遼、金鼎峙的西夏皇朝，頻繁使用多字年號。除了六個四字年號外（延嗣寧國、天祐垂聖、福聖承道、天安禮定、天儀治平、天祐民安），甚至還有兩個六字年號：夏景宗的「天授禮法延祚」和夏惠宗的「天賜禮盛國慶」，應該是歷史上最長的年號。

年號用字和意義的選擇都要符合吉利、讚頌、祈求、美好的要求，所以一些字和詞被頻繁使用，有的年號被用了不只一次。最多的是「太平」，八次；其次是「建武」，七次；再次是「中興」、「永平」、「永興」、「永和」、「建平」、「建興」，六次；而「太安」、「太和」、「甘露」、「永安」、「永康」、「建元」、「建始」也都有五次。元朝先後兩次用「至元」作年號。對這些常用的年號，必須查清具體所指，才能正確換算爲相應的西元年份。

還應該注意，在1912年之前，中國沒有採用過西曆紀年，都是使用中國的農曆。不少人將農曆稱爲陰曆，實際並不準確。因爲中國的農曆並非單純按月亮的運行計算，而是一種陰陽混合曆，即既按月象的盈虧決定每個朔望月的長度，又按太陽的運動周期決定每個回歸年的長度，並按年對月進行加閏調整。要將農曆折算成現行的西曆（即陽曆），必須注意兩者的不重合性。由於農曆的正月初一最早可開始於西曆的1月下旬，也可晚至西曆的2月下旬，所以每年的首尾都會與西曆的一年不同。有些歷史事件發生在農曆的十一月或十二月，很可能已經是西曆的下一年。如前面第一章所述的梁元帝江陵焚書一事，發生於承聖三年十二月甲寅（初二）晚，按西曆，這一天已經是西元555年1月10日，儘管承聖三年的大部分是在554年。

現在通行的歷史年表年代存在很多不確切之處。許多年表中將西漢起始年定在西元前206年，其實這是完全錯誤的。前206年是劉邦始建漢王國之年，當時的漢王國只是項羽分封的十八個王國之一，西楚霸王項羽才是當時天下的最高統治者。所以漢王元年，絕不等於是漢朝的起始年。此後經過四年的楚漢戰爭，劉邦擊敗項羽奪得天下，才即位稱帝，所以西元前202年，才是漢朝的起始年。司馬遷的《史記》在〈六國年表〉記事至秦亡之後，繼以〈秦楚之際月表〉，表中自陳勝起義至項羽入關殺秦王子嬰，記事用秦年月，此後則分列項羽所封天下諸侯，首爲「項籍自立爲西楚霸王」，「爲天下主命」，至漢「殺項籍，天下平，諸侯臣屬漢」，漢王乃「更號皇帝」。可見司馬遷是認爲自西元前206年正月起至西元前202年2月，是項羽爲天下主的四年，那時還不是漢朝。但到了班固的《漢書》，他不贊成司馬遷將漢室「廁於秦項之列」的觀點，將「起於高祖，終於孝平王莽之誅，十有二世」的二百三十年作爲西漢的起迄。這是以漢爲上接周秦的正統，以項羽、王莽爲閏位的不符合歷史實際的正統觀念。東漢以後的史家都受制於這種正統史觀，因而西漢始於高祖元年即前206年的錯誤紀年法，得以長期廣泛流傳。

清朝是被發生於西元1911年的辛亥革命所推翻的，因此說清朝終止於1911年，似乎不會有什麼問題。其實不然。辛亥革命始於舊曆辛亥八月十九日的武昌起義，即西曆1911年10月10日，清帝退位則在辛亥十二月二十五日，此日在西曆已是1912年的2月12日。所以記述清朝的迄年，只能說是宣統三年即辛亥年，卻不能說是西元1911年。實際上清朝在1912年還存在了一個月又十一天。

另一種重要的工具書是歷史地圖。如果說年表強調歷史的時間性，那麼歷史地圖則強調歷史要素的空間性。對於歷史地圖，以前不太重視，其實它對於歷史研究非常重要。歷史地圖起到的作用，就是把特定的歷史事件或形勢都放入一個空間範圍內，放在一個特定的地理環境之中，直觀地反映歷史。

很多歷史規律，光研究文字不容易看出，標注在地圖上就一目瞭然了。例如，將秦朝至清朝鴉片戰爭前的疆域畫成地圖，然後加以比較，就不難發現，儘管這二千餘年間中國的疆域在不斷變化，但總的趨勢是越來越擴大、穩定和鞏固，最終形成了清朝統一後的極盛疆域，也爲今天中國的領土奠定了基礎。又如，古今地名的變化很大，不少古地名今天已經不再存在，或者已經改了名，甚至已改了多次名。當然我們也可以透過查閱其他工具書，如歷史地名辭典等來弄清楚，但在歷史地圖上查對，不僅能知道這個地名在什麼地方，還能了解相關的形勢和其他地理要素。我們知道北宋靖康之亂時，康王趙構離開首都東京開封府（今河南開封）後，先在南京應天府（今河南商丘）繼位，在金兵追擊下逃往揚州，最後以杭州爲「行在所」（臨時首都）。在地圖上可以查到，當時的南京在今天河南商丘，而今天的南京當時稱江寧府。這樣就不但記住了這些地名，還明白了當時的形勢，勾畫出了一條開封－商丘－揚州－杭州的路線。如果我們進一步觀察，就不難發現，這些地點之間當時都有河流或運河連接，是一條很便利的交通路線。

歷史地圖還能提供一些重要的自然地理要素，使我們能夠將歷史事實放在特定的歷史地理環境中去考察。如我們一定能注意到中國古代的首都存在著由西向東，又由南向北移動的趨勢，從西安、洛陽而開封，由南京而北京。原因當然很多，但從地圖上可以看到，這些城市都是靠河流或運河與農業發達的東南地區相聯繫的，從東南輸送糧食都是逆流而上，運輸困難。早在西漢時，首都所在的關中（大致相當今陝西關中平原）就得依靠關東（泛指太行山、函谷關以東地區）的糧食供應，隋唐後江淮和江南逐漸成爲全國糧食和生活必需品的主要產地，離開了這些供應，朝廷就很難支撐。隨著對東南地區的依賴性越來越強，水運條件就越來越重要。北宋時的開封靠汴渠連接江淮之間，但在南宋的地圖上，汴渠已基本淤塞。南宋時出使金國的官員北上時，已經在汴渠故道上行車了。明初朱元璋雖然定都江寧（今南京），但也知道首都偏南、離北方軍事要地太遠的缺點，一直想遷都北方，先後考察過西安和開封。當西安因過於殘破、交通不便被否決後，朱元璋將希望寄託在開封，卻發現汴渠已無法恢復，原有河道太淺，無法解決大批糧食的運輸，只得作罷。而明成祖之所以能遷都北京，南北大運河的存在是決定因素之一。但運河的自然地理條件也決定了它同樣存在著先天不足：由南到北要越過海拔四十公尺左右的山東，而這一帶恰恰是水量不足的地方，要將運河水位逐級升高四十公尺，又逐級降低四十公尺，不僅要耗費很大的人力物力，而且很難保證有足夠的水量。天氣稍旱，就會出現運河與當地農業生產爭水的現象，而爲了確保運河的暢通，明清統治者都採取棄農保運的方針，往往連山泉的水都得引入運河，向北京運送糧食的船隊不過，周圍的水源就絕不能動用。運河還得穿過黃河，而黃河又經常鬧水災，決口改道也多次發生。治黃和保運往往有矛盾，在這種情況下，爲了保證運河的暢通，統治者寧可暫停黃河堵口和恢復故道，或者只任水患延續。

歷史地圖一定要有明確的時間概念，嚴格說來，一幅地圖上所顯示的應該是同一時間的內容，至多只能是不長的一個時期。如果將不同年代的內容混雜於同一幅地圖上，就會給讀者誤導。「文化大革命」中編成和出版的內部本《中國歷史地圖集》，爲了證明今天中國一些邊疆地區自古以來就是中國領土不可分割的一部分，不惜將歷史上一個政權儘管不是同時卻都曾經占有過的東南西北領土集中到一幅地圖上，拼湊成從未存在過的「極盛疆域」。例如其中的唐朝總圖，顯示出唐朝的最大疆域東起今朝鮮半島，直到黑龍江與烏蘇里江入海口、庫頁島（薩哈林島），西至鹹海之濱，北起西伯利亞，南到越南北部。但實際上，唐朝從未同時擁有過這樣大的疆域，而且達到最遠點的時間都非常短暫。例如，控制鹹海以東是在龍朔元年（661），但到麟德二年（665）就撤到了蔥嶺，實際只維持了三年。而那時還沒有滅高麗，東部的邊界仍在遼河一線。開元三年（715）唐朝又擴展到蔥嶺以西，但東部的安東都護府已退到遼西。天寶十年（751）怛羅斯一仗敗於大食（阿拉伯帝國），唐朝的疆域又退回到蔥嶺。北方的疆界自滅薛延陀到儀鳳四年（679）突厥再起也只有三十二年時間，唐朝就又撤至陰山山脈以南了。總章元年（669）底滅高麗後置安東都護府，但到咸亨元年（670）其治所就從平壤遷至遼東，不久又遷至遼西，高麗故地基本喪失。這樣的地圖如果沒有詳細的說明，或者讀者不注意分析，就會產生一個虛假的印象。

歷史上疆域的盈縮、政區的變革、治所的遷移、地名的改易是隨時在發生的，在傳統的印刷地圖條件下，無法將不同年代的諸多內容繪在同一幅地圖上，也不能將歷史時期地理要素的全部變化都用分幅地圖表示出來，這種以靜態地圖來表示歷史地理動態的矛盾是無法得到解決的。但在採用數位化地圖（digital map）和地理資訊系統（GIS, geography information system）後，只要有足夠的資訊量，編出逐年以至逐日的歷史地圖並沒有技術上的障礙，嚴格按照歷史時刻顯示歷史要素的空間分布是完全可以實現的。目前，復旦大學歷史地理研究中心正在和美國哈佛大學（Harvard University）、哈佛燕京學社（Harvard-Yenching Institute）、澳洲格林菲斯大學（Griffith University）、數位化文化地圖集行動計畫（ECAI, Electronic Cultural Atlas Initiation）等機構合作，在世界各國數十位專家學者的支援下，啓動了「中國歷史地理資訊系統」（CHGIS, China's Historical Geography Information System）項目的研製計畫，預計將用十年或更多的時間完成。到那時，這類電子地圖和相應的資料庫將會很方便地透過網路傳播和運用。

2.4 人物系列

除了空間與時間兩個要素外，歷史的主體是生活在時空範圍中的人，歷史就是由過去所有生存過的人及其活動所構成的，時間和空間只是人類活動的存在形式。沒有人的時空是自然科學，如古生物學、古地理學等研究的範疇，對於歷史研究是毫無意義的。

歷史是以人爲基本的元素來記載的，記載的對象有個人也有群體。由此，歷史的人物序列可以分爲兩大類，一類是個人的歷史，另一類是由個人所組成的群體的歷史。

個人的歷史可以是個人的傳記，也可以是個人某一時期言行的記述，如傳記、墓誌銘、神道碑、年譜、自傳、日記、回憶錄、詩文、筆記、書信、公文、檔案、報導、影音資料等等。無論是他人所作，還是本人所記，對其眞實性都必須作認眞的研究，甚至對其眞僞也得先進行仔細的鑑別分析。如果沒有任何文字資料，也可以找尋這個人留下的資訊，如照片、繪畫、器物、活動遺跡等。如果這個人連間接的資訊都沒有留下，那就沒有辦法透過歷史來反映，儘管他（她）的確存在過。

群體的類別就極其繁多了。首先是血緣的群體，比如同一家庭、家族的成員。歷代正史在某人的傳記後，常常會附上其子、其孫或其兄弟的傳記，在《漢書》中，蘇武的傳記就是附在其父〈蘇建傳〉之後的。諸侯王傳、皇子傳、公主傳、宗室傳等，也都是以血緣爲紐帶的。儘管同一家族成員的事蹟未必有聯繫，但他們至少有血緣和家族的共同性：籍貫、家庭背景、父祖輩的經歷等。將他們寫成合傳既能節約篇幅，又可以使人產生更深刻的了解。

家譜（族譜）則記載了更大的血緣群體，一般會包括很多世代內的全部男性家族成員和部分女性成員，儘管多數人的資訊相當簡單，但數量之多，只有明朝的黃冊一類戶籍登記才能與之相比。雖然迭經戰亂，特別是土改、大躍進、文革等政治運動，家譜已經受到了毀滅性的破壞，但存世數量仍相當龐大。目前收藏於海內外各大圖書館、博物館及私人手中的中國家譜，估計至少在四萬種以上。近十多年來，家譜作爲一種歷史文獻，受到了歷史學界的高度重視，成爲除正史、方志、考古資料之外最重要的資料來源。特別是在區域史、專門史的研究中，如果正史缺載，方志又過於粗疏，家譜往往能塡補空白。如有些人物、事件、制度、詩文作品，對全國或一個地區甚至一個縣來說，都還不足記錄，但對於一個家族來說卻已值得大書特書了，這類資料往往只能在家譜中尋找。

歷代正史和方志（圖2.4）中雖然有大量戶口統計數，但在大多數情況下並沒有包括全部人口，即便是其中的「丁」，也不是全體成年男子數。從理論上說，「丁」是指符合法定服役年齡、身體正常、不享受優免特權的男子。但實際上，中國歷史時期絕大多數戶口資料中的「丁」已不是上述理論意義，而只是一種納稅單位，與實際人口數字毫無關係。尤其是在明清官方統計資料中，很多地方志中「丁」數會出現半個，甚至小數點後十五位的數字，這樣的數字自然無法用於人口學研究。很多國內的學者儘管承認「丁」不是全體成年男子數，卻往往將「丁」視作可以依據一定比例折算的人口單位，據此來推算人口

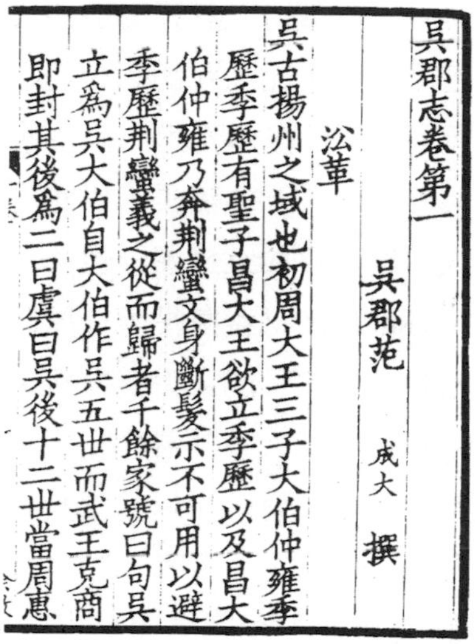

吳郡志卷第一

吳郡范成大撰

沿革

吳古揚州之域也初周大王三子大伯仲雍季歷季歷有聖子昌大王欲立季歷以及昌大伯仲雍乃奔荆蠻文身斷髮示不可用以避季歷荆蠻義之從而歸者千餘家號曰句吳立爲吳大伯自大伯作吳五世而武王克商即封其後爲二曰虞曰吳後十二世當周惠

圖2.4　《吳郡志》書影，宋范成大撰，明重刻本

總數，實際上是步入了歧途。因爲明清時期官方統計資料中的「丁」和「口」根本不存在任何比例關係，何炳棣（Ping-ti Ho）教授早在1959年出版的《明初以降人口及其相關問題（1368-1953）》（*Studies on the Population of China 1368-1953*, Harvard University Press, 1959；中譯本：三聯書店，2000）一書中對此就已作了嚴密論證。西方國家對歷史人口的研究，主要依靠一些教區的受洗、墓葬登記等，日本使用收藏於寺廟中的「宗門改帳」（當地居民每年必須到寺廟登記家庭的全部人口，表明沒有改信政府明令禁止的西洋「邪教」），主要原因就在於這些資料基本上能包括統計區的全部人口。而在中國，除了家譜以外，至今還沒有發現更好的史料。

一般來說，一部家譜應該記載該家族全體成員的姓名、生年月日、婚姻狀況（婚齡、配偶）、子女（其中女性情況一般只登記到出嫁時）等，據此就可以計算出這些人口的平均預期壽命、出生率、死亡率、性別比、有偶率、初婚年齡、生育率等等現代人口統計學所必需的基本資料。因爲修譜的目的本來就是要顯示本族的興旺發達、源遠流長，以此告慰祖宗，昭示後代，所以對本族人口絕不會故意遺漏，也不可能隨便虛報。而官方的戶口資料，各地出於逃避賦役等等原因，隱匿、漏報、少報等情況比比皆是，家譜中的人口資料與之相比，無疑就完整眞實得多。但傳世的家譜大多是清代和民國時期修的，明代的已經不多，此前的基本沒有，所以家譜資料一般只能用於研究十六世紀以後的情況。

除了人口統計資料外，家譜中還有古代社會各方面的記錄，爲我們了解歷史提供了一條新的途徑。如經濟方面，家譜中有該家族的田產數量、分布、收益，有時還有具體的數字和契約文書；文化方面，記錄了該家族的家庭教育、科舉、人才、技藝以及有關的著作、詩文；制度方面，記錄了該家族的組織系統、族規、婚喪禮儀制度、管理方法等，其具體、詳細的程度是其他來源的史料所無法比擬的。近年來的一些社會史、區域史、家族史研究，充分發掘了有關家譜中的資料，取得了令人矚目的成果。

但是，必須看到，家譜所記載的內容，從本質上說都屬於觀念層面、制度層面或家族上層，與實際情況往往會有很大的差距，更難代表家族的底層、內部的實際。一般的家譜無不揚善隱惡、誇大溢美，甚至移花接木、假冒附會。比如現在報刊常會有這樣的消息，在某部家譜中發現某位名人的序跋，不見於此人的文集，屬於重大發現云云，其實，相當大一部分家譜的名人序跋，都是假托僞造的，有的則完全是從其他家譜中抄來的，只是將主語改變了一下而已。

家譜中對先人的爵秩功績往往誇大其詞，將虛銜寫成實職，把捐納當作功名。而且，無論忠奸賢愚、士農工商，一入譜傳，無不尊師重教、文風蔚然、詩禮傳家。連一些史有明文的靠刮地皮致富的貪官，記入家譜的往往也是詩酒風流、樂善好施的嘉言懿行。近年來一些研究人員熱衷於所謂「儒商」研究，他們往往是根據家譜資料得出這樣的結論，頗值得懷疑。試想，要是賈政和高老太爺修家譜，能把《紅樓夢》和《家·春·秋》中的內容寫進去嗎？如果根據賈政和高老太爺所修家譜中的資料研究榮國府和高公館的歷史，得到的能是歷史的眞相嗎？

家譜中還有一些追溯先祖的內容，無不是將某些著名的歷史人物作爲自己一宗一族的始祖，甚至遠溯到三皇五帝，但只要仔細考察所記的世系，就可知道這些都是極其荒唐而絕不可信的。宋以後竟有人冒稱是林和靖的後人，當時便被傳爲笑柄。衆所周知，林和靖隱居杭州孤山，一生不娶，「梅妻鶴子」，哪裡來的子孫？沒有一種秦氏的家譜自稱是南宋秦檜之後，但《宋史·秦檜傳》明載秦檜有子秦熺，侄子秦焞、秦焴，秦熺又有子秦塤、秦堪，莫非其後裔全死絕了不成？只不過是秦檜在歷史上名聲太臭，其子孫恥於明言而已。當年上海大亨杜月笙發跡後，嫌自己出身卑賤，發跡前是個賣水果的小販，便請名士楊度爲自己修家譜。開始楊度選擇了唐朝宰相杜如晦爲其先祖，杜月笙認爲名字晦氣，於是楊度又換成杜甫，杜月笙也便成了杜甫的後裔了。舊時修譜者有一本必備的書叫《尚友錄》（通用的有明萬曆四十五年廖用賢編），該書以韻爲綱，以姓爲目，記載各姓的來歷、郡望以及自上古至宋代出過的名人及其籍貫和主要事蹟，修譜時隨便挑選一個做祖先，然後設法將本家族與他聯繫起來。由此可見家譜這方面內容的編纂是何等隨意！這本來應該是常識，可現在的一些新聞媒體，以及極個別的研究人員，不知是缺乏常識還是別有用心，熱衷於公布此類所謂「重大發現」，如報載某地一老人是三國時孫權的第幾十幾代孫，唯一的證據只是一本民國時編纂的《東吳孫大帝譜牒》，家譜中的先祖世系本來就不可信，更何況是這麼晚近的資料！

還有一些特殊的家族群體並不是以眞正的血緣關係維繫的，而是透過人爲的方法和程序模仿眞正的血親關係而製造出來的擬制血親關係。在唐五代時期，這種擬制血親關係相當普遍，成爲一時的風尙。

一種是皇帝爲了表彰或籠絡臣下，賜以「國姓」（皇帝的姓），有時還同時賜一個名字。安史之亂期間，奚族人張忠志歸降朝廷，被賜姓名李寶臣；董秦因夜襲史思明軍營立功，被賜姓名李忠臣。唐末沙陀族首領朱邪赤心隨唐將康承訓擊敗龐勳，被唐僖宗賜姓名李國昌，拓拔思恭因破黃巢有功而被賜姓李氏。一旦被賜以國姓，其直系親屬也隨之改姓，在理論上與皇族就是同宗關係了。此外唐代有大量少數民族的首領內附，也往往被賜姓。如李懷光是靺鞨人、李抱玉是西域人、李光弼是契丹人、李茂勳是回紇人、李正己是高麗人，這些情況在閱讀史料時都應注意，否則就會出現疑惑，爲何少數民族首領割據的局面都成了李氏家族的一統天下？

另一種則是唐五代割據軍閥收養義子，且數量驚人。安祿山就有義子八千人，田承嗣有三千人，王建有一百二十人，以此作爲鞏固勢力、籠絡人心的一種手段。後唐明宗李嗣源本是無姓的沙陀族部民，小名邈佶烈，因驍勇善戰爲唐末軍閥李克用賞識而收爲義子，賜姓名李嗣源，即帝位後又更名爲李亶。南唐國主李昪年幼時爲徐溫收養，改姓名爲徐知誥，昇元元年（937）廢吳帝楊溥自立後又複姓李。柴榮本是後周太祖郭威的內姪，後被收爲養子，繼承帝位。

這種擬制血親關係實際上是一種政治關係。爲了既得的政治利益，這種關係隨時可以中斷或更換。如前面提到的李寶臣，本爲范陽奚族，是范陽將張鎖高的義子，故名張忠志，隨范陽節度使安祿山入朝，安祿山叛亂後，他從朝廷潛回范陽，被安祿山收爲義子，又改姓安。等到叛亂平定後又歸附朝廷，又被賜姓名李寶臣。

同樣，在既得政治利益的巨大誘惑下，即便是眞正的血緣關係，也會矛盾嚴重激化，以致父子相殘、兄弟反目的現象比比皆是。乾化二年（912），後梁太祖朱溫（朱全忠）病重，欲傳位給義子朱友文，其親子朱友珪獲悉後，率兵發動兵變，殺死朱溫後稱帝。南漢中宗劉晟弒兄自立，唯恐其衆多同父異母兄弟爭奪帝位，將他們全部誅殺，並將他們的女兒納入後宮。故而歐陽修在《新五代史．義兒傳序》中感嘆道：「世道衰，人倫壞，而親疏之理反其常，干戈起於骨肉，異類合爲父子。」正是針對這種情況而發。金庸曾在《書劍恩仇錄》中描寫乾隆皇帝實爲內閣學士、浙江海寧人陳元龍之子，與雍正之女同日降生。雍正爲增加與其他皇子爭奪皇位的籌碼，將兩個嬰兒互換。乾隆即帝位後，數次下江南正是爲調查自己的身世。小說還虛構乾隆與以反清復明爲主旨的天地會總舵主陳家洛是親兄弟，以增加戲劇衝突。其實這種說法在清末就流傳極廣，但卻絕非事實。最有力的證據是乾隆爲雍正的第四子，此類舉動根本毫無必要。另據日本東洋文庫藏孤本《海寧渤海陳氏宗譜第五修》，陳元龍共育有二女一男，最小的兒子生於康熙三十四年（1695），比乾隆大十七歲，更不要說年長的兩個女兒了。可見此傳說純屬無稽。即使他們眞的存在這種血緣關係，也早爲政治關係所隔斷。此類傳說不過爲了滿足傳播者一種低級的獵奇心理，從中獲得一種阿Q式的虛妄的心理滿足感，似乎如此一來，大清的天下又成了漢人的了。

地域群體是指具有共同地域性的人群，比較多的是在同一個地方出生的人群。但我們必須注意，古人傳記或自述中的籍貫大多是祖籍，或者只是郡望，即該姓家族中最顯赫一支的發祥地，未必是他眞正的出生地。儘管中國有安土重遷的傳統，但這主要是指占人口絕大多數的從事農耕的農民以及單純的地主，而有相當地位或作爲的文武官員、文人學者等人，一般不可能一直住在窮鄉僻壤，大多活動於通都大邑，他們的後人出生或成長在外地的可能性就更大。即使是在社會安定時期，這些人的流動性也比一般百姓大得多。如秦漢以來在首都任職的官員和各地的行政長官多數不是本地人，有的離開原籍已不只一代，但除了某些特殊情況，他們一般不會改變自己原來的籍貫。東漢時出現了好幾位籍貫是西北邊郡的知名學者，但實際上除了個別人以外，他們都是在首都洛陽等地居住或接受教育。明清時也有不少生長在京師的人物，籍貫卻還是南方的祖籍。南方對他們的影響只是血統和家庭的傳統，但北京對他們的影響卻是決定性因素。前不久翻閱《紹興名人辭典》，竟發現了慈禧太后時權傾一時的太監李蓮英的大名，但仔細一看，原來他只是祖籍紹興，本人出生於直隸河間府大城縣。否則說一口紹興話是當不了太監的，至少不可能成爲慈禧的心腹。

自魏晉門閥制度盛行以後，高門世族成爲士人立命進身的基礎，各姓人士無不標榜本族的郡望，王氏必稱太原，謝氏必稱陳郡，楊氏必稱弘農，趙氏必稱天水等等。因此，已在京師任職數代的大族，必然還要以郡望所在爲籍貫。像唐代的韓愈自稱「昌黎韓愈」，其實他是河南河陽人（今河南孟縣），昌黎只是其郡望而已。而且，在這種制度的影響下，一些人進身無門，不得不冒用他族的郡望，甚至僞造世系。這些人的籍貫就更與他們的出生地無關了。

科舉必須在原籍報考，但由於各地的教育水準和科舉名額不同，或者因其他種種原因不願回原籍報考，有的人就冒用籍貫，在其他地方參加考試。一旦考上後就不便再改回去了，所以只能就此改變籍貫。

在社會發生動亂，出現大規模的人口遷移以後相當長的時期內，籍貫和出生地、居住地完全脫離的現象就更爲普遍了。如從四世紀初西晉永嘉之亂開始的人口南遷至少持續了一百多年，移民累計超過二百萬。但直到六世紀後期南北統一時，這些定居南方已一、二十代的士大夫們都還在使用北方原籍。在這種情況下，以籍貫爲基礎的統計資料可以說完全不反映實際情況。如見於《南史》列傳的七百二十八個人物中，北方移民及其後裔有五百零六人。但如果我們根據他們的籍貫統計，那麼南方籍的人物只有二百二十二人，似乎即使在南朝，南方的人才也少得很。但實際上，這五百零六人中眞正生長在北方的是極少數，其他大多數人早已在南方定居，當然是南方的地理環境而不是北方的地理環境造就了其中的各種人才。

時下頗爲流行的人才地理研究，統計某地歷史上出現過多少進士、狀元、宰相、詩人等等，討論其分布的地域特徵，這都是以人物的籍貫爲統計指標或確定其地理位置的唯一依據。但正如前面所說，這種方法不僅存在很大的誤差，甚至完全不能反映實際情況，由此得出的結論自然也就沒有可信的基礎。

除了同一出生地之外，在同一地方活動，或者在同一地方結成某一個利益集團，這些群體也都是地域性的。像北人南人、關內關外、山東山西、關東關西等等，都是這種具有明顯特徵的地域概念。劉邦依靠的是江淮一帶的政治勢力，所謂「豐沛故人」，即他故鄉豐縣、沛縣一帶的人。這些人都是從一開始就輔助劉邦，或者很早便投奔他的，他們有共同的地域特點，也有共同的政治利益，對西漢的建立和鞏固具有很大的影響。例如，劉邦即帝位後建都洛陽，一方面固然是由於秦朝故都咸陽已完全被毀，另一方面也是由於洛陽比較靠近這批人的故鄉，所以只有像張良這樣具有長遠的戰略眼光，又爲劉邦所信用的謀士才能說服他遷都關中。唐代也有類似情況，陳寅恪在《唐代政治史述論稿》（上海古籍出版社，1997）一書中指出，李淵的政治事業從關中起家，將相大臣基本上都是關隴人，形成所謂的「關隴集團」。而在社會上，山東士族仍享有聲譽和勢力，這就形成了兩種社會力量的衝突。陳寅恪以關隴、山東兩大政治集團的升降、消長對唐史做了全新的詮釋。而宋代，籍貫在北方和籍貫在南方的官員在政治上矛盾極深，形成兩大對立的政治集團，北人寇準爲相後，「惡南人輕巧」，曾對眞宗說「南方下國人不宜冠多士」（《續資治通鑑長編》卷八四），在科舉上壓制南方人。

明清以來，朝野都喜歡用籍貫來稱呼某個政治人物，如分宜相嚴嵩（江西分宜人）、李合肥（李鴻章）、張南皮（張之洞）、翁常熟（翁同龢）、袁項城（袁世凱），甚至連姓都不用，如項城即指袁世凱。這類稱呼的出現可能有其他原因，但一旦形成風氣，就成爲一種地域政治的標誌。根本的原因還在於這些人的政治行爲和政治抉擇受他們各自的個性氣質影響極大，而這種個性氣質往往具有很強的地域性，並且以他們爲中心形成一個個地域集團。近代以湖南人曾國藩爲首的湘軍集團和以安徽人李鴻章爲首的淮軍集團，基本上是以同鄉及宗族關係維繫在一起的集團。

專門群體就更多了，可以按照性別、職業、身分、政治歸屬、學術淵源等等結合爲各種群體。司馬遷作《史記》時已經列有專傳，用以集中記載某類人物，如〈游俠列傳〉、〈酷吏列傳〉、〈日者列傳〉（占卜者）等，這一傳統爲以後各種正史所繼承。如《宋史》中有「隱逸」、「外宦」、「佞幸」、「奸臣」、「判臣」諸傳，其他正史也多大同小異。比較有名的清雍正六年（1728）成書的《史傳三編》，又名《高安三傳合編》，分爲〈名儒傳〉、〈名臣傳〉和〈循吏傳〉，就是從史書中摘抄歷代著名的儒生、大臣、循吏的小傳，編輯成書。

較早的專書則有西漢劉向所編的《列女傳》，這是第一部專門記載女性群體的史書，共計一百零五位婦女的事蹟。據《漢書．劉向傳》，劉向目睹當時的社會風氣崇尚奢侈淫糜，而漢成帝的皇后趙飛燕和昭儀衛婕妤出身微賤，他認爲這有違禮制，「故採取《詩》、《書》所載賢妃貞婦，興國顯家可法則，及孽嬖亂亡者，序次爲《列女傳》，凡八篇，以戒天子。」（所以收集了《詩經》、《書經》中所記載的賢慧的王妃和貞節的婦女，將國家興旺發達、家族聲望和地位提高可以作為榜樣的，以及由於不尊禮法、不守婦道導致國家動亂和衰亡的，編輯為《列女傳》，共有八篇，以便作為皇帝的警戒。）

劉向的《列女傳》中儘管也有不少後世所謂的「貞節烈女」，但「列」字在他那裡的本意只是「諸」、「眾」之意，猶如《列仙傳》、《列國志》的「列」字，是各類有影響的或值得記載的婦女的傳記，只要才行高秀者均可收入。而到了後世，「列」字完全成了「烈」的通假字，專指「節烈」之意，貞節與否成了入選的唯一標準，《「列」女傳》演變成了《「烈」女傳》。尤其明清以後不計其數的續修《列女傳》以及正史、方志中的《列女傳》，千篇一律，無不如此。《明史．列女傳序》中說：「蓋晚近之情，忽庸行而尚奇激，國制所褒，志乘所錄，與夫里巷所稱道，流俗所震駭，胥以至奇至苦爲難能。」（最近一段時期人的心態，忽視平凡的行為而追求新奇激烈的做法，國家制度所表彰的、地方史志中所記載的，以及民間所稱讚的、普通百姓所感到震驚的，都以最新最痛苦的事蹟為難能可貴。）光是夫死不嫁，甚至未嫁守節等行爲已經不能滿足民眾的心理需求，非得是以截髮、毀容、斷指、剜喉、割肉、服毒、投水、自縊、自刎、挖目、絕食等極端慘忍的方式自殘、自虐、自殺以示自己的堅貞的，才能列入史傳，而且越是駭人聽聞，便也越是爲族人、仕紳、官員們所津津樂道、交口稱讚，獲得皇帝的旌表（當然都是男性）。比如無錫成氏，因爲夜發大水，家人倉促間未及穿衣就爬上屋頂避難，成氏說：「哪有男女光著身子在一起還能活下去的呢？」寧可留在屋內被水淹死。安陸陳氏一生守節，臨終前囑咐子女不要由男子來抬屍，後來家人遺忘，讓男子去抬，氣絕多時的陳氏竟然復活。丹陽于氏，兵亂時讓丈夫殺了自己，丈夫不忍心，她對丈夫說：「你不自己動手，想留我下來讓那些亂兵姦污嗎？」雞澤李氏，在戰亂中拋棄了自己的女兒而攜其年幼的姪兒逃難。東莞王氏，被自己的丈夫賣給他人，竟然也會爲這樣的丈夫投水殉節。諸如此類，不一而足（以上均見《明史·列女傳》）。我們在閱讀這類史料時必須注意，正因爲貞節烈女太少，統治者才會大力提倡，這和魯迅在〈我們現在怎樣做父親〉一文中說的，「歷來都竭力表彰『五世同堂』，便足見實際上同居的爲難；拚命的勸孝，也足見事實上孝子的缺少」（見《墳》），都是一樣的道理。

儘管這些行爲在今天看來無疑極端荒唐愚昧，但這些資料對於我們研究歷史並非毫無意義，從中可以窺見由宋至明，男權思維操控下的主流意識中重男輕女、「女人禍水」論、男性對女性絕對的性獨占權等觀念已經發展到了極點。直到今天，這些意識在某些人當中還頗有市場。晚明以來，一方面是充斥於正史、方志中無數貞節烈女的事蹟，另一方面，卻湧現了大量以情欲爲主題的市井小說，專以敘床笫之事爲能事，這正反映了晚明男女關係漸趨鬆弛，人性覺醒，世風爲之一巨變。這與西方歷史上的「文藝復興」時代頗有類似之處，後者常爲中國的歷史著作倍加讚譽，而前者卻被貶爲「亡國之相」，不知何以厚此薄彼如此？

記載儒學各流派人物的著作稱爲「學案」，最早的學案體著作是南宋朱熹的《伊洛淵源錄》，記北宋理學家周敦頤、程顥、程頤、邵雍四人及其門人弟子的言行事蹟。此後最著名的學案是清初黃宗羲所撰《明儒學案》。該書分明初、明中、明後三個時期分述諸家學派，先以小序、小傳扼要介紹學者生平、經歷、著作思想及學術傳授，然後輯學者語錄，附以作者按語，共評價明代二百零八位學者的學術思想，爲研究明代思想史提供了豐富的史料。從黃宗羲撰《明儒學案》後，各種專門史大量湧現，中國史學不再局限於政治史，故梁啓超稱譽此書爲「史家未曾有之盛業也」(《新史學·中國之舊史學》)。此後黃宗羲又撰寫《宋儒學案》和《元儒學案》，未及完稿就去世了。全祖望在其遺稿基礎上合併、續寫，完成了《宋元學案》，共記宋、元兩朝四百餘年的學者二千多位，還列有學案傳授人物表，可以據此了解研究各學派之間的師承影響等相互關係。民國初年以徐世昌名義主修的《清儒學案》，則是記清代儒學的著作，共收清代學者一千一百六十九人。

此外還有專業群體的傳記彙編，如清代阮元編的《疇人傳》，介紹從黃帝到清中葉天文學家、數學家二百四十三人及西方天文學家三十七人的生平事蹟及科學成就，是中國歷史上第一部科學家傳記，被稱爲「天下奇書」。對畫家、書法家、藝術家等也有類似的專門合傳。

2.5 另類歷史

以上講的，都是比較正規的歷史，除此之外，還存在著一種「另類」歷史。

所謂另類歷史，是指某些作品本身不是嚴格的歷史著作或史料，但其中包含著某種歷史資訊，間接地反映了歷史的內容。《續玄怪錄》是唐人的志怪小說，其中辛公平上仙一段故事，記洪州高要縣尉辛公平於旅舍遇到陰間迎駕的籍吏，目睹有人向皇帝獻上長尺餘的金匕首，皇帝當即「頭眩」，然後左右「莫不嗚咽群辭，或收血捧輿」等等，陳寅恪將其與韓愈的《順宗實錄》相互參照，發現實爲「假道家『兵解』之詞，以紀憲宗被弒之實」（〈順宗實錄與續玄怪錄〉，《金明館叢稿二編》，三聯書店，2001），由此揭露出一段宮闈隱秘。後來卜孝萱先生進一步考證出小說作者李復言集參與永貞改革的李諒，論定其中所寫乃順宗爲宦官所殺的事實。常人只知明代宦官專權，殊不知明朝的太監氣燄再囂張，終不過是皇帝縱容下的家奴而已，所以劉瑾、魏忠賢一旦得罪了皇帝還會被殺。而唐安史之亂爆發後，太監李輔國因擁立肅宗繼位有功，被任命爲兵部尚書，從此宦官掌軍幾乎成爲慣例。由於十餘萬神策軍（中央禁軍）和大部分藩鎮的兵權都掌握在太監手中，反而是皇帝一旦得罪了太監，即或囚或廢，甚至連皇帝的性命也要難保。唐中後期幾乎所有皇帝均爲宦官擁立，肅宗、憲宗、敬宗、文宗都是由於試圖打擊太監勢力而被殺。文宗生前曾向學士周墀慨嘆自己受家奴的挾制，還不如王國之君周赧王、漢獻帝的處境，當場留下了眼淚（《新唐書·仇士良傳》）。

元人的雜劇，講述前朝故事，這裡面有的是基於史實的虛構，有的則完全是想像的產物，總之基本上都不是信史，但是元人雜劇中反映的元人的思想觀念、世態民風往往比劇情本身所寫時代的內容還要多。元朝是蒙古族入主中原而建立的，實行民族歧視政策，將各民族分爲四等：蒙古、色目、漢人、南人，從法律上明確規定前兩類人在政治、經濟上的優越地位。蒙古尚武輕文，建國後長期廢止科舉考試，漢族文人（特別是北方原金朝統治區的）喪失了進身之階，地位一落千丈，幾乎處於社會最底層，看不到前途和希望，帶著對社會的滿腔怨恨投入雜劇創作中，目前存在的元人雜劇，幾乎全是漢人創作的。《王燦登樓》中的王燦、《竇娥冤》中的竇天章、《拜月亭》中的蔣世隆、《謝天香》中的柳永、《漁樵記》中的朱買臣等，都是這類失意文人的寫照。儘管劇作者通常會安排高中狀元一類的大團圓結局，也是他們無奈的自我安慰而已。元朝政治黑暗、吏治腐敗，據《元史．成宗本紀》，僅大德七年（1303），七道奉旨撫所罷贓污官吏就達一萬八千四百七十三人，獲贓四萬五千八百六十五錠，審冤獄五千一百七十六事，元雜劇中大量公案戲、包公戲、俠義戲，正是這一現象的反映。王國維曾盛譽元雜劇，「元劇自文章上言之，優足以當一代文學。又以其自然故，故能寫當時政治及社會之情狀，足以供史家論世之資者不少。」（《宋元戲曲史》第十二章〈元劇之文章〉，上海古籍出版社，1998）

但是要注意的是，文學作品中的史實，通常以間接的、誇張的、局部的、變化的等諸多形式來表達，研究者要善於從中提取眞實的歷史訊息，而不能將人名、地名、情節、程度等一一對號入座。比如《聊齋誌異》卷三〈陳雲棲〉寫陳雲棲、盛雲眠二人在名爲道觀，實爲變相娼寮中混跡多年，卻能夠一直保持貞操，以處女之身先後嫁給眞毓生，這是個極落俗套的故事。清末朱彭壽調任宜昌後，記起這則故事中提及眞毓生爲彝陵人，其父其子都曾中舉，特地購得《宜昌府志》，在科第表中卻遍尋不見，因此批評蒲松齡「其文筆固極典雅，至敘事則皆憑空結撰」，「何以弄此狡獪，無端指一地名，致二百餘年後，猶令好事如余者刻舟求劍，乾受其紿。」（《安樂康平室隨筆》卷四）其實，這則故事中的人名、地名固然出於杜撰，但故事中的眞毓生可以同時娶兩個女子，陳、盛兩人卻必須爲同一個男子保持貞操，這極好地反映了當時信奉多妻主義、處女情結的文人的性心理。梁啓超曾針對文學作品與歷史的關係有過一段極精闢的見解：「中古及近代之小說，在作者本明告人以所紀之非事實，然善爲史者，偏能於非事實中覓出事實。例如《水滸傳》中魯智深醉打山門，固非事實也，然元、明間犯罪之人得一度牒即可以借佛門作逋逃藪，此卻爲一事實。《儒林外史》中胡屠戶奉承新舉人女婿，固非事實也，然明、清間鄉曲之人一登科第，便成爲社會上特別階級，此卻爲一事實。此類事實，往往在他書中不能得，而於小說中得之。須知作小說者無論騁其冥想至何程度，而一涉筆敘事，總不能脫離其所處之環境，不知不覺遂將當時社會背景寫出一部分以供後世史家之取材。」(《中國歷史研究法》第四章〈說史料〉，東方出版社，1996)

所以小說絕非信史，但可以把它看成作者所處時代和作者本人思想、實踐的反映，就像當代的小說，從來也不會是事實的照搬，但如果是好的小說，就能夠比較好地反映當時的社會背景，對於了解當時的歷史不無參考價值。關鍵就在於研究者採取何種立場、如何解讀。比如說民間關於《三國演義》的故事、唐僧西天取經的故事、「楊家將」的故事、《水滸傳》的故事，如果聽了以後就認爲這些故事可以補充三國的歷史，或者補充唐代、宋代的歷史，那就完全錯了。這些故事所反映的其實就是故事產生時代的社會狀況。《西遊記》描寫唐朝玄奘法師歷經艱險赴西天取經的故事，歷史上確有其人其事，但歷史學家從來不會用《西遊記》來作爲《大唐西域記》的佐證。倒是《西遊記》中車遲國王崇信虎力大仙、鹿力大仙、羊力大仙三個妖道、比丘國王以小兒心肝做藥引煉製長生不老丹藥等崇道貶佛的情節，明顯就是影射明中後期皇帝寵信道士，煉製房中方藥等史實。如嘉靖年間，道士邵元節、陶仲文等以紅鉛（童女經血）煉製方藥進獻，以此而位列三公六卿（明沈德符

《萬曆野獲編》卷二一)，一時士大夫也紛紛仿效。《金瓶梅》是從《水滸傳》中作爲支線的西門慶、潘金蓮的故事演繹而成，號稱寫的是宋徽宗時事，實際上卻也是反映了晚明的社會狀況。明沈德符《萬曆野獲編》卷二五云：「聞此爲嘉靖間大名士手筆，指斥時事，如蔡京父子則指分宜（嚴嵩、嚴世蕃父子）、林靈素則指陶仲文、朱勔則指陸炳（嚴嵩死黨），其他各有所屬云。」當然，《金瓶梅》畢竟只是小說而非史書，未必如沈氏所言那樣可以一一對號入座，但小說中的原清河縣破落戶財主西門慶，靠了開生藥鋪、放高利貸發了財，與當地官員、管理皇莊的太監等相勾結，成爲地方上的頭面人物，其後趁當朝太師蔡京壽誕之機，送上二十槓「金銀鍛匹」的鉅額賄賂，做了他的乾兒子，隨即以一介平民一下子成爲執掌一省刑獄的山東提刑所理刑正千戶，這正是晚明君主昏庸、首輔專權、太監得勢、貪污成風、政治腐敗的眞實反映。《金瓶梅》一書最爲前人詬病的是其中夾雜的大量性描寫，被貶爲「天下第一淫書」，其實這樣的描寫在當時卻是一種風尚，文人士子並不以談性爲恥，魯迅便說：「自方士進用以來，方藥盛，妖心興，而小說亦多神魔之談，且每敘床笫之事也。然《金瓶梅》作者能文，故雖間雜猥詞，而其佳處自在。」(《中國小說史略》)我們從中可以窺見晚明這一面臨轉型的時代社會生活眞實的一面。

藝術品也可以反映歷史，歷史學家今天研究一件古代的藝術品，除了其本身的藝術價值以外，更注重於研究它的歷史價值。如我們今天研究秦兵馬俑的衣飾、兵器等，就可以補正史之缺。由於兵馬俑完全按眞人、眞馬同等比例製造，我們甚至可以用體質人類學的方法，研究秦代人的體質特徵，並與當代

圖2.5.1　秦兵馬俑·武士俑

人進行比較研究（圖2.5.1）。再如石窟藝術，新疆克孜爾石窟壁畫中畫的是全裸的飛天、伎樂和菩薩，到敦煌莫高窟就全都穿上了裙子，至多半裸其上身，到了洛陽的龍門石窟就穿上寬袍大袖的衣服了。這就反映了印度佛教藝術向東方傳播時，逐漸被中國化的過程。越是接近漢文化中心，這種中國化的作用就越顯著。這一歷史過程，一方面說明中國文化有吸收外來優秀文化的一面，但另一方面也顯示由於中國文化自身很強大，外來文化一旦進入就會被加以改造，以適應漢民族的審美情趣，否則就無法存在。

這個歷史過程，在音樂、繪畫上也有反映。唐朝是中國歷史上少見的能以較開放的心態對待外來文化的時代（雖然與現代意義上的開放觀仍有很大的距離），吸收的外來音樂就比較多。像琵琶、胡琴等西域樂器，在整個唐代都很流行，並融入中國文化，成爲中國民樂的主要組成部分（圖2.5.2）。西域于闐（今新疆和田）人尉遲乙僧將印度犍陀羅藝術的凹凸畫法帶入中原，利用色彩深淺暈染，造成明暗對比，使畫面呈現極強的立體感。唐段成式的《酉陽雜俎》裡說他爲長安奉恩寺普賢

圖2.5.2　唐三彩騎駝樂舞俑

1957年西安鮮于庭誨墓出土，藏中國歷史博物館。駱駝上有男樂舞俑五人，中立者爲胡人形象，舉手且歌且舞。所用樂器，除琵琶外，均已缺失不存。

堂所作壁畫，「身若出壁」、「逼之摽摽然」，與中原原有的白描技法迥異，爲唐代繪畫注入了新的活力，影響了其後吳道子等一大批畫家。這種藝術傳播的過程，對於我們理解盛唐的文化、理解唐朝的對外政策，都是有幫助的。

電影電視是近百餘年間湧現出的一種新的記錄手段，從歷史學角度而言，影視作品其實只有兩種，一種是紀錄片，另一種是虛構作品。紀錄片應該講完全是歷史的記錄，儘管影像可以進行剪輯，但總還是第一手的原始資料，不屬於這裡講的另類歷史。我們這裡討論的另類歷史中的電影電視，是指其中的虛構作品。它對於歷史的功能其實與文學非常相似。電影電視中講述的故事，儘管不是生活中的眞人眞事，而是經過了一定的藝術加工、概括，我們自然不能把它當作歷史，但它卻反映了一個時期普遍存在的社會心態。如美國電影《克拉瑪對克拉瑪》和《金池塘》能夠獲得奧斯卡獎，反映了當時美國社會對職業婦女與家庭關係、老年生活的關注。中國大陸二十世紀九〇年代以來，以婚外情爲題材的影視劇大量湧現，如《來來往往》、《牽手》、《一聲嘆息》等，在這些片子中，第三者一改以往遭批判的蕩婦形象，成爲溫柔可人、善解人意，最終受傷害的一方，而它們極高的收視率也反映了大部人對這一觀念的認同，其實這是社會轉型期婚姻、家庭出現的新問題、新情況的反映。

除了上述精神層面的內容，還有物質層面的。比如某部影視劇中反映的一種生活的場景，這個場景在當時是寫實的，但若干年後這種現象不復存在，我們要研究這一種現象，說不定就要依靠這部影視劇了。像1999年張藝謀執導的影片《我的父親母親》中，有招弟母親叫來補碗匠修補打碎的瓷碗的特寫鏡頭，由於社會對這種行業不再有需求，這門手藝正在消亡，當最後一批補碗匠亡故之後，後人要想了解補碗的具體過程，可能這部影片中的鏡頭就成了第一手的資料。魯迅的小說《風波》中也曾提到補碗，但看文字總覺得不甚了了，照片則是平面和間斷的，無法讓我們了解其具體的連續過程，而影音作品就恰恰塡補了這項空白。

總之，影視劇本身並非歷史的再現，但影視劇中客觀上保留下來了一些眞實的內容，在一般人看來只是提供休閒娛樂的影視作品，歷史學家就可以將這些內容提取出來，成爲研究的資料。

但是，文學藝術作品和歷史之間的關係不能無限地誇大，它們不能代替歷史，否則就是對歷史的誤解。現在有些「歷史散文」或者「學術散文」，自稱就是在書寫歷史，實際上至多只能說是在抒發自己對歷史的情感。如果眞要用文學手法表現歷史，在史料不充足的情況下可以對某些情節進行一定的合理想像，但基本的歷史事實是不能違背的。比如有的文章描寫紀昀（曉嵐）的書房中放著一部《四庫全書》，作者大概根本不知道，乾隆三十八年（1773）《四庫全書》修成，共收書三千五百零三種，多達七萬九千三百三十七卷，因其卷帙浩繁，當時並未刊印，只謄抄了七部，分藏於北京內廷文淵閣、京郊圓明園文源閣、瀋陽故宮文溯閣、承德避暑山莊文津閣、鎮江金山寺文宗閣、揚州大觀堂文彙閣、杭州西湖文瀾閣，至今學者所能利用的，也只是文淵閣鈔本的影印本。紀曉嵐雖身爲總纂官，他家中也是不可能放著一部《四庫全書》的。就是乾隆皇帝賜給他，他的書房中也放不下。這種情節就是出現在歷史小說中也是不妥當的，何況自稱爲「歷史散文」？如果說紀曉嵐書房中放著一部《古今圖書集成》，雖然這並沒有充分的史料依據，但還是比較合理的，因爲在《清世宗（雍正）實錄》中確有將《古今圖書集成》賜給大臣的記錄。而且《古今圖書集成》只是一萬卷，家裡也放得下。

近幾年來文壇出現一股歷史小說熱，一時人人爭說，洛陽紙貴。最早有姚雪垠的《李自成》，再有二月河的《康熙大帝》、《雍正王朝》，唐浩明的《曾國藩》、《張之洞》等。本來這些都是文學作品，是小說，但個別人在讀者和媒體的讚揚下全然忘記了自己的小說家身分，儼然以歷史學家自居，強調所寫內容事事都有歷史依據，甚至比歷史學家還講究。眞的如此，還叫什麼小說？不是成了傳記嗎？文學和史學是兩回事，寫小說和寫傳記也是完全不同的，不能把兩者等同起來。寫小說就是要大膽想像虛構，因爲史料記載畢竟有限，有的還自相矛盾，連歷史學家都莫衷一是，要是就按少量靠得住的史料寫，恐怕連起碼的情節都編不起來，即使寫出來也不會好看。其實，《三國演義》、《水滸傳》中有多少是三國、北宋的史實？但這並不妨礙它們成爲中國古典小說（而非史書）中的精品。而眞正想學習歷史的人，爲何不去讀史書，而非得去看某人的歷史小說？

現在有很多非歷史專業人士大談歷史問題，這幾年陳寅恪熱中誕生的一批「陳寅恪研究專家」，大部分都是非歷史學者，他們研究陳寅恪不提他的《隋唐制度淵源略論稿》，不提他的《唐代政治史述論稿》，以及他研究甲骨文、敦煌文書、突厥學、佛教史的論文，而言必稱他的《柳如是別傳》。這本書題目就寫得清清楚楚，只是一部別傳而已，寫得再精彩，其價值和他的其他史學著作還是有差別的。更何況該書由於夾雜了作者過多的感情色彩，影響了作者的判斷，史料中一切對柳如是（圖2.5.3）的不利之辭，如有大量野史記柳如是有不少面首，一旦厭倦，便或逐或殺，陳寅恪一概斥爲「誣枉」。其實柳如是以一紅顏少女嫁錢謙益這樣一位六旬老翁，有些記載看來未必全是造謠。這在晚明本是常見現象，並不足爲奇。該書不少論述也有所疏失，如第五章〈復明運動〉論黃毓祺案便有明顯的硬傷，已爲眾多方家指出。另外，該書明顯繁瑣冗長，有些與柳如是毫無關係的內容也一併歸入，且篇幅不小，完全可以刪去或另外獨立成文。所以我曾對研究生說過，此書一些部分是屬於高級技巧，可以當作研究歷史的方法來學，卻不能說一定有多少意義。我猜想一味吹捧的人可能沒有讀懂陳寅恪的其他史學論著，或者根本就沒有看過，顯然他們沒有資格談陳寅恪的學術。我們應該崇拜大師，學習大師，但這都是建立在了解和信服的基礎上的。對於自己不了解的專業或領域，例如一位外國的自然科學家，就得依靠權威的、嚴肅的介紹。否則，人云亦云，跟著一幫外行瞎起鬨，說不定就會上了別人的當，或者只是成全了一些妄圖藉大師之名成自己的名、以某「學」發家的人。陳寅恪被稱爲史學大師，自然是當之無愧的，但稱他爲大師不是爲了給他一頂桂冠，更不是爲了編造他的神話，而是要眞正了解他的學術成就和貢獻，包括不足和缺憾，並給予客觀的評價。

日轂行天淪左界
題望海樓
地機激水卷東溟
柳是

圖2.5.3　柳如是手跡

柳如是（1618-1664），名是，字如是，號河東君，吳江盛澤人。早年爲吳中名妓，後嫁明末文壇領袖錢謙益。

我們將歷史按時間、空間、內容、人物和另類劃分類型，與傳統按體裁劃分並無矛盾，只是希望能涵蓋全部歷史著作，因此有時這些類型是相互交叉的，或者同時兼備的。隨著歷史科學的發展，或許今後還會有新的類型產生。

3. 爲什麼要了解歷史？

史學者，學問之最博大而最切要者也，國民之明鏡也，愛國心之源泉也。今日歐洲民族主義所以發達，列國所以日進文明，史學之功居其半焉。

[近代]梁啓超《新史學》

圖3　梁啓超像

梁啓超（1873-1929），字卓如，號任公，別號飲冰室主人。廣東新會人，近代知名學者、思想家，戊戌變法領袖之一。1902年發表《新史學》，全面批判中國舊史學，倡導「史學革命」，對中國史學發展起了巨大推動作用。一生著述宏富，編爲《飲冰室合集》，計一千餘萬字。

對於歷史學家、歷史研究人員和歷史科系的學生來說，這不是一個問題。但對其他人來說，自然免不了會提出這樣的問題。爲什麼我們要將時間和精力花在學習和了解歷史上？歷史對我們眞有用處嗎？

我們不妨先看看下面這些例子。

3.1 董狐的力量

據《左傳》宣公二年（前607）的記載，晉靈公荒淫暴虐，由此引發了晉國一場內亂。在內亂中，晉靈公爲將軍趙穿所殺，當時趙盾任正卿。內亂平息後，晉太史董狐記下「趙遁弒其君」，並在朝廷公開出示。趙盾認爲這不是事實，董狐反駁說：「子爲正卿，亡不越境，返不討賊，非子而誰？」（你是正卿，逃亡時尚未走出國境，返國後又不懲治兇手，不是你又是誰呢？）趙盾對此也無可奈何。孔子聽說此事後，讚揚董狐爲「古之良史也，書法不隱」。而另一位未留下姓名的齊太史，就沒有董狐那樣幸運了。據同書襄公二十五年（前548），齊莊公因與大臣崔杼的妻子私通，被崔杼指使手下殺死，另立齊景公爲國君。事後，齊太史直書「崔杼弒其君」，被崔杼殺害。繼任的太史兩個弟弟仍如此記錄，也先後被崔杼殺害。其三弟不畏死亡的威脅，仍秉筆直書，崔杼沒有辦法，只能放了他。南史氏聽說太史都死了，唯恐齊國的歷史中斷，準備去續寫，走到半路，聽說已經有人如實記載了，這才放心回去。

這兩個事例，說明歷史意識產生之後，它就有了非常巨大的力量，統治者可以不害怕他生前的行爲，殘酷暴虐，爲所欲爲，但他知道歷史的記錄將長久地保留下去，一旦載入史冊，善舉爲後世傳頌，惡行爲千載唾棄。所以，像董狐、齊太史等史官，哪怕犧牲生命也要堅持自己的價值觀念，而統治者畏懼自己的惡行被記錄下來，千方百計地加以阻撓，甚至採用非常的手段。

以前在解釋歷史的這種特殊力量的時候，往往過於強調道德的作用，認爲統治者畏懼道德的譴責。道德的力量固然很強大，但這是對於君子而言的，歷史上的昏君、暴君哪個會有一點道德感，他們爲什麼也不讓史官據實記錄？這恐怕更多還是與當時人敬畏天命、相信因果報應等觀念有關。

據《尚書·金縢》記載，武王在克商後二年得了重病，周公便設壇向先王的在天之靈禱告，願意以自身代替武王去死。史官把禱文寫在典冊之上，藏於「金縢之匱」（用金質繩索捆束的櫃子）中，次日武王隨即病癒了。成王繼位後，周公攝政，由於管叔和蔡叔等人製造周公陰謀篡位的謠言，成王對周公有所誤解。就在這一年秋天，「天大雷電以風」，莊稼倒伏，國人大恐。成王和大臣們在驚慌中穿上祭天的衣服，打開「金縢之書」，才知道祈求代死之事，深爲周公的忠誠所感動，認爲雷電和大風都是上天的示警，於是親自出城迎回周公。此時風向轉向，把倒伏的莊稼吹正，這一年依然是大豐收。這個例子說明當時的人對於上天是極其敬畏的，對於書面記載的畏懼心理，也是和這種觀念相聯繫的。古人認爲冥冥之中，上天在主宰著一切，而文字是與上天溝通的手段，只要記錄保留下來，上天自然就會知道，後人也終究會知道。即便貴如帝王，掌握世間至高無上的權力，也難逃上天的懲罰。

蕭齊末年，齊雍州刺史蕭衍乘亂起兵，迫使齊和帝將皇位禪讓於他，繼位爲梁武帝。蕭衍最初把齊和帝貶爲巴陵王，本來打算以南海郡爲巴陵國安置他，大臣沈約告誡蕭衍「不可慕虛名而受實禍」，於是便殺了和帝。此後沈約「夢齊和帝以劍斷其舌。乃呼道士奏赤章於天，稱禪代之事，不由己出」(夢見齊和帝用劍割斷了他的舌頭，於是請道士來用紅筆向上天寫了一道奏章，說明禪位的事並非出自於他。《梁書．沈約傳》)。武帝聽說此事後大怒，接連四次派遣中使責罵沈約，結果沈約驚懼而卒。這中間反映的古人心理，值得深深玩味。即「奏赤章於天」之舉，確實可以向上天傳達某種訊息，沈約想藉此向上天表白，減輕他的罪責，而武帝擔心上天若聽信沈約的一面之辭，自己就要受到上天的懲罰，故而大發雷霆。殺和帝是否違背君臣倫理，要受到道德譴責，並不重要，他們擔心的是上天是否知道並因此施加懲罰。我們從中可以看出古人對上天深深的敬畏之情。如果是一個完全不相信上天、不相信存在來世、不相信任何規律的獨裁者，他是不會懼怕歷史的。像法國國王路易十五（Louis XV, 1710-1774）那樣，「我死後，哪管那洪水滔天」(après moi le déluge!)，他就絕不會懼怕歷史。

正因爲歷史有著如此巨大的力量，大部分君主行事不得不有所顧忌。司馬光《涑水紀聞》中記載，宋太祖趙匡胤有一次正在後花園中用彈弓打雀取樂，有大臣稱有急事求見，宋太祖立即召見。不料聽完彙報，上奏的都是些平常之事，很是掃興，質問爲何小題大做，掃了他的雅興。大臣說即便是這些小事，也比彈雀要緊。宋太祖當即惱羞成怒，用手中的柱斧柄打落了他兩顆門牙。大臣拾起牙齒揣入懷中，宋太祖見了更加生氣，問：「汝懷齒欲訟我耶？」(你留下牙齒想去告我的狀嗎？)他說：「臣不能訟陛下，自當有史官書之。」(臣子我不能去狀告陛下，但自然有史官記下此事。）太祖聽了，怒氣頓消，感到自己此舉失當，馬上好言撫慰，並賜以金帛以示歉意。

按照中國的歷史傳統，即便連皇帝本人，也是無權閱讀當朝的起居注的。據說古代史官應該將皇帝的言行和活動隨時記錄下來，投入一個密封的容器，等皇帝死了，才能由專人打開，取出記錄作爲修史的根據。史官的記載不是給皇帝看的，而是留給後人修史用的。像宋太祖這樣的人物，在歷史上算得上開明的君主，他對歷史畢竟還多少懷有一定的畏懼，不時檢點自己的言行，尊重史官的獨立性。而歷史上另一些暴君、權臣，則完全依靠政治強權來迫使歷史符合自己的意願。前秦國主苻堅，其生母苟太后與將軍李威有私，苻堅爲掩蓋這段宮廷內幕，不顧制度調閱了起居注和有關簿記，其中果然有苟太后與李威隱秘關係的記錄，他惱羞成怒，將這些原始資料全部焚毀。而執筆史官均已去世，事情才就此作罷。東晉孫盛所著《晉陽秋》一書中，如實記載了桓溫北伐爲前燕大敗之事，桓溫閱後大爲惱怒，強令孫盛修改，孫盛誓死不從，後來是他兒子私自修改才了事。幸虧孫盛事先已將《晉陽秋》謄抄了兩部寄到前燕，後人才知道這段歷史的眞相。

3.2 《春秋》筆法

董狐的故事，一方面可以說是歷史的進步，但另一方面，也可以說是開了一個惡例。後世學者在齊聲讚頌董狐不畏權貴、秉筆直書之餘，卻忘了幾個基本事實。據《左傳》的詳細記載，當時，「晉靈公不君，厚斂以雕牆，從台上彈人而觀其辟丸也。宰夫胹熊蹯不熟，殺之，寘諸畚，使婦人載以過朝。」(晉靈公違反為君之道，加重徵稅用來彩繪牆壁，從高台上用彈丸打人而看他們躲避彈丸的樣子。廚師燒熊掌不熟，就殺了他，放在畚箕裡，讓婦人用頭頂著走過朝廷。)趙盾作爲正卿，看到這種情況憂心忡忡，屢次進諫，晉靈公非但不聽，反而懷恨在心，派刺客去暗殺趙盾。暗殺未遂後，又假意設宴招待趙盾，實際埋伏下甲士，被趙盾侍從提彌明看出破綻，拚死突圍而出。在這種情況下，趙盾只得潛出國都避難。因此，說趙盾弒君完全不符歷史事實。連《左傳》的作者都稱讚趙盾爲「古之良大夫也」，嘆息他如果在晉靈公被殺時已越過國境就可免除弒君的惡名。而且，董狐對晉靈公的無道之舉不置一辭，而只記下「趙盾弒其君」五字，指責憂心晉國前途命運的趙盾，只能是一種混淆是非、一味「爲尊者諱」的舉動。董狐所關心的，根本不是忠實記錄歷史，而只是維護君臣統治秩序。否則，殺晉靈公的明明是趙穿，他爲何要寫作趙盾呢。

這種書寫歷史的方法，在《春秋》(傳統的說法是孔子所作，但後世也有很多人表示懷疑，認爲他只是整理者）一書中表現得最爲突出，因此後世稱之爲「春秋筆法」。按照《春秋公羊傳》的解釋，「《春秋》爲尊者諱，爲親者諱，爲賢者諱」(閔公元年)，也就是說在記錄歷史時遇到尊者、親者、賢者，都應該採用「隱惡揚善」的曲筆，儘量多記有益的事情，不利的即使無法完全捨棄，也應加以隱諱。《論語 · 子路》所記載的一則小故事很好地體現了孔子的這一思想。葉公告訴孔子，他們那兒有一「直者」，其父偷了一頭羊，那人去告發了他。孔子則說眞正的「直者」不應當如此，「父爲子隱，子爲父隱，直在其中矣。」只有父子相互隱惡才是「直」，否則便會破壞長幼尊卑的倫理次序，這實在不是客觀的歷史態度。另一方面，《春秋》將明善惡、寓褒貶作為歷史的首要目的，對於同樣的事件，往往用不同的字來表達作者的態度，不發議論而將褒貶寓於敘事之中。這兩者的結合，就形成了後世所謂的「春秋筆法」。

後世正統史家將此抬得很高，稱譽為「一字之貶，嚴於斧鉞，一字之褒，榮於華冕」。比如《春秋》僖公二十八年（前632）記「天王狩於河陽」，所謂「狩」，即冬季狩獵。其實當時周天子根本不是去狩獵，而是去參加春秋五霸之一的晉文公召集的諸侯會盟了。本來按照周朝的制度，各諸侯國每年都必須到國都朝覲周天子並進貢各地方物，但到了春秋末年，王室衰微，周天子根本不被各諸侯放在眼裡，反而要去參加諸侯的會盟。《春秋》一書的作者，對於這種禮崩樂壞的局面是不滿的，他不願意接受周天子名存實亡的事實，所以用一個「狩」字為周天子加以隱諱。透過一個「狩」字，也表達了作者的政治理念，認為天子去見諸侯是不合禮制的。《左傳》記孔子所言：「以臣召君，不可以訓。」這樣寫是「言非其地也，且明德也。」《春秋》一書中類似的例子還有很多，《春秋公羊傳》和《春秋穀梁傳》對於《春秋》經文中用字的「微言大義」，都有極詳盡的解說。司馬遷認為孔子作《春秋》的主旨是「貶天子，退諸侯，討大夫」（〈太史公自序〉）。從以上的例子來看，《春秋》對周天子非但毫無貶斥之意，反而儘量維護其尊嚴，故而《漢書．司馬遷傳》刪去了「貶天子」三字，應該更接近於孔子的本意。直到1900年八國聯軍攻入北京城，慈禧攜光緒帝倉皇逃至西安，當時的史書還稱之為「庚子西狩」（在庚子年到西部去遊獵），也是上承《春秋》筆法的餘緒。

這只是事情的一個方面，而另一方面，《春秋》作者只能將自己的褒貶好惡透過一兩個字詞的選擇來體現，也是迫於現實的政治壓力，無法自由地表達自己的見解。孔子所在的魯國，以及他周遊列國所拜訪的國君和貴族，想的都是爭霸稱雄，擴大自己的勢力範圍，怎麼可能願意去尊重周天子的權威呢？所以終其一生，除了曾短暫擔任過並無實權的魯國司寇外，孔子的政見並不爲當權者所用，最後只能回到魯國，從事教育與著述。春秋時代的政治現實對他的壓力，使他不可能自由地表達，再加上《春秋》一書本身就是魯國的官史，他不可能按照自己的價值觀念自由地撰寫，就只能採取這種比較隱諱的方法。如果作者本人不在魯國，也不擔任太史的職位，那他完全就可以直截了當地記載，可以公開指責某個諸侯國不守制度，而不必採用這種隱諱的手段。如果他處在一個周朝強大的時期，王權很強，就更沒有必要用這種方法。正因爲王室衰微，他感到痛心疾首，卻又無能爲力，甚至要自由地表達這種情緒都不可能，才會出現《春秋》這樣的作品。《春秋》只是特殊時代的畸形產物。正如梁啓超所說：「《春秋》之作，孔子所以改制而自發表其政見也。生於言論不自由時代，政見不可以直接發表，故爲之符號標識焉以代之。」（《新史學．論書法》）

春秋筆法在中國歷史上影響很大，當然從積極方面來看，我們固然可以說它維持了中國知識份子的價值觀念，但總的來說，其消極作用是主要的。此後中國史學中不顧歷史事實，隨意地取捨、任意地拔高或貶低，甚至不惜篡改歷史的種種不良習氣，都是從《春秋》那裡繼承下來的惡習。唐代史學家劉知幾就曾激烈抨擊「春秋筆法」，「觀夫子修《春秋》也，多爲賢者諱。狄實滅衛，因桓恥而不書；河陽召王，成文美而稱狩。斯則情兼向背，志懷彼我，苟書法其如是也，豈不使夫君子靡憚憲章，雖玷白圭，無慚良史乎？」（我看孔子修《春秋》，多採用為賢明的人隱諱的辦法。狄人明明滅了衛國，因為要掩蓋衛桓公的恥辱而不作記載；河陽之會明明是由諸侯召見周王，卻在文字上美化為外出狩獵。這樣一來感情就完全不同，意向也不分你我了，要是史書的記載都是這樣的話，豈不是讓君子不用害怕制度和法律，雖然已在白圭上留下污點的人，在優秀的史官面前也可以問心無愧嗎？《史通·惑經》。）儘管《春秋》採取這種筆法是迫於無奈，體現了作者的良苦用心，但是從尊重歷史客觀性角度來講，這種態度是不容原諒的。

3.3 太史公的地位

歷史上，太史的職位往往是由一個家族世襲的，像前述齊太史被殺後，繼任的都是他的弟弟。司馬遷的祖上，也長期擔任過周代的太史。之所以要世襲，就是爲了保證歷史記錄的延續性。因爲太史的職責不僅要求他根據現存的資料來編纂歷史，還要求很多重大事件能夠親身經歷。

西元前110年，漢武帝征服南越，平定西南夷，國力達到極盛。在這種形勢下，漢武帝決定在泰山舉行封禪大典。封禪對古代帝王而言，是一項極重要的政治活動。所謂「封」，即在泰山頂上築壇祭天；「禪」，即在泰山南面的梁父山上闢基祭地，表明自己是順應天命來統治人民。從春秋到秦始皇，封禪儀式舉行過多次，但在漢朝是第一次舉行，所以在當時是最隆重的祭祀典禮，武帝還因此特地把年號改爲「元封」，表示「是歲始建漢家之封」(《史記．太史公自序》)。司馬談作爲太史公，對於這樣重大的事件，無論從他的職權，從他的信念來講，他都是應該參加的，但由於他當時因病滯留在周南（今河南洛陽附近)，沒有能夠參加，以致病情加重，最終「發憤而卒」。直到臨終前，還深以爲憾，對趕來探望的司馬遷說：「今天子接千歲之統，封泰山，而余不得從行，是命也夫，命也夫！」(現在皇上承接千年以來的大統，封祭泰山，我未能從行，這是命運啊，是命運啊！）他還囑託司馬遷要繼承自己的事業和著述理想，撰寫出一部能與《春秋》媲美的史書來，司馬遷虔誠地接受了這一遺命。元封三年（前108)，司馬遷繼承父職，擔任太史公，利用豐富的皇室藏書，「紬史記石室金匱之書」，開始著手撰寫這部中國史學史上偉大的作品了。

在漢代，太史公的品級很低，根據《漢書．百官公卿表》的記載，俸祿只有六百石，僅與縣令相當。但同時，他的地位又很高。從他的職權上講，他負責記載一個皇朝的歷史，從道義上講，他必須對這些歷史的記載負責。司馬遷正是懷著這樣一種強烈的使命感開始了《太史公書》的撰寫（《史記》原名《太史公書》)。就如〈太史公自序〉中所說：「先人有言：『自周公卒五百歲而有孔子。孔子卒後至於今五百歲，有能紹明世，正《易傳》，繼《春秋》，本《詩》、《書》、《禮》、《樂》之際。』意在斯乎！意在斯乎！小子何敢讓焉。」(先父曾說過：「自周公逝世，經五百年後有孔子。孔子逝世到現在又有五百年了，應該是到了有人能夠繼承盛世，修正《易傳》，續寫《春秋》，探求《詩》、《書》、《禮》、《樂》的本源的時候了。」他的意思就在這裡吧！他的意思就在這裡吧！我怎麼敢辭讓呢？）

但是，天漢二年（前99），正躊躇滿志、以續寫《春秋》爲己任的司馬遷遭受了平生最重大的一次打擊，因爲替兵敗後投降匈奴的李陵辯護，司馬遷得罪了漢武帝，被逮捕入獄，定爲死刑。按照漢律，死刑犯有兩種辦法可以免死：一是用五十萬金來贖罪，二是以宮刑代替。司馬遷家室微寒，獲罪後親友唯恐避之不及，根本拿不出這麼多錢來贖罪，而宮刑，也即腐刑，是割去生殖器的刑罰，在司馬遷看來，「詬莫大於宮刑」、「最下腐刑，極矣」（〈報任安書〉），這是所有刑罰中最卑賤的一種，不僅是對個人肉體的殘酷摧殘，更是對個人尊嚴的極大侮辱，對於崇尚氣節的士人來說，寧願一死也絕對不能接受。但司馬遷在這一生死抉擇之間，最終還是選擇了接受宮刑。這並不是他貪生怕死，他的心跡，在後來寫給朋友的信中（〈報任安書〉）有過詳細的表露：「所以隱忍苟活，函糞土之中而不辭者，恨私心有所不盡，鄙沒世而文采不表於後也。」（我之所以默默忍受著痛苦，苟且活命，被掩埋在糞土中也不躲避，只是遺憾我還有未完成的心願，萬一在屈辱中死去，就不能將我的文字流傳到後世。）他這裡所謂的「私心」，就是要繼承父親的遺志，寫出一部「究天人之際，通古今之變，成一家之言」的史書來，「僕誠已著此書，藏之名山，傳之其人，通邑大都，則僕償前辱之責，雖萬被戮，豈有悔哉！」（我正是想寫成這樣一部書，收藏在名山之中，流傳給理解它的人，流傳到大中城市，那麼我此前蒙受的羞辱就得到了補償，即使被殺一萬次，又有什麼值得後悔的呢！）正是在這樣堅定的信念支持下，司馬遷才忍辱負重，爲了完成他的歷史使命，接受宮刑這樣的奇恥大辱。

《墨子．明鬼》記載作者見過周、燕、宋、齊等國的《春秋》，孟子也見過「晉之《乘》、楚之《檮杌》、魯之《春秋》」（《孟子．離婁下》），從司馬遷的《史記》中也可以看到，春秋戰國以來，各個諸侯國都設有太史，都有自己的國史，比如司馬遷在寫〈秦本紀〉時就採用過秦國的國史《秦記》。更直接的例證是西晉太康二年（281），汲郡（今河南汲縣）一個名叫不準的人盜掘戰國魏安釐王（一說魏襄王）墓，在墓中發現大量用蝌蚪文寫成的竹書，共計數十車，這些竹書後爲官府收得，晉武帝命當時著名的學者荀勗、和嶠、束皙、衛恆等人整理考證，其中有《竹書紀年》十二篇，就是魏國的史書。由此可見，當時歷史的記錄權、闡釋權並不爲一個大一統的專制政權所壟斷，各個諸侯國都有自己的史書，久遠時代中國的歷史能爲今天我們後人所知，正是依賴這些大大小小，留下或者根本未能留下姓名的太史們所做的貢獻。司馬遷只是其中最著名的一位而已。如果沒有吸收此前各國的太史們留下來的記載，他也是不可能寫出《史記》這樣一部千古不朽的著作的。

司馬遷一方面是歷史學家，另一方面，他有很高的文學水準，將其強烈的個人情感投注到他所描寫的人物身上，就正面的影響來講，他的《史記》既是偉大的史學著作，也是傑出的文學作品，敘事曲折離奇，人物形象生動，有非常大的吸引力，而且具有鮮明的個人情感，魯迅就稱頌《史記》爲「史家之絕唱，無韻之離騷」（《漢文學史綱要》）。但是從負面的影響來說，在過於追求文學化的情況下，往往就會偏離歷史的事實。因爲添加個人的感情以後，實際上就把孔子作《春秋》時「明邪正，別善惡」的目的又往前推了一步。書寫歷史之前，史家心中就懷有這樣的目的，這對於客觀敘述歷史未必有利。因爲個人的情感畢竟是有局限的，誰也不能保證情感不受蒙蔽和濫用。從嚴格的歷史要求來講，要拋棄一切主觀成見，盡可能客觀地記述。雖然這一要求實際未必能做到，但至少主觀上應該有這樣一個出發點。否則個人的情感摻入了歷史寫作，以爲自己就是歷史功罪的終極裁決者，無疑就會嚴重影響史書的客觀眞實。

魏收撰寫的《魏書》就是一個突出的教訓。據《北齊書．魏收傳》的記載，魏收撰寫《魏書》時，「夙有怨者，多沒其善。每言：『何物小子，敢共魏收作色，舉之則使上天，按之當使入地。』」（以往與他有怨的，往往不記載人家的好事。他常常說：「那些人是什麼東西，敢給我魏收臉色看？我抬舉他們可以捧上天，貶斥他們可以打下地。」）因此被當時人攻擊爲藉修史酬恩報怨，貶之爲「穢史」，當然也有人考證北齊去北魏不遠，勳貴子孫想讓其父、祖入史，不能一一得到滿足，便群起而攻之。可能魏收未必眞是要肆意歪曲歷史，但是有一點可以肯定，魏收在撰寫歷史過程中摻雜了過多的個人感情、個人好惡，以致影響到他記載歷史的客觀性。

歷史的文學化傾向並非始於司馬遷，在此之前最典型的例子是前述《左傳》宣公二年（前607）的那條記載，晉靈公對趙盾懷恨在心後，派了一名刺客前去刺殺。刺客潛入府邸時是清晨，看見趙盾將朝服穿戴整齊，準備上朝，因時間尚早，他正坐著閉目養神。刺客見到趙盾對上朝如此恭敬的態度，心裡非常慚愧，覺得殺害國家的忠良，是對國不忠，可是違背晉靈公的命令，又是對君不信，不知怎麼辦才好。這樣反覆思索掙扎之後，實在想不出解決辦法，於是便頭撞槐樹而死。其實這個例子邏輯上很成問題，這個刺客觸槐而死前，趙盾根本毫不知情，等趙盾發現他時，他已經死了，那麼此前的心理活動他又告訴了誰呢？刺客心存愧疚、觸槐而死的說法只是趙盾方面的一面之辭，而且整個故事情節過於離奇，太像小說家言，很難讓人相信是信史。爲什麼不可能是趙盾的衛士發現後把他殺了，然後編造出這種故事來，甚至是刺客正要行刺時突發心肌梗塞而死呢？這都是完全可能的事情。如果此人活著回去報告，說我看到趙盾對國家忠心耿耿，不忍心下手，這倒還可以相信，但他當時就死了，又沒有第三者可以作證，我們憑什麼相信趙盾方面的一面之辭？但是這樣的故事大家卻覺得很合理，因爲符合民眾對於善惡忠奸的價值判斷標準，迎合了老百姓普遍的心態，認爲忠臣的道德力量足以感化一個冷酷無情的殺手，所以這個故事就千古一律，很少有人去懷疑其眞實性。

這樣的例子《史記》裡更多，司馬遷經常會記載他沒有經歷過的事情，也不提供史料的依據，讓人不得不懷疑其記錄的眞實性。比如《史記．魏公子列傳》中記隱士侯嬴和信陵君密謀竊虎符救趙之事，事後侯嬴爲報答信陵君的知遇之恩，隨即自刎而死，那麼司馬遷是如何知道兩個人私下在密室中的談話內容的，又如何能將他們之間的對話栩栩如生地描繪出來？白居易的〈長恨歌〉中記述唐玄宗和楊玉環之間在長生殿的對話，且稱是「夜半無人私語時」，也會給人以類似的疑問，但文學作品允許合理的想像和虛構，而史學作品就不能如此隨意。

《史記》中還有的話讀起來極具文學色彩，但恰恰最重要的時間、數字、細節都成問題。《史記》在記述史事時，常有追溯前事的插敘，通常以「初，……」開頭，追溯幾年，甚至幾十年前的事情，後世史書紛紛仿效。這「初」到底是什麼時候，可能司馬遷當時明明知道，但他僅僅爲了文辭統一而略去，卻導致後世永遠也搞不清楚這些年代。《史記·貨殖列傳》中有一段相當著名的話，原文爲：「故關中之地，於天下三分之一，而人眾不過什三，然量其富，什居其六。」班固的《漢書·地理志》亦採此說，後世學者多深信不疑，作爲研究秦漢關中經濟地位的第一手材料而頻繁引用。其實，三分之一也罷，十分之三或十分之六也罷，都只是一種文學化的語言，並不是建立在確切的數量基礎上的。而且，有充分的證據表明，這些數字離事實相距甚遠。按照秦末漢初的疆域推算，關中占全國的三分之一尚大致符合，但人口的差距就非常大。據我在《西漢人口地理》（人民出版社，1986）一書中的估計，元始二年（2），整個三輔、涼州、益州（已超過關中範圍）的人口占全國總數不足17％，更何況該數字與司馬遷或此前時代相比，因有人口大批遷入，應該已有所提高。至於財富要占天下的十分之六，就更沒有數量依據了。關中的富人雖多，也不過集中在三輔，數量畢竟有限。而在農業社會中，主要的財富離不開土地和糧食，國家的收入也主要來自農業生產。西漢時關東的人口長期占總數的70％左右，在糧食自給情況下，每年至少向關中輸出四百萬石，由此可以肯定，當時的財富當然主要集中在關東，而絕不會在關中。

不過，司馬遷畢竟是一位史學大家，儘管由於《史記》中的文學傾向導致這樣那樣的失誤，但他在總體上還是把握好的。但漢末以降，駢文大興，講求對偶，注重辭藻，以致史學作品也受到這方面的影響，「其爲文也，大抵編字不隻，捶句皆雙；修短取均，奇偶相配。故應以一言蔽者，輒足爲二言；應以三句成文者，必分爲四句。彌漫重遝，不知所裁。」（他們寫文章時，一般都成文不用單數字，造句必定要成雙，句子要長短均衡，奇數偶數相配。所以本來一個字說得清的，動不動加為兩個；應該以三個句子成文的，必定會分成四句。轉彎抹角，重複拖遝，不知道如何刪節。劉知幾《史通·敘事》）這種將史學文學化，重描述、輕計量的傾向，給中國史學發展帶來了無法估量的損失。講到災荒或戰爭，都說「十室九空」，是不是眞的人口損失了90％呢？其餘如「赤地千里」、「損失過半」等等，也都是一種文學化的套語，誰要照這些說法去作計量，那只會受騙上當。

司馬遷之後的史官，也都是懷著一種歷史使命感來完成史書的編纂工作的。東漢的蔡邕，因爲董卓當年對他有知遇之恩，在董卓被王允誅殺後，伏屍痛哭，魯迅譽之爲中國歷史上少有的敢於「撫哭叛徒的弔客」（〈這個與那個〉，見《華蓋集》），結果被王允視爲董卓同黨而處死。蔡邕在臨刑前請求王允不要殺他，願意以黥首刖足（在面上刺字、砍去雙腳）的肉刑代替，以便讓他把已付出二十餘年心血的《漢史》完成。在現在某些人看來，這或許只是蔡邕想活命的藉口，但實際並非如此。早在蔡邕下獄之初，就有很多人紛紛來勸說王允不要殺他，殺了他漢朝的歷史就要中斷了。因爲史書的編纂有很強的專業性，不是一般人能夠勝任的，但王允固執己見，以致造成文化史上無法挽回的損失。

東漢以後，一方面專業的史官繼續存在，另一方面，隨著文化的普及，除了天文曆法仍爲政府所壟斷以外，其他專業知識已下逮於一般社會平民，故而私人修史大量湧現，史官的地位慢慢降低。史官從歷史修撰的壟斷者降爲管理歷史資料、檔案的小官僚。特別是從班固開了先例以後，歷朝歷代多是挑選文辭優美的文人來編撰歷史，像劉宋的范曄（《後漢書》）、梁代的沈約（《宋書》）、蕭子顯（《南齊書》）、宋代的歐陽修（《新唐書》、《新五代史》）、明代的宋濂（《元史》）都是著名文人，甚至文壇領袖，而非專職的史官。史官的作用只是撰寫起居注、實錄等，爲修史者提供資料。

3.4《資治通鑑》：歷史的「資治」作用

北宋元豐七年（1084）十一月，經過近十九年的努力，司馬光和他的助手們終於完成了一部長達三百五十四卷的歷史巨著。在呈報給皇帝的表文中，司馬光希望這部書能使皇帝「鑑前世之興衰，考當今之得失，嘉善矜惡，取是捨非，足以懋稽古之盛德，躋無前之至治，俾四海群生，咸蒙其福」（以前朝的興盛和衰落作為借鑑，考察當今政治的得失，嘉獎善事，懲處惡行，堅持正確，拋棄錯誤，那就足以發揚古代的盛德，達到前所未有的最高水準的治理，使四海的百姓都獲得幸福）。宋神宗以其「鑑於往事，有資於治道」，命名爲《資治通鑑》（**圖3.4**）。

可是，不久繼位的哲宗和以後的徽宗辜負了司馬光的苦心，並沒有吸取這部書中所提供的歷史經驗和教訓，更沒有贏得「稽古之盛德」和「無前之至治」。在《資治通鑑》問世四十二年後，金朝大軍兵臨開封，宋朝失去了半壁江山，徽宗和他的兒子欽宗都當了俘虜，「四海群生」遭遇的不是福，而是無窮的禍。但《資治通鑑》的價值並沒有隨著北宋的覆滅而喪失，相反，隨著時間的推移，越來越受到歷代統治者的重視。

如果說此前中國歷史的傳統只是不自覺地把歷史作爲統治

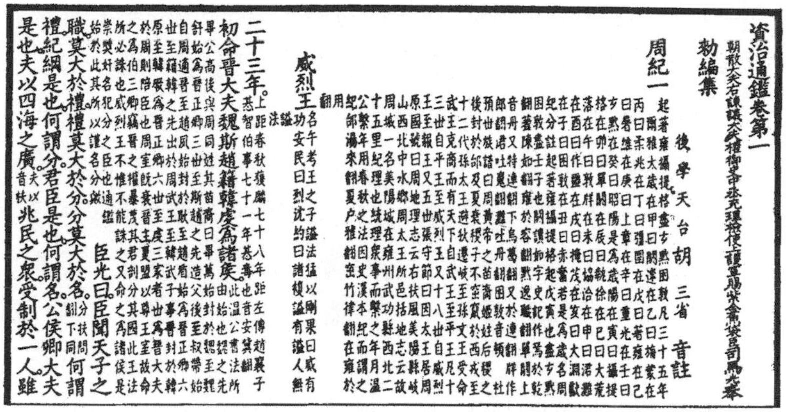
資治通鑑卷第一
朝散大夫右諫議大夫權御史中丞充理檢使上護軍賜紫金魚袋臣司馬光奉
勑編集
後學天台胡三省音註
周紀一
威烈王
二十三年
初命晉大夫魏斯、趙籍、韓虔為諸侯。
臣光曰：臣聞天子之職莫大於禮，禮莫大於分，分莫大於名。何謂禮？紀綱是也。何謂分？君臣是也。何謂名？公、侯、卿、大夫是也。夫以四海之廣，兆民之衆，受制於一人，雖

圖3.4 《資治通鑑》書影，清胡克家據元刊本翻刻

的借鑑，那麼到了司馬光寫《資治通鑑》，就把歷史的地位提高到了極點。這倒並非是司馬光以前沒有人具有這種意識，只是司馬光比較自覺地意識到了這一點，並在其撰寫的過程中得以體現。《資治通鑑》緊緊圍繞「資治」這一中心取材，「專取關國家盛衰，繫生民休戚，善可爲法，惡可爲戒者，爲編年一書」（專門挑選事關國家興衰，與百姓利益密切相關，可以樹為榜樣的好事，應該當作警戒的惡行，編成《編年》一書），突出歷史對政治的作用。甚至一個簡單的時間起迄，也要賦予特別的政治涵義。

相傳孔子作《春秋》，之所以終筆於魯哀公十四年（前481），是由於該年春哀公狩獵時捕獲一頭麒麟，當時認爲麒麟是一種極罕見的祥瑞，是聖王出現的標誌，孔子認爲其時周王室衰微，君臣之道淪喪，不應該出現這樣的祥瑞，故而終筆於此。而《資治通鑑》是秉承《春秋》的歷史精神而撰寫的，但在時間上並沒有緊接《春秋》，而是從相距七十八年的周威烈王

二十三年（前403）寫起，司馬光就有其特別的用意。西元前453年，原晉國大夫魏斯、趙籍、韓虔三家瓜分了晉國，周天子非但不能加以制裁，反而被迫接受既定事實，於前403年封他們爲諸侯，君臣名分從此大亂。這裡值得注意的是，司馬光此處並未以西元前453年的「三家分晉」爲起點，而將周天子立三晉大夫爲諸侯之年作爲《通鑑》的開端，是別有深意的。司馬光以「臣光曰」的形式，對此事有長篇的議論，這是全書第一篇史論，開宗明義，鮮明地表達作者的政治態度。他強調君臣名分就像天尊地卑那樣不可改變，只要名分尚存，國家就不會滅亡。而周威烈王自壞綱紀，才最終導致了周朝的衰亡。正如元胡三省爲《通鑑》所作注釋所言：「《通鑑》始於此，其所以謹名分歟！」《通鑑》敘事終於五代，一方面是以下便涉及本朝，他不便發表自己的意見，另一方面，也有極深刻的現實意義。唐末五代，天子大權旁落，藩鎮軍閥擁兵自重，連北宋開國皇帝趙匡胤自己，也是以後周殿前都點檢的身分，發動陳橋兵變，迫使恭帝遜位而繼帝位的。故而宋建國後，吸取這一歷史教訓，採取一系列措施防止將領擁兵自重，加強中央集權。司馬光於五代終筆，正可與開篇三家分晉相呼應。

透過《資治通鑑》的寫作實踐，中國歷史的泛政治化傾向，就更加程式化、理論化，並形成一種固定的傳統。此後，所有的史書都是以「資治」爲中心，只能根據政治統治的實際需要來取捨史料、解釋史料，按照統治者所認可的價值評判標準來撰寫歷史，歷史的唯一作用就是爲統治者總結經驗、提供教訓，歷史學從此成爲專制王權的附庸。顧准對此曾有過極精闢的評論，他說：「所謂史官文化者，以政治權威爲無上權威，使文化從屬於政治權威，絕對不得涉及超過政治權威的宇宙與其他問題的這種文化之謂也。」(〈希臘思想、基督教和中國的史官文化〉,《顧准文集》,貴州人民出版社,1994)所以,古代史書裡所要總結的「道」,都是縱橫捭闔之術、駕馭臣下之道,而非探討自然規律、社會規律。顧准由此出發,指出中國傳統社會落後的必然性,確實值得深思。

3.5 古爲今用

直到今天,我們依然重視《資治通鑑》一類的歷史著作,其中一個重要的原因,是它們不僅給人們提供了歷史事實,而且明確地表達了作者對歷史的看法和他所總結的歷史經驗,可以爲今天所用。當然今天我們常常討論的「古爲今用」,應該遠比司馬光時代更廣泛,不再局限於政治一方面,其他如經濟、文化、教育、科技、軍事等等都可以,服務的對象也不再是一小部分統治者,而是今天的各色人等。由於時代不同,我們不會完全同意他們的見解,或者只能將他們的看法作爲批判的對象,但是有一點,即後人都可以從歷史中獲得教益卻是不變的。

從這個意義上而言,歷史的「古爲今用」本身沒有錯,對於一般的非專業人員,沒有必要去了解和學習對其毫無意義的資訊,除非他自己有濃厚的興趣,在了解和學習的過程中可以帶來精神愉悅,當然這也算另一種實際功用。而大部分的青少年,包括中小學生、非歷史學及相關專業的大學生,他們學歷史只是增加知識、滿足興趣、陶冶性情,既沒有必要,也不應該讓他們把時間化在非常瑣碎的歷史細節和有重大爭議問題的討論上，只要告訴他們一些基本史實或學術界公認的觀點就可以了。

但是我們應該注意，「古爲今用」這個口號不是爲歷史學家的工作提出的目標。「古爲今用」追求的是現今的實際效果，一旦歷史學家將歷史研究的目的局限於此，單純爲了「古爲今用」而進行研究，那就非常危險了。

「古爲今用」中的「用」本身是一種價值判斷，並不是絕對客觀的，隨著主體的不同會發生轉變。同樣的事實和觀念，對於這一部分人來講極具價值，對那一部分人就可能毫無意義。既然某一事物究竟有沒有「用」，不同的人會有截然不同的判斷，那麼歷史學家應該根據誰的標準來判斷呢？如果歷史研究唯一的目的就是古爲今用，那麼在研究之前首先必須確定研究命題的有用與否。但是，在進行研究以前是很難正確判斷哪個命題有用，或一個命題的哪一方面的實際功用更大。而且，隨著人的認識與社會需要的變化，有用和無用也完全是相對的。從來沒有絕對的有用，也沒有絕對的無用。敦煌文獻在發現之初，大陸收藏家注意的多是書法優美的手書經卷（圖3.5.1），對帳冊、契約（圖3.5.2）一類不屑一顧。當年敦煌文獻自甘肅運往北京的途中，沿途官員紛紛盜取，都是挑選這類經卷。而今天人們無疑早已意識到，後者對於歷史學研究具有更大的價值。又如中國的道教有外丹黃白術，即用丹砂（硫化汞[HgS]）和賤金屬煉製黃金（煉製而成的實爲黃色的氧化汞[HgO]、氧化鉛[PbO]或硫化錫[SnS_2]等），又由黃金萬世不朽，推論服食金丹能夠使人軀體不朽，得以享受永生。在今日稍具化學常識的人看來，這種行爲當然是極端愚昧無知的。道藏中常見某人服仙丹白日羽化升天之事，實際上均是汞、砷、鉛等重金屬急性中

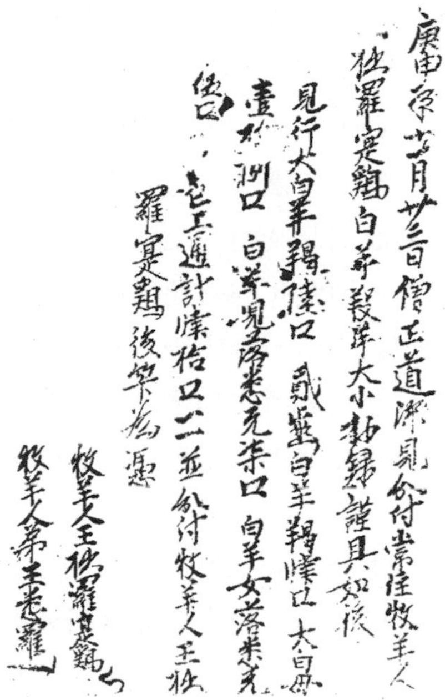

圖3.5.1　俄藏敦煌文書，Φ－32唐人寫本《大般若波羅蜜多經》

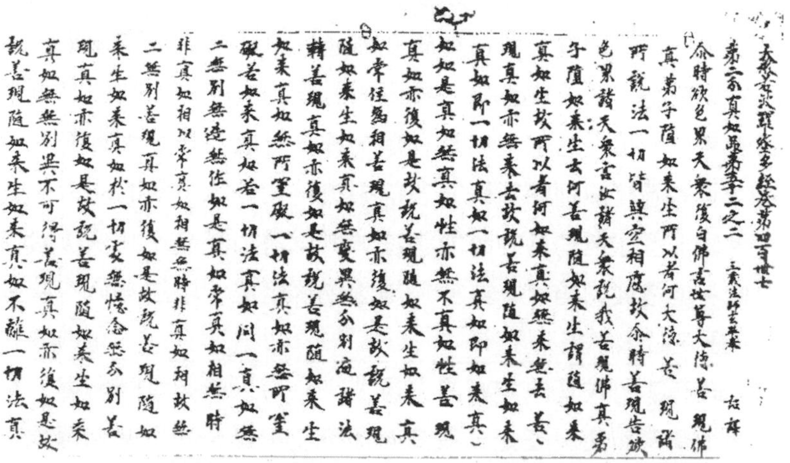

圖3.5.2　俄藏敦煌文書，Πx－1424唐代敦煌寺院牧羊契

毒而導致的迅速死亡。但英國著名的科學史家李約瑟博士（Dr. Joseph Needham）在其巨著《中國科學技術史》（*Science and Civilisation in China*，直譯爲《中國的科學與文明》）中，就對道士煉丹活動給予了高度評價，認爲中國的煉丹術透過阿拉伯人傳到西方世界，發展爲煉金術，成爲近代化學的起源。在歐洲歷史上產生了翻天覆地變化的火藥，也是中國道士在煉丹過程中偶然發明的。因此，對於專業研究者而言，絕對的無用幾乎是不存在的，只是個人的選擇或興趣愛好的差異。有些研究的價值要很長時間以後才能顯示出來，或者同樣的內容對不同的人會有不同的價值。

如果我們一味片面強調「古爲今用」，將是否符合現實需要作爲評判歷史研究價值的唯一標準，歷史研究就會變成爲某些利益集團或觀念服務的工具。我一直主張，應該把歷史研究和歷史運用區分開來。現在很多人往往習慣於用歷史運用者的目的來要求歷史研究者，這是完全錯誤的。其實歷史的研究不應當存在有用與否的問題，即便有一些研究，在可預見的將來確實找不到實際用處，但這種研究的過程可能會形成或驗證一種歷史研究的方法，或者是一種邏輯思維的訓練。如某個歷史細節的考證、某人的生卒年月一類，本身可能並無多大意義，但是考證的過程卻訓練了研究者挖掘史料、分析史料的能力。就像足球、籃球運動員的體能訓練，可以增加體能、訓練靈活性一樣。但這樣的題目，對於只是想了解歷史、增加知識的非專業人員，就未必需要了。

政府部門或其他非專業人員，完全可以根據實際所需，有取捨地學習和使用歷史，我們同樣不能用專業的標準來苛求非專業人士。「古爲今用」對於將歷史作爲一種工具運用的人來講並沒有錯。一位歷史教師，不可能，也沒有必要把歷史研究的全部內容傳授給學生，尤其是目前尚有很大爭議的問題，對缺乏分析判斷能力的中小學生而言，反而容易引起思想混亂，當然就應該選擇最合適、最重要的內容傳授給他們。了解某個人的歷史、某個地區的歷史，也同樣應該根據受眾的需要，把最具代表性的內容告訴他們。這個時候，歷史運用者透過其主觀意識選擇、剪裁史料就不可避免了。比如在某人的悼詞中可以不提他生前的某些過失或錯誤，但在寫他的傳記或對他作全面研究時就無法避免。如果介紹一座城市的發展史，而對方只有五分鐘的時間，就只能把最重要、最恰當的內容告訴他；如果有五十分鐘的時間，就可以增加一些細節，甚至不妨告訴他研究中存在的空白和爭議；如果對方是中小學生，那就要多講述一些正面內容，而可以不提這個城市發展過程中的教訓；但如果對方是個大學生，那就可以多講一些爭議和失誤等方面的內容。

古今中外，任何一個國家、社會都會根據現實需要對歷史加以取捨利用，這並非中國特有的現象。試想當美國總統接待來訪的英國君主，在談及兩國交往的歷史時，是不是一定要從獨立戰爭講起，是不是一定要講當時如何反抗英國殖民者的鬥爭呢？那就不一定了。一定要提到時，大概也是一語帶過。這種選擇任何時候都是需要的、不可避免的，但這樣做，並不等於否認這段歷史的存在。在研究美國和英國的關係史，或者研究美國獨立戰爭史時，無論是美國的歷史學家，還是英國的歷史學家，都必須尊重歷史事實，才能作出正確的結論。

當前對待歷史最大的弊病，就是混淆了研究歷史與運用歷史之間的界限，脫離歷史事實，一味強調古爲今用，採取實用主義的態度。影射史學就是這種弊病的產物。

3.6 影射史學及其遺風

我們常把歷史比作一面鏡子，則歷史研究者的工作，就是擦去蒙在鏡子上的灰塵，使鏡子更加光潔，使鏡中的影像盡可能與歷史事實一致。至於旁人要從這影像中讀出什麼微言大義來，與研究者是毫不相干的。而文革中流行所謂「影射史學」，就完全不同了。爲了使影像符合自己預先設定的形象，就在鏡子上抹上顏色，或者破壞鏡子的平面，使人們照不到自己的原貌。「古爲今用」和「影射史學」的差別就在這個地方。

正確的古爲今用，只是在歷史所能提供的範圍裡，做一些主觀的選擇，對歷史事實進行取捨，但絕不會歪曲、篡改既定的事實。像司馬光在寫作《資治通鑑》時，發現原始記載互爲抵牾，便另撰《資治通鑑考異》三十卷，詳加辨析，說明取捨的理由。對於異說，也記於《考異》一書中，以備後人查考。而影射史學，則是先入爲主，帶著自己的目的去尋找甚至製造對自己有利的「史實」，對於不利於自己的材料，要麼絕口不提，要麼歪曲篡改，用自己的目標來重新「創造」歷史。這樣，歷史就眞的成了「任人打扮的小姑娘」（胡適語）了。

「文化大革命」中，四人幫及其御用文人憑空捏造歷史上所謂「儒、法兩條路線的鬥爭」，無限地拔高法家，貶低儒家，凡是法家都是愛國的，儒家都是賣國的；法家都是維護統一的，儒家都是主張分裂的；法家愛護勞動人民，儒家主張殘酷鎮壓等等。並且由此將歷史上一切政治鬥爭，乃至文學流派上的分歧都歸結爲這兩條路線的鬥爭，甚至連李商隱的無題詩也成了「法家作品」。

在他們的筆下，中國歷史上每一個時代的興亡，從先秦一直到明清，都要套用儒法鬥爭的公式。爲了符合他們的定義，便將秦始皇塑造爲人民利益的代表，是傑出的法家，而趙高則是儒家路線的執行者，篡奪了領導權，妄圖復辟奴隸制，這才引發了秦末農民起義。儒法鬥爭貫穿中國歷史，不僅繼續到現在，還要影響到將來。

江青當年大肆吹捧的所謂奴隸起義領袖「盜蹠」就完全是虛構的產物。盜蹠最早見於《莊子》一書，該書〈盜蹠〉篇記載盜蹠當面痛斥孔子，稱所謂「聖人才士」不過是「矯言僞行，以迷惑天下之主，而欲求富貴焉」，並歷數儒家稱頌的堯、舜、禹、周文王、武王等古代聖王的罪行，稱「其行乃甚可羞也」。這當然只是莊子假托的用來諷刺儒家的寓言，因爲其中似是而非的內容與自相矛盾之處很多。比如其中說：「孔子與柳下季爲友。柳下季之弟，名曰盜蹠。」根據《國語．魯語上》，柳下季即柳下惠，柳下是他的封邑，惠是死後的諡號，他是魯莊公、僖公時人，距孔子出生至少也有一百餘年，根本不可能與孔子爲友。而且，根據周代制度，貴族男子排行最末的名季，那柳下季怎麼會還有個弟弟呢？即便他眞有一個弟弟，在宗法制度嚴格的周代社會，再怎麼落魄也不可能淪落到去做奴隸的地步的。所以盜蹠是否確有其人還是個問題，四人幫的御用歷史學家，出於「評法批儒」的需要，非但把這個寓言中虛構的人物肯定，而且編造了很多根本不存在的事蹟出來。1974年開始，大陸掀起一場研究和調查盜蹠的熱潮，各地找出來的盜蹠活動地竟然達幾十處之多，譚其驤先生就說過：「人都不知道在哪兒呢，怎麼會有遺跡？」

用這種方法來研究歷史，其唯一的現實目的便是打擊政治對手。凡是不符合他們的路線的，就扣上一頂「當代大儒」的帽子。眾所周知，文革後期，「批周公」、「批宰相」就是用來針對周恩來的。為了將儒家與宰相聯繫起來，便杜撰出孔子曾當過魯國的代理宰相，一上台便要復辟奴隸制。其實，孔子從未當過宰相，《左傳》定公十年（前500）記載，該年夏，定公在夾谷會見齊侯，「孔丘相」。據晉杜預的注釋，所謂相即相禮，主管兩君相會的禮儀，根本與後世的宰相無關。《孟子·告子下》也記載：「孔子為魯司寇，不用，從而祭，燔肉不至，不稅冕而行。」（孔子擔任魯國的司寇，不被重用。當他跟隨國君去參加祭祀時，祭肉卻沒有送到，孔子連官帽也沒脫就走了。）可見孔子在魯國所當的不過一主管祭祀並無實權的司寇而已。《史記》中稱孔子由「大司寇行攝相事」，經清代學者梁玉繩、崔述等人考證，「大司寇」的「大」字為司馬遷妄加。所謂「攝相事」，所指也不過是代替魯國權臣季氏為定公的相禮而已，相當於後世所謂的「司儀」。說孔子要復辟奴隸制，也同樣沒有任何證據。孔子只是針對春秋時期周天子大權旁落於諸侯，諸侯權力又盡在大夫的普遍狀況深感不滿，提出要「克己復禮」，恢復「禮樂征伐自天子出」的狀況，與奴隸制並無直接的關係。而且，《孟子·梁惠王上》記孔子說：「始作俑者，其無後乎！」表明孔子是堅決反對人殉的。

影射史學不是中國才有，也不是到了「文化大革命」才有，古今中外歪曲歷史的情況歷來都存在，只不過到了「文化大革命」把它推到了極致。古代同樣也存在影射史學，有些文人對現行的政策、方針不滿，但當時沒有言論自由，不存在直接表達不同觀點的途徑，只有透過影射歷史來發洩自己對現實的不滿。清朝建國之初，大量明末遺民紛紛投入反清復明的行列。等到清朝統治基本穩固，武力推翻其統治已不切實際時，在政治高壓下，這些遺民中的詩人文士只能在其著述中以隱諱的方式，諸如引用孔孟之語強調「夷夏之別」、以「身體髮膚受之父母」來反對薙髮、用「明朝」（ㄓㄠ）暗指「明朝」（ㄔㄠˊ）等等，來表達反清排滿思想。清初最著名的文字獄之一莊廷鑨《明史》案，株連甚廣，使很多無辜者慘遭殺戮。但莊氏編修的《明史》不用清朝年號，只用南明年號，其傾向性也很明顯。不過另一方面，還有很多純屬統治者神經過敏。本來很平常的一句話，無端地就被指爲影射攻擊。像乾隆年間的王錫侯《字貫》案，王錫侯僅因在所編字典的凡例中列出康熙、雍正和乾隆的名字，便被指爲「大逆不法，爲從來未有之事，罪不容誅」。其實該書中列舉皇帝姓名，作者本意是爲提醒不知者避諱，卻因此丟了腦袋，並株連親族，實在太冤枉了。文字獄中最荒唐的要算馮起炎呈詞案，馮是山西臨汾縣生員，父母早亡，以教書爲業，因家貧年已三十還未娶妻。他看上兩個姨表妹，又無力迎娶，竟然異想天開，做起「奉旨完婚」的美夢，投書乾隆，要皇帝爲他做媒。呈詞中這一段非常可笑：「（臣）嘗到臣張三姨母家，見一女可娶而恨力不足以辦此。……又到臣杜五姨母家，見一女可娶而恨力不足以辦此。……若以陛下之力差幹員一人，選快馬一匹，克日長驅到臨邑，問彼臨邑之地方官：其東關春牛廠長興號中果有張守汴一人否？誠如是也，則此事諧矣。再問東城關市口瑞生號中果有杜月一人否？誠如是也，則此事諧矣。二事諧則臣之願畢矣。」被指爲「色令智昏」，「意欲上瀆天聰，此光天化日之下，膽敢狂悖至此，實屬目無法紀」(乾隆四十八年直隸總督袁守侗奏摺),被流放黑龍江給披甲人爲奴,那就更是莫名其妙了。

影射史學的致命缺陷在於,歷史是不斷發展變化的,絕對的重複是不存在的,影射史學表達的實際上是一種歷史循環論的觀點,將過去的史實和今天的現實掛起鉤來,把古人和今人做極不恰當的比附,而看不到現實絕非過去的循環或重複,因爲時間、地點和條件都發生了改變。影射史學本身實際上是專制政治下,學術泛政治化後歷史成爲政治附庸的產物;或者是在政治高壓下,不存在充分的言論自由,不得不掩蓋自己的眞實思想,才使用這種辦法。影射史學不是中國歷史學一個好的傳統。

影射史學的時代當然已經過去,但時至今日,有些人還是習慣於在歷史和現實之間作不恰當的比附,甚至爲了現實的需要歪曲歷史。在他們的眼中,似乎今天的一切都可以在歷史中尋找到對應的部分。例如,對改革開放以來的新氣象、新進步,往往要用古代的清官、好皇帝、改革家來比附。其實,歷史上除了確實存在過屈指可數的幾位清官、好皇帝(且不說其中不乏某些好事者製造的假象)以外,君主專制體制下造就更多的只能是暴虐殘忍的帝王和貪贓枉法的官僚。不依賴於制度的創新,而寄希望於抽象的個人道德,是極其危險的。

明朝和清朝前期,地方官員根本沒有辦公經費,而按照慣例,幕僚、隨從的報酬等卻都得在官員自己的俸祿中支付,而俸祿又低得出奇,所以官員們依靠正常的俸祿根本無法過上舒適的生活,低級官員更連養家活口都有困難。現在家喻戶曉的清官海瑞(圖3.6),生前的最後二年多任南京右都御史,其俸祿已經是明朝政府高級官員中第三位的高薪,卻只有七百三十

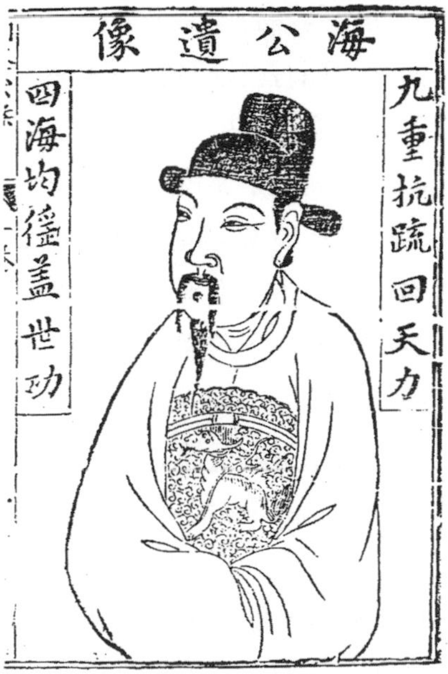

圖3.6　海瑞像，採自明刊本《海剛峰先生居官公案》

海瑞（1514-1587），字汝賢，號剛峰，廣東瓊山（今屬海南）人。嘉靖四十三年（1564）上〈治安疏〉，指斥明世宗君道不正，下獄論死，隆慶後復出。

二石（年俸），而相當多的下屬要由他支付薪水。他自己連子女都沒有，生活又極端節約，以至他買兩斤肉爲母親祝壽，也會引起總督胡宗憲的驚奇。海瑞死時僅留下白銀二十兩，尚不夠殮葬的費用，可見官員們靠正常收入是無法維持生活的。有的皇帝還委任一些只有空銜不支俸祿的地方官，聽任他們去「自負盈虧」，這樣就造成了無官不貪的局面。

如果用從政實績來評判，海瑞不過是個一般的清官，對明朝的政治、經濟和社會並沒有很大的影響，而在很大程度上只是一個道德的典範。平心而論，海瑞的廉潔自律，確實值得敬仰，但用如此崇高的道德規範來要求每一個官員，根本是不可能做到的。所以儘管海瑞有良好的主觀願望，他的措施和建設卻往往是不現實的。如海瑞曾向皇帝建議恢復明太祖時的懲貪法律，即貪贓枉法所得滿八十貫錢即處絞刑，更嚴重的要剝皮實草，不僅「議者以爲非」，就是皇帝也覺得太過分。顯然要讓一般官員這樣嚴格地遵守本來就不合理的俸祿制度，既不合情理，也是完全不可能的。明朝的權臣和太監迫害政敵或清流常用的手段就是給對方栽上「貪贓」、「受賄」的罪名，這固然出於誣陷，但也說明當時像海瑞這樣的官員實在太少，就是清流們也未能免俗，要說他們貪污再容易不過。在幾乎無官不貪的情況下，如果眞的要實施明太祖時的法律，大概除了海瑞本人以外，人人都夠得上處絞刑的資格，剝皮的劊子手恐怕會供不應求。故而《明史·海瑞傳》說他「意主於利民，而行事不能無偏」，確是公允的評價。道德的榜樣和嚴刑峻法都不是萬能的，解決社會矛盾還得有切實可行的辦法，尤其是要注意消除產生這些矛盾的根源。崇高的道德典範不具有普遍意義，一旦要用它來要求社會中每一個人，只會造成更多的僞君子和兩面派。只有依靠合理的制度，用人人都可能遵守的規範來制約，才是唯一可行的出路。而在專制社會，這種制度的創新是難於完成的。海瑞一直沒有認識到這一點，這是造成他悲劇結果的眞正原因。

現在有些人抬高海瑞，將他樹爲清官的典型，不惜將其神化。海瑞是宋明理學的堅定信仰者和實踐者，在這點上，他確實是表裡如一的，但其行事往往極端偏激而毫不近人情。明姚叔祥曾記載，海瑞年僅五歲的女兒，僅僅因爲從男性家僮手中接了一塊餅吃，便被海瑞認爲犯了「男女授受不親」的大防，強逼其自行餓死。在當時，記述者是爲了稱頌「非忠介（海瑞諡忠介）不生此女」（《見只編》卷上），今天讀來，只能覺得可怕，無怪乎周作人要痛詆其「實即是酷吏」，「豈不將如戴東原（戴震字東原）所云以理殺人乎」！（〈記海瑞印文〉，《書房一角》，河北教育出版社，2002）。

本來，「海瑞現象」出現在專制社會是很正常的，但由於影射史學非要把它比附現實，所以只能推出一個經過他們歪曲的海瑞形象，以達到他們以古喻今，借古諷今的目的。張中行先生曾針對近年來媒體大力頌揚歷史上清官的現象指出其「問題在於，如果這位好官不來，小民的幸福和安全，保障在哪裡呢？……歌頌包公，歌頌海瑞，無論從事實說還是就思想說，都是可悲的，因爲看前台，是小民的有告，看後台，是小民的無告。」歌頌清官「追問本質，是乞憐，表現的形式是磕頭。我們現在標榜民主，乞憐與民主是背道而馳的。如果民眞能主，眞依法而治，官好不好就關係不大，因爲不管你心地如何，總不能不依法辦事，否則民有力量讓你下台，法有力量讓你走進牢房。所以再推而論之，頌揚好官就正好表示，民未能主，法未能治。」（〈月是異邦明〉，《讀書》，1992，期9）說得實在是一針見血，發人深省。

當前影射史學遺風的另一種表現，是強調所謂「歷史要爲現實服務」，特別是要爲地方經濟建設服務。近十幾年來，各地爭奪名人誕生地、活動地、重大事件發生地，以及不顧既定的歷史事實，一味爲祖宗翻案等事件頻頻發生，其實這些有爭議的問題，有的本來是早有定論的，有的根據現存的史料是無法作出明確判斷的。比如西施的故里到底在哪裡？浙江的諸暨和蕭山爭得頭破血流，漫畫家華君武先生爲此還畫過一幅漫畫，登在《浙江日報》上，漫畫中東施也來湊熱鬧，讓兩個人不要再打，乾脆我們兩人一家分一個好了。其實諸暨和蕭山兩縣毗鄰，歷史上又長期同屬會稽郡，縣界可能有所變動，西施居住的那個村的原址，哪裡還弄得清楚？更何況西施其人不見於《春秋》、《左傳》、《史記》等史書記載，而記於《管子》、《莊子》以及東漢的《越絕書》和《吳越春秋》，究竟只是小說家言抑或實有其人，還是個疑問。今天兩地所存的西施古蹟，多爲後人附會，不可能是春秋遺跡，顯然不能當眞。再如對孫武的故里，先秦古籍並無記載，《史記》只說「孫子武者，齊人也」，語焉不詳。現在山東的惠民、博興和廣饒三地都在爭，其實這三說都是以《新唐書．宰相世系表》所載孫武祖父孫書「食采於樂安」爲依據的。而《新唐書》的史料，又來源於唐元和年間（806-820）所編的《元和姓纂》。有人認爲該書中的「樂安」指唐樂安郡，有人認爲指漢樂安縣，有人認爲指先秦齊國樂安邑，一時眾說紛紜。且不說孫書的采邑是否一定爲孫武的出生地，《元和姓纂》中所列郡望名稱，既有郡名，又有縣名，既有唐代地名，又有前代地名，三派學者按各自理解來解釋這段史料，爭來爭去爭不出個結果來。這種情況下，即便超脫的歷史學家也很難作出判斷。

也有的史實本來是很明白的，如諸葛亮躬耕地在今天的湖北襄陽，東漢末屬於南陽郡鄧縣，是南陽郡下轄的三十七個縣之一，這一點，東晉習鑿齒的《漢晉春秋》記載得很清楚：「亮家於南陽之鄧縣，在襄陽城西二十里，號曰隆中」（《三國志．諸葛亮傳》裴松之注引），當時是劉表的統治區。而今天的河南南陽東漢末雖然同屬南陽郡，但從建安四年（199）張繡降曹開始就一直是曹操的控制區，劉備怎麼可能於建安十二年

（207）跑到「敵占區」去三顧茅廬呢？諸葛亮〈出師表〉中稱自己「躬耕於南陽」，只是從當時的郡名而言的。歷史學界對此早已取得了基本一致的意見，但到了1990年《三國演義》特種郵票第二組中的「三顧茅廬」、「隆中對」要確定首發式地點時，襄陽、南陽之爭就白熱化了。如果只是一場學術爭論也就罷了，竟然有人公然在文章中聲稱是爲了「南陽二千萬（原文如此，當作一千餘萬）人民的利益」，既然如此，那還有什麼尊重歷史事實可言？在這種情況下，某些自封或被封的「歷史學家」的「考證」當然不可能是研究歷史，連我們所說的「運用歷史」也談不上。

要說這些人都是無事生非，或者完全是出於私利，或許有欠公允，關鍵問題是他們誤解了歷史的眞正價值。爭名人、爭古蹟、爭「第一」，說到底，都是爲了某一地方或人群的利益，因爲他們都認爲，爭到了這些「歷史資源」就有了地方的知名度，就能夠促進旅遊業的發展或產品的銷售，就能夠引來外資內資，甚至就能夠「衝出亞洲，走向世界」。其實這是誤解了歷史的功能，多數情況下是不能如願以償的。

一個地方的知名度固然離不開歷史，但歷史只是很多因素中的一個，一般情況下並不是決定因素。在今天世界上或國內的各大城市中，完全靠歷史悠久或歷史地位重要而獲得知名度的是極少數。即使是這些城市，也還離不開現實條件。如在中國的七大古都中，安陽建都在杭州之前，年代比杭州久；開封也先於杭州，地位更加重要，但國內外知道杭州的人無疑要比知道開封、安陽的多得多。

歷史當然是一項重要的旅遊資源，在人文景觀中更是如此。但絕大多數旅遊者不是歷史學家、考古學者或專業人員，他們的主要目的是娛樂、休閒，是精神和物質上的享受，要是不具備這樣的條件，即使是再重要的古蹟也不會引來遊客。二十世紀三○、四○年代的敦煌莫高窟可以吸引張大千、常書鴻這樣的畫家、學者，但只有交通改善和設施具備後才會成爲旅遊焦點。今天眞正要產生市場效益，歷史悠久不是決定因素。即便全是假的，只要市場定位準確，也同樣可以吸引大量的客源。像杭州的「宋城」主題公園，全是新建的仿古建築，遊客也源源不絕。而杭州城南鳳凰山麓眞正的南宋皇城遺址卻湮沒於草木之間，到那裡去發思古之幽情的人恐怕沒有幾個。長期無人知曉的四川九寨溝，除了編出一些民間故事外，在漢文史料中找不到什麼記載，但大自然的無窮魅力使它在短短幾年內就名聞世界。

由此我想起了南宋詩人陸游在〈入蜀記〉中記下的一件事：鎭江北固山甘露寺中有一塊「狠石」，相傳劉備與孫權曾圍著這塊石頭商議如何對付曹操。石頭早已不存在了，寺中僧人就隨便放一塊充數。每當遊客圍著石頭撫摩感嘆，大談三國故事時，知情的和尚和小孩都在暗暗發笑。記得前幾年遊甘露寺時也見過這塊「狠石」，從南宋到今天又不知換了幾塊，但這並沒有影響遊客的興致，因爲劉備、孫權到過這裡已經透過小說《三國演義》（不是史書《三國志》）而變得眾人皆知，難道還有必要讓歷史學家或地質學家來證明這塊石頭的眞僞嗎？因爲旅遊畢竟不是歷史教學，就是歷史學家也怎麼可能、又有什麼必要將一切都查考清楚呢？

至於要寓教於樂，激發愛祖國、愛家鄉的崇高感情，這是把太多的附加成分放在歷史上，實際效果並不見得很好。難道愛好歷史、喜歡遊覽名勝古蹟的人裡面就沒有賣國賊了？如果我看到外國的古蹟更加雄偉，難道就激發起我愛外國的感情嗎？要增長歷史知識的話，並不一定非得透過旅遊，花同樣的時間去讀史書，學到的知識肯定比旅遊看到的多。

現在很多地方花那麼多的財力、物力去爭這些所謂的旅遊資源，其實並沒有取得想像中的巨大效益，反而在實際上起了誤導作用。例如關於李自成的結局，清初以來大量公私文獻證明他於順治二年（1645）兵敗退至湖北通山九宮山，被當地民團所殺，這點已得到明史學界大多數學者的公認。而近年來，湖南石門縣一些人僅憑當地流傳的李自成兵敗後遁入空門的傳聞，以及該縣夾山寺奉天玉和尚墓中出土的部分文物，斷言李自成兵敗後禪隱該寺，化名奉天玉，並在幕後秘密指揮餘部「聯明抗清」二十餘年之久。此說一出，海內外報刊、電視紛紛介紹，盛極一時。對此，史學界大多數人均認爲缺乏確鑿的根據。比如墓中出土的一塊鐫刻道符的青磚，有學者破譯出其中含有「闖王陵」三字，成爲李自成歸隱夾山說的鐵證。其實，只要稍具一點宗教知識的人都會知道，這只不過是極常見的道教神符，是舊時喪葬的常用之物，埋於墓中取保佑亡魂升天之意。被某些學者認爲含有「闖王陵」的圖案，在全國各地的墓葬中均有出土。〈奉天大和尚塔銘〉中有一處是脫漏後補刻，又有學者加以發揮，認爲隱喻「補之」，即李自成之姪李過的字，那就簡直是在測字了。而湖南石門縣爲開發這一旅遊資源，違反大陸「文物法」中「不改變文物原狀」的規定，未將奉天玉墓按原狀保存下來，而是投資一千多萬元，仿照明十三陵，將屬省級文物保護單位的夾山寺改建爲宏偉的闖王陵，與湖北通山的闖王陵遙遙相對。可是石門縣不是經濟發達地區，又缺乏相關產業帶動，不像杭州本身就是一個世界著名的旅遊城市，以致遊人寥寥，現在慘澹經營，維持不下去，並沒有獲得預期的經濟效益。這種做法也給當地青少年、學生和缺乏歷史知識的遊客造成錯覺，以爲這裡就是李自成的墓，對通行的說法（包括歷史課本中的內容）產生懷疑，還助長了一種狹隘的地方主義情緒。至於某些學者、文人拿了錢便去美化別人的祖宗，將奸臣證明爲忠臣，漢奸美化爲民族英雄，就已經完全喪失了作爲知識份子的良知了。

近幾年來有人爲了迎合政治，證明中國如何偉大，不斷地發現所謂「世界第一」，把早就被歷史學家批判過的僞史料重新揀出來，把五四運動以來正確的辨僞統統推翻，諸如河圖洛書都是眞的，甚至有人證明是由外星人帶來的；三皇五帝確有其人，不僅有具體的出生，還有世系明確的直系後裔；似乎唯有如此才是愛國主義。這使我們想起了晚清以來的一種潮流，外界傳入中國一種新事物，無論是物質方面的還是精神、制度方面的，總會有人出來證明，中國古已有之，暗示外國人只是拾了中國古人的牙慧，至少是受了中國古人的教化或影響才有的。足球流行時，便有人撰文稱足球實起源於唐宋的「蹴鞠」，二十世紀八〇年代大陸允許股票上市時，又有專家撰文論證股票在中國歷史上早就出現了，進入九〇年代更有學者論證市場經濟中國古而有之，這實在是歷史研究和運用的一種倒退。但是對於熟悉中國歷史的人來說，這類盲目復古、西學中源的論調，不過是晚清或更早的沈渣泛起，在歷史上並不罕見。

還有一些人藉著弘揚中國文化的名義，把《周易》及陰陽學說抬高到了無以復加的地位，似乎成了集科學的大成，成了中國以至世界一切科學的源泉。其實稍懂一點中國歷史的人就不難看出，先秦的學者再偉大，也不可能超越時代的局限，達到現代的科學技術水準。即便有現代科學家學習和運用《周易》或陰陽學說取得了成就，與《周易》或陰陽本身的科學價值是不能混爲一談的。儘管萊布尼茨從中國的八卦得到啓發而發明二進位的故事已經不只一次被指出並非事實，而只是國人一廂情願的誤解，事實不過是萊布尼茨發明二進位之後，從在中國傳教的法國籍傳教士處獲得了宋代邵雍的六十四卦圖，發現可以用他的二進位數字學來解釋，但不少人至今還在津津樂道，以此來證明《周易》的偉大。即便眞有其事，那麼比萊布尼茨對《周易》不知熟悉多少倍、又不知有多少《周易》專家的中國，爲什麼沒有人發明二進位，並進而研製出電腦呢？

3.7 走出廬山

我們還是先從蘇東坡的詩說起吧：「横看成嶺側成峰，遠近高低各不同。不識廬山眞面目，只緣身在此山中。」因爲人在山中，他的視野是有限的，而且由於所處地位和觀察角度的不同，得到的印象也會不同，而且只能是一個局部，難免片面。所以觀察一個大的事物，眼光不能只局限於小範圍內，需要有更加廣闊的視野，這就要保持一定的距離。理論上說距離越遠，視野就越廣。站在紫禁城裡看見的只能是目力所及的一個宮殿，跑到外面，則至少可以看見它的概貌，站在景山頂上就可以看到全貌。對歷史也是一樣的道理。保持一定的時間與空間上的距離就可以擺脫功利的羈絆、政治的束縛和視野的局限，從更廣闊、深入、超脫的角度來觀察和評價歷史。

以前我們總是說，自然科學是沒有階級性的，而人文社會科學有鮮明的階級性。我認為這毫無道理。人文社會科學，包括歷史學，它們本身所揭示的規律、反映的事實，是客觀的、中性的，沒有所謂的「階級性」，這與自然科學並無二致。但對研究的結果如何評價、如何運用就免不了包含價值判斷、政治色彩和個人功利了。所以說，歷史研究完全可以沒有階級性，而歷史運用則必然離不開使用者的立場和利益。如果這些就是階級性的話，歷史運用當然是有階級性的。正因為這樣，對於以探求歷史眞相為己任的歷史研究者而言，就不應該站在一個狹隘的立場上來看待歷史。以前的愛國主義教育總是說我們中國人了解中國史、研究中國史，首先要明確自己是一個中國人，為自己偉大祖國悠久的歷史、燦爛的文化而倍感自豪。如果只是運用歷史，用歷史為現實服務，這當然沒有錯。但如果要做一個歷史研究者，最關心的應當是歷史事實的眞相，而與研究者的國籍無關。否則，如果涉及國家的恥辱、民族的陋習、文化的劣性等，就不必研究、甚至一筆抹殺嗎？即使是最敏感的問題，例如國家之間有爭議的領土歸屬，歷史事實也是客觀存在、無法改變的，無論哪一國的歷史學家，研究出來的結論應該是一致的。所不同的只是如何運用這一事實，如故意忽略或隱瞞某些事實，強調或誇大某些事實，以使自己一方在領土爭端中處於有利地位，贏得外界道義上的支持等，但這早已不是歷史研究，也不是歷史學家的事了。

因此，研究歷史，必須要有大眼光：從縱向看，應該有一個歷史發展的觀念；從橫向看，應該把小範圍的歷史放在大範圍中考察，將中國的歷史放在世界的範圍內來考察。我們以前在研究中往往過分強調自己中國人的身分，強調中國歷史的特殊性，就沒有把中國歷史放在整個歷史時代、整個世界體系中，缺乏全球性的視野，缺乏融會貫通的氣勢，甚至沒有把中國納入亞洲範圍來考察。研究中國史的不知世界史，研究世界史的又不知中國史，研究明清史的不知近代史，研究近代史的又不知明清史，這樣就無法眞正深入地了解中國歷史。

正因爲以前我們很少把中國歷史放在整個世界範圍來考察，到底歷史上的中國在當時的世界處於什麼地位，到現在爲止很多人、包括不少歷史研究者在內其實並不清楚。這樣就逐漸滋長了一種夜郎自大、故步自封的心態，認爲歷史上的中國一直是世界上最先進的國家，只是到了近代遭受西方列強入侵才落後於世界，實際上並非如此。由於地理環境的制約，也由於發展水準的時空差距，長期以來中國一直沒有受到過外界強有力的挑戰。另一方面，在東亞大陸和中國文化圈的範圍之內，的確不存在整體上更先進的文化。這就使中國人一直認爲唯有中國的帝王才是天下的主宰，「溥（普）天之下，莫非王土」(《詩經 · 小雅 · 北山》)，其他一切國家和民族都應該毫不例外地服從，只能稱臣納貢。至於一些過於遙遠或野蠻的地方，並不是不可以由中國來統治，而是那些地方沒有資格，是那裡的人沒有做天朝臣民的福氣。而任何外國或外族，只要沒有與中國的行政制度和文化傳統聯繫在一起，就必定是落後的蠻夷之地。就連中國歷史上最稱開放、氣度恢宏的漢朝和唐朝，我們翻遍史籍，看到的也只是天朝大國的慷慨大度和異族外國的仰慕歸化。

西漢的通西域其實只是軍事外交的副產品，也是與軍事實力的消長相始終的，所以到了東漢就會三通三絕，時斷時通。漢武帝曾經傾其所有款待「外國客」，漢朝的法律卻禁止本國的臣民走出國門。西域的作物、器具、服飾、音樂、舞蹈等傳播到中原，爲華夏文化所吸收。西域和匈奴的人口也遷入中原，以後成了華夏族的一份子。但在整個漢代，以儒家學說爲代表的傳統思想從來沒有受到外來的挑戰，也從來沒有學習外來文明的思想準備。自東漢初（可能更早些）傳入中原的佛教影響還很有限，並且從一開始就有了「中國化」的特點。與西方對漢朝的神奇傳聞相反，我們在漢人的著作中根本看不到對境外世界的嚮往。除了政治、軍事使者以外，漢朝沒有向外國派遣過其他人員，也沒有派學者和商人出國。所以在境外傳播中原文明的只是降官、俘虜、難民和逃亡者，能夠從對外貿易中獲得利益的至多只有少數商人。

唐朝文化的輻射面和接納面都比漢朝廣得多，但在本質上與漢朝並無差異。儘管唐朝文明在實際上吸收了不少外來成分，但從未有過自覺的學習意識，尤其是在精神文明方面。同樣，唐朝也沒有產生過要把自己的文化傳播或推廣到外國去的打算，而只是容許外國人來學習。值得注意的是，僅有的幾個例外都是充滿宗教熱情的僧人：歷盡艱險而從印度取回眞經的玄奘，以及七次東渡得以在日本弘揚佛法的鑑眞。這與同時代日本學者不惜葬身波濤，一次次加入遣唐使團留學唐朝，恰成鮮明的對比。作爲中國四大發明之一的造紙術在阿拉伯世界的傳播，靠的是怛羅斯戰役的唐軍俘虜，而意外地親身遊歷了中亞、西亞並留下紀錄的，竟也是俘虜之一的杜環。在大批西域「商胡」、阿拉伯「蕃客」來中原經商致富、定居繁衍的同時，唐朝人在境外的發展幾乎是一片空白。

在這樣長期自我封閉的情況下，中國歷史就獨立發展並數千年一貫地延續下來。幸運的是，高山、大海、沙漠、草原將中國與其他文明中心隔開了，使它成了東亞大陸最強大的也是唯一的文明中心。而在工業化以前，地理上的間隔使中國幾乎沒有受到過外來文明的強有力挑戰，如東征的十字軍、阿拉伯帝國（黑衣大食）的軍隊，沒有一次能進入中國。北方游牧民族是中原皇朝唯一存在的挑戰，如匈奴、鮮卑、突厥、契丹、女真等，長城就是爲了阻止這些民族的南下而修建並被後代不斷增築的。儘管他們曾經不只一次征服過中原，但由於這些民族整體上，特別在經濟上、文化上落後於中原漢族，軍事上的征服者最終卻都毫無例外地成爲文化上的被征服者，連這些民族本身也被消融於漢族的汪洋大海之中。在西方歷史上歷經一千八百多年流散生涯，以強大的凝聚力固守本民族宗教文化傳統而著稱的猶太民族，其中的一支於北宋中葉進入開封定居，長期過著和平生活，得到漢族的平等對待，也逐漸放棄本民族的語言，開始學習儒家經典，參加科舉考試，娶漢族女子爲妻，最終失去保持本民族特徵的心態，融合到了漢族之中。在十九世紀初，開封猶太人中就已經沒有專門的神職人員，無人能夠閱讀希伯來文經典了。這是猶太民族被外族同化的唯一例子。我認識的一位大學教師，曾告訴我他是開封猶太人的後裔。在我得知他這一民族背景後，再仔細端詳，似乎看出他的相貌有點異樣，但其他方面實在找不出與我們有什麼不同。

儘管中國歷史上曾經有過無數的輝煌，卻是建立在華夏文化絕對優越的前提下的，華夏（漢族）只是居高臨下地接納異族文化，只是容許異族、異國人學習歸化，而不是鼓勵本族、本國人向別人學習，或者積極傳播自己的文化。當沙皇俄國的勢力已經擴展到西伯利亞以東，西班牙、葡萄牙和荷蘭的艦隊已經航行在台灣海峽和南海，英國已經在印度建立了殖民統治並透過東印度公司向東南亞和中國推進時，天朝的皇帝和絕大多數臣民卻毫無知覺，在自己緊閉的大門內繼續做著天下之中的美夢。甚至像林則徐這樣的偉大人物，也相信洋人的腿關節不能彎曲，因此一度以為，清朝軍隊只要以長竹竿為武器將他們撥翻在地，他們就會束手就擒了。

我們研究歷史，當然承認歷史完全可以單獨發展，像美洲的馬雅文明、阿茲特克文明，迄今尚未發現它們與外界有什麼經濟、文化上的交流。但這些文明現在卻早已銷聲匿跡，其消亡的原因至今還不清楚。相反，在全世界範圍擴張的文明，哪怕曾經引起激烈的衝突，影響就非常之大，一直保持到今天。中國文化只是在朝鮮、越南、日本和東南亞地區有較大影響，而古希臘、古羅馬的文化影響則遍及整個歐洲、北非、西亞。它們的影響之所以這麼大，和它們本身存在的時間、範圍、作用都有著很密切的關係。所以研究中國歷史不能只局限於中國本身，更加不能只局限於中原地區，要把中國放在當時的大時代裡，要把它與同時或前後存在的其他文明作比較。這樣才能對歷史有更加全面的認識，得出客觀公正的結論。

由於在十九世紀以前中國文化從來沒有受到過外來文明的挑戰，這種心態的負面影響還沒有表現出來。但在中國已經明顯落後，世界已進入多元競爭的時代，還要以這樣的開放觀來應萬變，結果就只能是更加落後。中國近代化的艱難歷程和百餘年來的曲折，這種「天朝大國」、「世界革命中心」的心態難辭其咎。對今天中國在世界的地位和影響的過高估計，對中國傳統文化可能發揮的作用的片面誇大，對二十一世紀和未來的過高期望，時下依然頗有市場，實際上仍然不過是「天朝大國無所不有」式的虛幻自慰而已。數年前還常在報刊上見到國人津津樂道於百餘年前某位西方偉人將中國比喻為一頭睡獅，以爲他預見到了中國終將崛起於世界。其實，民國年間的汪康年就已經指出，西洋馴獅者用摻鴉片的牛肉餵食獅子，「獅則終日昏昏在睡夢中，盡人調戲」(《汪穰卿筆記》卷八，上海書店出版社，1997)，於是永遠沒有醒來的時候，這正是當年苦難深重的中國的象徵，又有什麼可值得驕傲？

3.8 歷史的智慧

歷史的智慧，也就是我們能夠從歷史中獲得的教益。我們之所以要了解和研究歷史，是因爲歷史不單給我們提供政治、經濟、文化等方面的借鑑和知識，還能在其他各個方面爲我們提供答案。歷史可以提供的智慧是最全面的。

很多事物的發展需要經歷很長的時段，在當代很短的時間內是無法看出其變化的趨勢的，長時段的經驗教訓都記錄在以往的歷史中。比如我們要修一座水壩，就必須了解該河段洪水的歷史記錄，這樣才能確定水壩的各種參數。現在經常提到的建造可以抵禦百年一遇洪水的大壩，或者五百年一遇，甚至千年一遇，有人會想爲什麼不都設計成能抵禦千年一遇的洪水呢？但是設計提高一個級別，成本就要大幅度增加，所以要在成本和標準之間找到一個平衡點。設計者憑什麼來確定這些標準呢？那就要依靠歷史。透過歷史記載，我們可以了解這條河流以往發生過多大的洪水，水位究竟有多高，不同水位在當地造成的破壞又有什麼區別。然後就可以確定這些標準，並且決定把設計標準提高到五百年或千年一遇是否必要，是否符合以儘量少的投入產生儘量多的效益的經濟學原理，從而做出正確的決策。又如，現在找礦已有很多科學的手段，遙感、震波、鑽孔等，但任何技術手段都有一定的局限性，還得花費一定的費用。歷史資料有時便可以提供很好的借鑑。四川大學已故的任乃強教授自1929年起多次赴西康（今四川西部、西藏東部）考察，並與當地土司女兒羅哲情錯結婚，在她的幫助下，利用當地少數民族的資料，編成《西康圖經》。二十世紀八〇年代，我陪同譚其驤先生去拜訪他，他告訴我們，武警黃金部隊聘他爲顧問，因爲他在編《西康圖經》過程中收集了很多歷史上的採金點，可以爲今天的黃金勘探提供借鑑。這樣的借鑑不是盲目的，而是建立在前人摸索的基礎上。前人可能只是偶然的發現，但被記錄下來，就能爲後人提供經驗。

一個人的一生，即便活到一百歲，和中國有文字記載（甲骨文）的三千多年歷史相比，還是非常短暫的，更何況能活到一百歲的人也不多。就算活到一百歲，還得看他在歷史中處於什麼地位。很多人活到一百歲甚至更長，在歷史上卻沒有留下任何記載。像前幾年廣西巴馬瑤族自治縣一位老太太，活到一百二十多歲去世，據說是中國見於確切記載最長壽的人，但這位老太太不識字，一輩子沒有結過婚，從未離開過她居住的村莊，她對於歷史的進程起過多大作用？而歷史上像這樣的人物又何只億萬！當然不能說他們對歷史一點作用都沒有，歷史就是由無數這樣看似微不足道的細胞構成的，但是他們和歷史上起較大作用的人物相比，無論其忠奸賢愚，就有著根本的區別。怎樣使一個人短暫的一生，能夠或多或少地在歷史上留下一點痕跡，使一生不致虛度，很重要的一點就是要借鑑歷史的智慧。歷史給各種各樣的人都提供了無窮的知識、有益的經驗和教訓，而現實中就沒有這麼豐富的來源。因爲在現實中，一個人所能接觸到的範圍畢竟很有限，而從歷史上去看，見於記載的人物、事件、經驗是如此豐富多彩，應有盡有。儘管現在傳媒越來越發達，當代也有非常多值得學習和借鑑的事物，但是無疑，歷史比現實更加豐富。

人除了物質生活，還需要精神生活。隨著當今社會越來越發達，體力勞動更多為機器所取代，相對而言，閒暇時間越來越多。在這種情況下，精神生活在人一生中所占的地位就進一步提高。未來滿足一個人衣食等生理需求會越來越容易，窮人的標準，也許就會和以前大不相同。未來所謂的窮人，有一部分就是精神上的貧乏。一個人空閒時想增加知識、增長見識，歷史就是最豐富的知識來源，而不是現實。現實的內容與歷史相比，總是有限的，完全依靠現實是滿足不了人的精神生活需要的。更何況精神生活不但是指具體的知識，也包括陶冶一個人的性情。歷史可以把迄今為止人類最美好的事物集中起來，供人們欣賞、使用。要想理解中國文人的情趣，不可能完全在當代文人中找到，要了解魏晉風度就離不開《世說新語》的記載。二十世紀前期北京文人的情趣、前輩學者的軼事、知名大學的風貌，也只能在歷史中找尋。閱讀這些文字的享受，比目光局限於自己所在的城市或大學不知要豐富多少倍。從這些角度來講，歷史的智慧既是物質的，也是精神的。

由於精神生活往往並不與物質生活同步發達，後人並不一定能超過前人，在精神領域，進化論未必適用。藝術成就的高峰，大部分在當代就是不能再現的。一個學書法的人，如果不了解書法史，那就只能學當代的書法家，即便承認當代有超越前代的書法大師，他也未必碰得上，更不要說近代以來由於毛筆不再作為主要的書寫工具，書法的整體水準已今非昔比。

1967年新疆吐魯番阿斯塔那三六三號墓曾出土唐寫本《論語鄭氏注》（圖3.8.1），是景龍四年（710）高昌縣十二歲的普通義學生卜天壽所書寫，而今天十二歲的普通學生，書法如何能寫到他的水準？可見唐人書法基礎之高。但是，我們今天可以從書法史裡面吸取營養，臨摹歷史上王羲之、張旭、顏眞卿等大師留下的法帖、碑刻（圖3.8.2），這就是歷史留給後人的寶貴財富。學音樂的人，個個都能遇到當代的貝多芬、當代的莫札特做老師嗎？最好的方法只能是透過歷史向這些大師學習。任何一門專門的學問，要眞正地掌握，首先一定要了解這門學科的歷史。研究化學的人，如果對化學史不了解，要想成爲一位貫通古今的大師，恐怕也不大可能。但目前對學科史研究普遍不夠重視，特別是科學技術史的研究，很多理科院系認爲其可有可無，以致一流學者逝世後，研究後繼無人、乏人問津，這是一種非常短視的行爲。

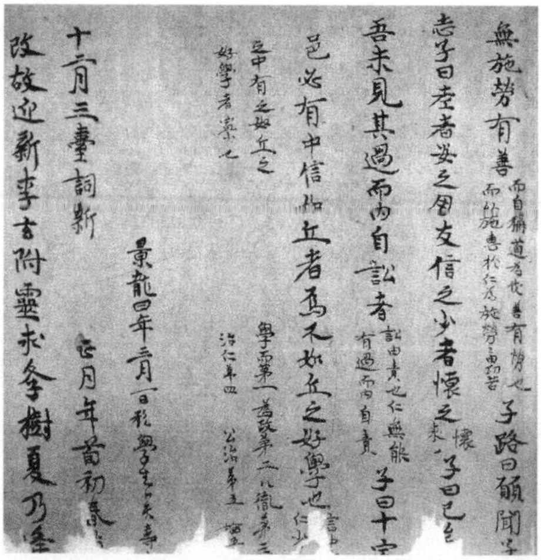
無施勞有善
子曰老者安之朋友信之少者懷之
吾未見其過而內自訟者
邑必有中信如丘者焉不如丘之好學也
景龍四年三月一日私學生卜天壽
十二月三臺詞新

圖3.8.1　唐寫本《論語鄭氏注》（局部），現藏新疆博物館

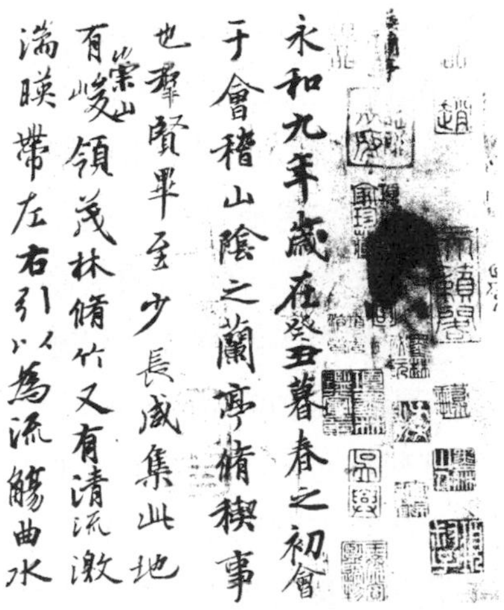

圖3.8.2　王羲之〈蘭亭序〉(局部)

王羲之(303-361),字逸少,東晉書法家,被後世譽爲書聖。〈蘭亭序〉有「天下第一行書」之譽,今傳世皆爲摹本,此圖爲唐馮承素摹本,現藏故宮博物院。

黑格爾在《歷史哲學》的序論中曾經有過一段很著名的話:「人們習慣於把歷史上的經驗教訓介紹給各個君主、各個政治家、各個民族國家。但是,經驗和歷史所昭示我們的卻是各政府和各民族沒有從歷史方面學到什麼,也沒有依據歷史上演繹出來的法則行事。每個時代都有它特殊的環境,具有一種個別的情況,使它的舉動形式不得不由自己來考慮,自己來決定。當重大事件紛擾不定時,一般的籠統的法則毫無裨益,回憶過去的同樣情形也是徒勞無功的。」他的意思就是說,各個時代的情況都不一樣,歷史對後代並無任何借鑑作用。這段話並非全無道理,但是未必全面。我們講學習歷史的經驗教訓,前提也是肯定歷史不是簡單的循環重複,絕對不是機械地照搬。歷史不會再有第二個拿破崙一世(Napoléon I, 即Napoléon

Bonaparte, 1769-1821），甚至連拿破崙本人企圖東山再起，重現昔日的輝煌也沒有做到。歷史的智慧既有具體的，更有抽象的。從具體來講，人永遠無法從歷史當中學到什麼，但從抽象而言，歷史可以潛移默化地起到作用。現在要反腐倡廉，於是有人編寫「歷史上的清官」、「歷代反貪史話」一類的書，從具體講是沒有意義的。因為今天的腐敗，和歷史上的情況並不相同，銀行、證券等金融系統的腐敗，古代沒有；現在利用電腦、網路等手段的高科技犯罪，歷史上也不曾出現。但是有一點，古往今來多少人因為腐敗而身敗名裂，多少政權因為腐敗而導致垮台，這個教訓可以給後人一種啓示和警戒。黑格爾這段話正好說明，如果抱著為現實問題尋求現成答案的目的去研究歷史，就會變成影射史學。眞正的古為今用是要吸取歷史的教訓、歷史的智慧，而不是簡單的重複。正如他講的，沒有人能夠從過去的歷史中找到現實問題的具體答案。

同樣的歷史，有的人從中獲益，有的人卻上當，關鍵就在於學什麼、如何學。根據《三國演義》第九十五回的說法，諸葛亮一出祁山時，馬謖自告奮勇去把守戰略要地街亭。馬謖自詡「自幼熟讀兵書，頗知兵法」，認為兵書上說「置之死地而後生」、「憑高視下，勢如劈竹」，他就要生搬硬套，不聽副將王平的再三勸告，屯兵於一座四面皆不相連的山上，結果被魏軍四面圍困，斷絕水源，導致街亭失守。這一細節不見正史記載，也許並非歷史事實，但很好地說明了這一道理。馬謖不知道絕非將軍隊置於「死地」就一定會「生」，而是要有其他種種條件的。他沒有這個條件，不顧具體實際，照搬兵書，就不可避免地要失敗。袁世凱當年復辟帝制，也有人向他鼓吹歷史，但中國當時的形勢，民主、共和的思想雖不能說已深入民心，但已爲大多數社會精英所接受，袁世凱做了八十餘天皇帝就在一片反對聲中一命嗚呼。毛澤東晚年很多作法，他都要在歷史中找根據，而與中國實際越來越脫離。1958年，中共八屆六中全會透過〈關於人民公社若干問題的決議〉，毛澤東將《三國志·張魯傳》親自作注，印發與會者。他對張魯的五斗米道實行的「置義舍」(免費住宿)、「置義米肉」(吃飯不要錢) 等措施極爲欣賞，在批語中認爲「現在的人民公社運動，是有我國的歷史來源的」，以此作爲大躍進和人民公社化運動的歷史依據，終於釀成歷史的慘劇。毛澤東研究專家，曾任毛澤東秘書的李銳對此有過切中肯綮的評價：「毛澤東對中國傳統文化最有興趣、涉獵最廣的是史書。他一生酷好讀史，到老不衰。除常看卷帙浩繁的《資治通鑑》外，即便是專治史學的專家也未必人人通讀過的《二十四史》，也基本讀遍了。至於稗官野史，他更是興趣極濃，熟悉之至。」(〈毛澤東晚年錯誤思想形成的原因〉，《直言：李銳六十年的憂與思》，今日中國出版社，1998) 但「他既有十分高遠的想像，又有豐富的歷史素養，獨獨缺少對人類 (原文按，主要是西方資本主義) 經濟發展普遍規律的了解，其中有爲馬克思所總結過的，也有馬克思以後一百多年尤其是二次大戰後新發展的，他都不熟悉，或者茫然無知；同時又違背革命年代自己的經驗，急於求成，不是腳踏中國實際，用科學的實事求是的態度探索落後國家社會主義建設規律，終於造成了晚年的悲劇。」(〈「大躍進」失敗的教訓何在〉，同上)

總而言之，從具體運用而言，古爲今用的作用確實是有限的，歷史需要抽象地繼承和學習，潛移默化的力量是巨大的。我們現在面臨的很多情況，中國歷史上從來沒有過，世界歷史也同樣沒有過，的確無法從歷史中找到同樣的例子，但是這不等於我們不能從歷史中獲得教益。

現在有些人強調歷史學研究也要爲現實服務，前面已經說過，研究歷史並不存在是否要爲現實服務的問題，運用歷史就必須考慮這一點。但是也不能違背歷史事實和科學規律，否則不僅不利於學科發展，而且貽害社會。如果要歷史具體地爲今天服務，它不可能起多大作用，只會出現歪曲歷史、圖解政策的現象。在前蘇聯的史達林時代，史達林被當作最偉大的天才、導師、理論家、哲學家、歷史學家……一切問題都可以在他的著作中找到現成答案，所有人文社會科學的研究只是爲他某句話做注釋而已。這樣的歷史教訓是深刻的。

現在對歷史最糟糕的一種態度就是實用主義，爲現行政策尋找歷史依據，這是非常危險的。我們現在擬定的政策是否正確，只有從當前狀況出發論證，以及由實施後的實際效果來證明，如果只用歷史上有選擇的例子來證明其正確性，如果這項政策是錯誤，那實際上是延長並擴大了它的錯誤。比如因爲要建設三峽工程，馬上找出許多古代水利工程的好處，那爲什麼絕口不提埃及的亞斯文大壩導致尼羅河三角洲迅速退縮、沙漠擴大，中國的三門峽水庫由於無法解決泥沙問題，建成不久即壅塞報廢的例子呢？即便要爲現實服務，也應該實事求是，把正反利弊各方面的情況都列舉出來，提供給決策者進行選擇。片面強調「歷史要爲現實服務」，完全是一種實用主義，與影射史學是一丘之貉。

現在提倡要多聽取群眾意見，報刊雜誌、廣播電視馬上就大力宣傳唐太宗納諫，現在的情況和唐太宗納諫能相提並論嗎？後者只是專制時代帝王駕馭臣下、鞏固政權的政治手段，即所謂「君王南面之術」，和今天我們的政府應該順應民意，完全是兩回事，根本不能相提並論。而且若是追根究底問一下，這種比附，潛意識裡把老百姓當成了什麼？如果今天還把民主政治等同於帝制時代居高臨下式的納諫，那這樣的「民主」不過是君主的恩賜，而非個人天然的權利，不過是一種點綴，仍然是人治的產物，而始終不能使民主成爲一種制度，無法建立眞正的民主社會。還有的自以爲學了點歷史的地方官員，在媒體上侃侃而談，自稱是父母官，要「愛民如子」，把現代社會中官員和民眾的關係等同與父子關係，這與現代政治中的民主觀念也是完全背離的。現代代議制的政府就是老百姓普選出來，代替自己行使行政權力的機構，官員是公僕，老百姓才是眞正的主人。這與專制體制下帝王派了官員去管理人民完全是兩個概念。今天我們吸取的應該是民主政治產生以後，別國的先進經驗，而不是用古代的模式來套用。

3.9 從歷史看未來

一般認爲，現在科學技術發達了，應該透過科學技術手段預測未來，這當然沒有錯。但是，透過歷史同樣可以預測未來。一個人一生所能看到的時代、地域畢竟是有限的，但歷史向我們提供了長時段、大尺度的視角，可以讓我們神遊萬里，馳騁古今，由此再來看未來，就至少可以多一點把握。

人類歷史發展是否存在規律，是一個爭論已久的問題。由於史達林在《聯共（布）黨史簡明教程》一書中隨意歪曲馬克思、恩格斯對歷史發展的論斷，將人類歷史發展歸結爲教條式的五階段模式，給中國史學研究帶來了巨大危害，以致現在不少人諱言規律。我想，因為人總存在一些共性，那麼由人所組成的人類社會也總該有一些共性，所以歷史規律還是有的，關鍵就在於我們是否能夠掌握。即使沒有適用於一切社會的總體性規律，也會有具體的、特殊的規律。就中國的歷史來說，君主專制皇朝占了目前我們所知道的歷史時期的大部分。如果只研究社會的總體規律，只看到這個社會從產生、發展到消亡的大過程，就無法解釋各個朝代的興衰。在地主階級新興的時期，照樣有皇朝衰落以至滅亡。而另一個勃興的朝代並沒有擺脫傳統社會的特性，另一批成功的君主也不可能不代表地主階級的利益。為什麼有的能持續三、四百年，有的卻只存在了一、二十年，甚至胎死腹中？為什麼同樣是地主階級代表，有的君主能開疆拓土，有的卻只會割地賠款？有的可以清心寡欲，有的卻一定要窮奢極欲呢？為什麼在同一個階級中也有忠奸賢愚，而同樣是忠臣，結果卻截然不同呢？我們以前對具體的歷史經驗不夠重視，其實這類經驗更具實用性和啓發性，更易形成自己的智慧，更易轉化為自己的財富。

承認存在規律，規律也並非一定呈現週期性，即便有週期，也可能是很長的週期，也許自人類有文字以來連一個週期都還沒完成，但這不等於規律就不存在。例如，地球公轉軌道偏心率具有以約十一萬年為週期變化的現象，這一變化導致近日點、遠日點的變化，使太陽對地球的輻射強度隨之變化。春分點具有以約二·一萬年為週期的變化（歲差），這種變化造成季節長短的變化。

當然規律存在不等於人就能夠了解，了解了規律並不一定能夠順應規律，還得有一定的物質基礎，才能使正確的認識產生實際作用。例如，早在西漢時人們就已注意到了黃河挾帶的巨大泥沙量，也知道這些泥沙的危害。此後直到清朝，不斷有學者指出，山區或河流上游的濫墾濫伐是導致中下游河道淤塞、水旱災害頻繁的根源。但在無法緩解人口壓力，使大批無地少地的農民和嗷嗷待哺的災民有飯可吃的情況下，誰又能制止他們瘋狂地湧向山區，採用掠奪性、毀滅性的開墾方式，以便養活他們自己呢？明朝初年，當局曾將地處今湖北西北，與陝西、河南交界的荊襄山區劃爲禁區，這固然是爲了防止它成爲潛在的反政府勢力的基地，但客觀上也起了維護生態平衡、防止水土流失、涵養水源的作用。可是當不斷湧入的流民、災民達到數十萬，當局的軍事鎮壓和武力遣送已經無濟於事時，就不得不同意他們就地入籍，並設置了新的行政區域。清代中期以降，類似的情況一次次在漢水上游、南方山區、雲貴高原重演，但政府除了採取默許態度或最終給予承認以外，確實想不出更好的辦法，因爲誰也無法使如此多的流民和貧民有飯吃、有田種。但是了解了規律，具備了一定的物質基礎，就可能充分運用科學和技術手段，調節人類自己的行爲，以適應規律。

了解規律最主要的辦法，恐怕捨歷史就別無他途。而且由於歷史注重長時段，所以有時歷史的作用比當代的科學技術更有效。歷史介於地質時代和現代之間，古地理學家、古生物學家、地質學家可以考察數億年、數千萬年前的環境狀況，但那些時段裡沒有人類，看不出人的因素對環境的影響，而歷史學所研究的階段正是人類社會由弱小到壯大，由幼稚到成熟的階段，其活動對自然環境的影響也逐漸增強，我們就可以從前後的比較中，客觀地判斷人類活動在環境變遷過程中究竟占據何種地位。所以從歷史預測未來，應該是有它獨特的貢獻的。

用現代科學手段來觀測氣象，只有一百六十多年的歷史，而且這些觀測點主要都集中在西歐。上海天文台是中國最早的氣象觀測站之一，也不過一百餘年，要想透過這一百多年的氣象記錄顯示長週期或超長週期的規律，顯然是遠遠不夠的。正因爲如此，來自歷史的經驗就顯得特別重要。透過歷史地理研究，利用古代氣象資料，就可以得出更加科學的結論。

現在很多自然科學家對全球氣候變暖憂心忡忡，認爲如果人類活動得不到控制，在今後一百年內，全球氣溫將升高1℃至3.5℃，導致一系列災難性後果。與二十世紀初相比，全球年平均氣溫的確已經升高，但究竟這種趨勢是否會發展下去，還是只是一個長週期中的一小段波動，從現有的最近一個多世紀的氣象記錄根本無從判斷。說老實話，我不贊成這些科學家的悲觀態度和片面觀點。

在今河南安陽小屯村一帶的殷墟遺址，大約是西元前十四世紀至前十一世紀商朝首都的遺存，在歷年的發掘中，發現了水牛、亞洲象、亞洲貘等喜熱動物的骨骼。當時留下的甲骨文中記載了好幾條商王獵象的記錄，有一次是捕到了七頭，這說明發掘到的亞洲象是當地的土產，而不是從其他地方遷來的。而且獵獲的象肯定是野生的，證明能夠在當時的自然環境中過冬，與那些在特殊條件下飼養的動物不同（**圖3.9**）。今天的水牛已分布在淮河流域以南，象生活在雲南西雙版納的叢林中，亞洲貘更已局限在馬來半島和蘇門答臘的沼澤森林之中。考古和文獻資料都反映了當時是一個相當溫暖的氣候環境，否則這些動物是絕對不可能生活在安陽一帶的。象是商、周於銅器中獸形酒器較多見的形象，各地均有出土，也可證明商周時代氣

圖3.9　象尊，現藏美國華盛頓弗利爾藝術館（The Freer Gallery of Art）

候要比今天溫暖濕潤得多。商代的人口還不多，只有少量的手工業，農業生產的規模也有限，當時人的活動產生的熱量和二氧化碳遠比現在低，完全可以忽略不計，卻出現了比今天更暖的氣候，年平均氣溫比現在高2℃左右。而到了宋代，人口數量、農業和手工業的規模都遠遠超過商代，人類活動對自然環境的影響無疑比商代大得多，卻出現了持續的罕見寒冷天氣。北宋大觀四年（1110）和南宋淳熙五年（1178），福州的荔枝曾兩次全部凍死，為一千多年來所絕無僅有。而明清兩代也出現類似寒冷天氣，以致被氣象學家稱為「明清小冰期」。這些歷史資料證明了一個非常重要的事實：隨著人類活動的加劇，氣溫並未同步上升。這對我們探索氣候變化的規律，無疑具有十分重要的價值。

我本人至今依然堅持認為，氣溫變化的根本因素不是人為的，而是自然因素。地球的主要熱量來自太陽，因此太陽本身的變化（如黑子、耀斑等）、太陽與地球間的距離和相互位置、地球接受太陽輻射的狀態（如大氣層的透明度、導熱性，大氣環流的速度、方向、強度等）是引起氣候變化的根本原因。到目前爲止，人類活動對第一、第二項原因還沒有任何影響，僅作用於第三項原因。即使對這一項，人類活動也遠沒有達到決定性的程度。

儘管隨著人類數量的增加和生產規模的擴大，人類活動對氣候的影響會有所加強，但絕不是氣候變化的主要原因。太陽黑子的爆發，不知要比原子彈爆炸威力大多少倍。火山爆發後懸浮於大氣中的火山灰阻擋了太陽輻射，會使大範圍地區的平均太陽直接輻射量減少10％至20％，持續時間可長達數月乃至數年，這種影響不知要比人爲污染嚴重多少倍，當年菲律賓皮納圖博火山爆發就劇烈地影響了全球氣候。我們現在重視人的因素，這是對的，但不能因此而忽視了自然的因素。即便排除了人類活動這一因數，未來氣候的變化仍將是在冷暖之間作週期性波動，絕不會長期保持越來越暖的趨勢。

無論是迄今爲止的變暖或變冷，還是可以預測的未來的氣候變化，都沒有超過歷史時期的極端最高或最低氣溫。回顧以往，我們的祖先正是在一次次氣候冷暖的變遷中創造了光輝燦爛的中華文明，推動了歷史的進程。在人類已經創造了發達的科學技術和物質條件的今天，同樣幅度的氣溫升降更不會成爲我們生存和發展的障礙。

上面談的是自然環境，我們再來看人類社會。其實現在很多現象，在歷史上早就出現過類似情況，並且不只一次。大凡在社會大變革的時期，一方面許多人透過不正當的手段攫取了大量的社會財富和政治利益，另一方面，舊體制下的既得利益者出於利益喪失，對社會現狀產生不滿。我們現在看清末民初的筆記，感慨有人年紀輕輕就當了都督、委員，而老老實實唸書的人卻因爲科舉廢除，進身無門，只好一輩子在鄉間做個窮教書匠。還有很多人反對白話文，反對文學革命，極力維護禮教，倡導「尊孔讀經」，並感慨人心墮落、國粹喪失等等。而二十世紀九〇年代初大陸掀起一股國學熱，有人建議小學應該改用四書五經作爲教科書，有人撰文稱二十一世紀的世界是儒家文化的世界，還有人拚命抬高孔子，甚至用馬克思主義與孔子思想做比較，得出二者思想基本一致的驚人觀點，這種文化保守主義思潮與當年的復古思潮何其相似！

近些年大家都感嘆物價上漲，懷念二十世紀五〇年代的低物價、六〇年代的穩定物價。但如果了解歷史就會知道，這樣的事歷史上不知發生過多少次。如晚清的人往往會議論康熙、乾隆時物價如何便宜，民國年間的人又在比較物價比清末漲了多少。外國也有同樣的情況，用今天的眼光看，十八世紀英國的物價低得驚人，但當時就有人感嘆物價飛漲；在二十世紀前期的美國，一個人月收入幾十美元就可以過上小康生活，現在一般月收入幾千美元才能過得比較舒適。物價不斷在漲，全世界都經歷著這樣一個過程。這是因爲在經濟增長的條件下，個人和社會集團的收入增加，同時投資與消費的需求也會相應增加，造成社會總需求增加，就會對物價造成上漲壓力。另外，經濟增長多半是由政府投資帶動的，政府的大量投資可能造成財政赤字，往往就要依靠增發貨幣彌補，也會造成物價上漲。一般而言，高的經濟增長率就會導致高的通貨膨脹率。所以越是經濟落後的地區，物價就越是出奇地低。了解了這些歷史，即使我們不懂多少經濟知識，至少也會比較平靜地對待，而不至太浮躁。

再來從歷史看世界格局的變化，短時期內一兩個大國的確可以起到一種軸心的作用，但它們不可能永久保持這樣的地位。大國的興衰今後也是難以避免的。蘇聯的最後瓦解，如果僅僅看做是以1946年3月5日英國前首相邱吉爾（Winston Churchill, 1874-1965）在美國富爾頓（Fulton）發表「鐵幕」演說爲開端的一段冷戰的歷史，最終以美國爲首的西方國家勝利而告終，這樣來理解這段歷史，很多深層次的原因恐怕還看不太明白。如果將目光放遠點，了解俄羅斯帝國建立的過程，如何從一個歐洲的小公國發展到橫跨亞歐大陸的龐大帝國，當時它擴張的過程，其實早已經埋下了今天瓦解的惡果。蘇聯的瓦解，不是僅用意識形態就能夠解釋的。有的加盟共和國與俄羅斯本來就不是一個國家，硬被併在一起，甚至波羅的海的拉脫維亞、立陶宛、愛沙尼亞三國，完全是史達林和希特勒達成政治交易後被蘇聯吞併的。這樣的國家，如果人民眞正有決定自己命運的權力，恢復獨立就是大勢所趨。

總而言之，無論是自然環境還是人類社會，從歷史預測未來都有著很大優勢。因爲很多現象，歷史上都曾出現過。甚至在一段時期內，有的歷史現象是重複的。即使有新的情況歷史上沒有出現過，也曾經有過類似的過程。一種新興的因素、新興的階層產生之初，會出現什麼情況，我們就可以從這種角度考察歷史，供今天和未來作參考。這樣的參考，離開歷史是無法進行的。

但同時我們也應該看到，歷史研究的時段畢竟是歷史時期，只能提供一個歷史背景，對當代現實的作用是有限度的，不能爲了突出學科的重要性而隨意誇大歷史因素的作用。千萬不能以爲了解了歷史，就可以解決現在的一切問題。

對於氣候變遷，歷史地理學只是提供一個古代的趨勢，但未來眞正的變化單靠歷史是得不到的，還是要靠現實研究。因爲現實研究所能獲得的精確度，是古代所不能比擬的。憑藉今天的儀器，一些極微小的變化我們都可以觀察到，而歷史時期的研究只能是一個非常宏觀的趨勢。在今天精確的基礎上，未來的變化才可能透過從歷史中總結得到的宏觀趨勢中推導出來。對於社會的發展，任何一個朝代、任何一位君主、任何一個事件，都有其偶然性，不可能都按照某一種抽象的規律出現或消失，興盛或衰亡。在很大程度上，直接影響到這些人或事的，是人事，而不是天命；是偶然因素，而不是必然性；其結局往往千變萬化，而不是只有一種可能性。由此得出的規律，至多只是反映一種發展的趨向而已，絕不是一成不變的。這是所有歷史研究者和運用者都必須時刻牢記的。

4. 怎樣學習和研究歷史？

究天人之際，通古今之變，成一家之言。

[漢]司馬遷〈報任安書〉

探求天與人的關係，理解從古至今的變遷，形成自己獨特的見解。

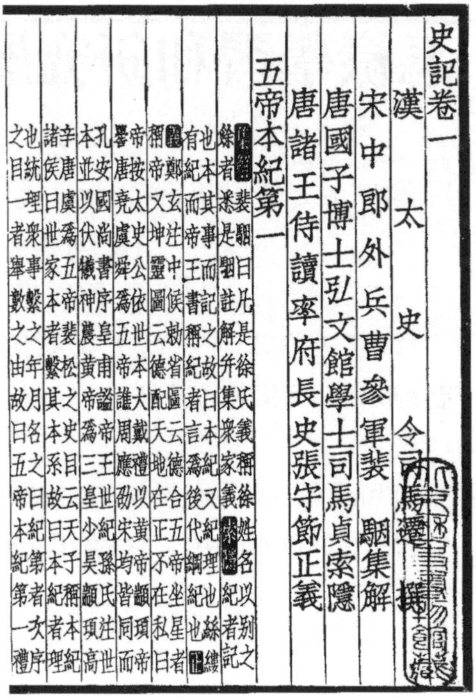
史記卷一
漢 太史令司馬遷撰
宋中郎外兵曹參軍裴駰集解
唐國子博士弘文館學士司馬貞索隱
唐諸王侍讀率府長史張守節正義
五帝本紀第一

圖4　宋刊本《史記》書影

司馬遷（約前145或135-？），字子長，左馮翊夏陽（今陝西韓城）人，西漢史學家、文學家。元封三年（前108）繼承父職，擔任太史公。經十餘年努力，完成了我國歷史上第一部紀傳體通史——《史記》，對後世的史書修撰產生了深遠的影響。

歷史或歷史學是什麼固然重要，但對絕大多數歷史愛好者來說，更重要的是怎樣學習和了解歷史。即使是對專業的歷史學者、歷史教師，其中多數人所從事的也不是歷史學理論研究，而是具體的歷史研究和教學，所以談一下怎樣學習和研究歷史很重要。

4.1 有沒有眞實的歷史？

記得小時候，我和很多人一樣，都有這樣一個概念：小說、戲劇等文學作品可以虛構，而歷史是不能虛構的。因而總認爲印成鉛字的歷史書一定是正確的，至少事實是不會錯的。後來慢慢多看了些書，才逐漸發現事情並沒有原先認爲的那樣簡單。歷史的撰寫和研究必須、通常也只能依據當時遺留下來的文獻，但在中國以往的政治史中，「盛者王侯敗者寇」，對勝利者極盡美化、對失敗者肆意詆毀比比皆是，似乎已成了中國歷史千古不易的規律。於是開始對我原來深信不疑的歷史有所懷疑，不再迷信與盲從於一切書面記錄，看來要寫出眞實的歷史確實有相當大的困難。這使我想起了唐太宗的一件事。

據《唐會要》、《資治通鑑》等史籍的記載，唐太宗（**圖4.1**）即位後曾先後於貞觀九年（635）十月、十六年（642）四月和十七年（643）七月三次要求親自觀看他本人及高祖李淵的實錄。根據中國的歷史傳統，皇帝是不能看記載他本人言行的起居注、實錄的，所以前兩次要求均被史官婉言拒絕。到第三次，他向監修國史的當朝宰相房玄齡表白自己觀史的用心：「朕之爲心，異於前世。帝王欲自觀國史，知前日之惡，爲後來

圖4.1　唐太宗李世民像，採自清宮舊藏《南薰殿歷代帝王圖》

李世民（598-649），唐高祖李淵次子，武德九年（626）六月四日發動「玄武門之變」後稱帝。

之戒，公可撰次以聞。」（我的用心和以往的君主不一樣。帝王親自觀看國史，可以了解自己以前言行的錯誤，作為以後的警戒，你可以按順序寫成了呈給我看。《資治通鑑》卷一九七）這個理由當然很是冠冕堂皇，房玄齡只得與許敬宗等人刪改成《高祖、太宗實錄》各二十卷呈上御覽。「太宗見六月四日事，語多微文，乃謂元（玄）齡曰：昔周公誅管蔡而周室安，季友鴆叔牙而魯國寧。朕之所以安社稷，利萬人耳。史官執筆，何煩過諱？宜即改削，直書其事。」（太宗看到其中記載的六月四日之事，有多處寫得很隱諱，便對房玄齡說：「當年周公殺了管叔、蔡叔而使周室安定，季友毒死叔牙而使魯國太平。我所做的是為了安定社稷，造福萬民。史官執筆時何必要有隱諱呢?應該修改、刪除浮誇不實的地方，直截了當地把事情記下來。」《唐會要》卷六三〈史館雜錄上〉)原來，太宗再三要求觀看實錄的原因即在於此。那麼，讓唐太宗如此放心不下的「六月四日」，究竟發生了什麼事呢?

綜合《舊唐書》、《新唐書》和《資治通鑑》的相關記載，大致情形是這樣的：

唐高祖武德九年(626)六月，突厥進犯，太子李建成建議其四弟李元吉率軍北征，並徵調秦王(李世民)府的大將尉遲敬德、程知節(即程咬金)和秦叔寶等人，得到高祖李淵的同意。建成一向嫉妒世民的軍功和威望，必欲殺之而後快，企圖利用與秦王在昆明池餞行的機會，埋伏下甲士刺殺，成功後即上奏稱其暴卒，而尉遲敬德等秦王府驍將則一律坑殺。李世民很快從他收買的太子下屬、東宮率更丞王晊處得到了這一消息，連夜與長孫無忌、房玄齡等人商議對策。眾人都勸秦王先發制人，而李世民不忍骨肉相殘，尚猶豫不決，幕僚們以歷史上舜躲避受其惡兄象唆使的父親瞽叟迫害的故事，終於說服了他採取行動。

偏巧五、六月間，太白星多次在白天出現，六月初一、初三又再次出現，傅奕向高祖密奏「太白見秦分，秦王當有天下」。李淵聞奏大怒，認爲這預示世民將謀反篡位，立即召世民責問。世民申辯說這是建成、元吉二人想謀害他，並且「密奏建成、元吉淫亂後宮」。李淵當即大吃一驚，決定第二天將兄弟三人一起召來當面「鞫問」。六月初四一大早，世民率長孫無忌等人埋伏於玄武門，建成、元吉二人行至臨湖殿時，忽然發覺情況異常，當即掉轉馬頭想逃回東宮。世民率人衝出，在後面追趕，元吉「張弓射世民」，因爲驚慌失措，弓弦都未拉開，連射三箭不中。世民張弓還擊，一箭射死建成。此時尉遲敬德率七十餘名騎兵趕到，射中元吉坐騎，元吉墜馬。世民的馬也受了驚逃入樹林，被樹枝絆倒。元吉趕到，奪下弓箭勒住世民，尉遲敬德「躍馬叱之」，一箭射死元吉。這時東宮和齊王府二千餘精兵聞訊趕到，猛攻玄武門，情勢十分危急，尉遲敬德急持兩人首級出示，「宮府兵遂潰」。

《舊唐書》、《新唐書》和《資治通鑑》都是根據已被房玄齡等人刪改過的實錄、國史修撰而成的，是公認的權威史書，試問這是歷史的眞相嗎？如果唐太宗眞的要大臣不受控制和干擾，秉筆直書歷史眞相，他又何必接二連三地要求觀看呢？看了以後又覺得不滿意，說自己是爲了「安社稷，利萬人」，自比是周公誅管蔡，實際上就是爲「玄武門之變」定下了調子，史官怎敢不遵照這一調子來寫呢？尤其值得注意的是，據《唐會要》卷六三，太宗第一次要求觀看國史是在貞觀九年（635）十月十六，而玄武門之變後退位、已當了九年太上皇的李淵死於這年的五月庚子（初六），葬於同年十月庚寅（二十七），在李淵剛死不久、尙未安葬時，太宗何以竟然就急著要看實錄？此前，諫議大夫朱子奢曾進諫勸阻，說：「陛下聖德在躬，舉無過事，史官所述，義歸盡善。」（陛下您有聖德在身，言行沒有任何過失的地方，史官所記述的，全是您的優點。《資治通鑑》卷一九七）太宗仍放心不下，這不正反映出他的心虛嗎？章太炎曾指出：「太宗既立，懼於身後名，始以宰相監修國史，故兩朝實錄無信辭。」（〈書唐隱太子傳後〉，《太炎文錄續編》卷二上，《章太炎全集》第5冊，上海人民出版社，1985）

經過唐太宗欽定的《高祖、太宗實錄》中的建成、元吉形象，簡直是一無是處：「建成幼不拘細行，荒色嗜酒，好畋獵」，「帷薄不修，有禽犬之行，聞於遠邇」；「巢剌王（即李元吉）性本凶愎，志識庸下，行同禽獸。兼以棄鎮失守，罪戾尤多，反害太宗之能。」（《資治通鑑》卷一九〇司馬光《考異》所附《高祖、太宗實錄》）總之，兩人嗜酒好色、庸劣無能、嫉賢妒能、兇殘暴戾，把傳統社會所能想到的惡名都加到兩人頭上了，完全衙內型人物的典型，而李世民則大智大勇、深謀遠慮、功勳顯赫，「高祖所以有天下，皆太宗之功」（《資治通鑑》卷一九一）如此貶抑建成、元吉，溢美世民，連囿於傳統史觀、奉太宗爲正統的司馬光都有所懷疑，「史臣不無抑揚誣諱之辭，今不盡取。」（同上）

唐太宗畢竟「稍遜風騷」，對文治的一套還不內行，既沒有以欽定的《實錄》爲綱統一臣民的思想，又缺少「戈培爾」式的人物做好「玄武門之變」偉大意義的宣傳和講解工作，更沒有徹底清查和銷毀各類違背《實錄》精神的論著和史料。儘管有唐一代，因爲所有的皇帝都是太宗的子孫，沒有人敢翻「玄武門之變的案」，但從宋朝開始，就不時有人揭露史料中的矛盾，質疑唐朝的官方記載了。時至今日，我們只要對史料稍作分析，也不難看出事件的前因後果和眞相。

隋大業十三年（617），時爲太原留守、襲爵唐國公的李淵以尊立隋煬帝的孫子代王楊侑的名義，自晉陽（今山西太原）起兵，據兩《唐書》和《資治通鑑》的記載，這次起兵的策劃和部署全出自李世民一人之手。「世民恐淵不從，猶豫久之，不敢言。」（《資治通鑑》卷一八三）直到李世民將自己的謀劃告知李淵時，「淵大驚曰：『汝安得爲此言，吾今執汝以告縣官。』」經過李世民和眾人的反覆勸說，李淵才被迫同意，「吾兒誠有此謀，事已如此，當復奈何，正須從之耳。」（同上）將李淵描繪為膽小怕事、胸無大志的委瑣小人，而李世民則成了大唐帝國的締造者和開創者。但仔細查考史料，這裡卻存在不易解決的矛盾。據《舊唐書・宇文士及傳》，李淵和宇文士及「往在涿郡，嘗夜中密論時事」，時在大業九年（613）。大業十二年（616），好友夏侯端曾以天象勸時任河東討捕使的李淵：「金玉床搖動，此帝座不安。參墟得歲，必有眞人起於實沈之次。天下方亂，能安之者，其在明公。……若早為計，則應天福，不然者，則誅矣。」「高祖深然其言。」（《舊唐書・夏侯端傳》）可見李淵早有叛隋起兵之心，只是感到時機還未成熟，隱忍未發而已。大業末晉陽長姜謩曾私下對其親信說：「隋祚將亡，必有命世大才，以應圖籙，唐公有霸王之度，以吾觀之，必為撥亂之主。」（《舊唐書・姜謩傳）李靖「查高祖，知有四方之志」，想去向隋煬帝告發，只是由於「道塞不通而止」（《舊唐書・李靖傳》）。顯然他們是覺察到了李淵的秘密籌備才會如此斷言，可知晉陽起兵的中心人物應該是李淵。

李世民生於隋開皇十八年（598），大業九年（613）年僅十五歲，李淵正式起兵的大業十三年（617）也才十九歲，不論後世史官將李世民吹噓得如何才略蓋世，也很難想像李淵會選擇年齡幼小、政治上尚不成熟的李世民，而其長子李建成兩《唐書》均不載其出生年月，但記玄武門之變死時為三十八歲，可知起兵時年已二十九歲，顯然更應該成為李淵的得力助手。《資治通鑑》記載李世民多次催促李淵起兵，李淵卻遲遲不動，原因即在於「時建成、元吉尚在河東，故淵遷延未發」（《資治通鑑》卷一八三）。即便在擊突厥失利，要被解捕到江都治罪的情況下，李淵仍不願起兵，這不正透露出李淵要等待建成、元吉二人到晉陽後謀劃起兵大事嗎？而且，如果催促李淵起兵之說屬實，那麼，在建成、元吉等人尚在河東時便起兵叛亂，完全不顧及兄弟安危，豈非借刀殺人之舉？高祖與庶妻萬氏所生兒子智雲在起兵後尚留河東，被隋吏捕去送至長安殺死（《舊唐書・楚王智雲傳》），不就正是明證嗎！由此看來，世民與建成矛盾由來已久，早就欲置其於死地，這也為後來的玄武門之變弒兄屠弟之舉埋下了伏筆。

對於建唐前李建成、李元吉的作為，《舊唐書》說是「義旗草創之際，並不預謀，建立已來，又無功德，常自懷憂，相濟為惡」（《隱太子建成傳》），不過是個紈袴子弟罷了，但所幸關於唐朝初創過程，還有《大唐創業起居注》一書存世，記載隋大業十三年（617）五月晉陽起兵至翌年五月長安稱帝的史實。作者溫大雅在李淵起兵時任「大將軍府記室參軍，專掌文翰」（《舊唐書・溫大雅傳》），該書撰成於「義寧、武德間」（《史通・正史》），在玄武門之變前，有關記載就與兩《唐書》大相逕庭。隋大業十二年（616），李淵「奉詔為太原道安撫大使」，「帝私喜此行，以為天授。所經之處，示以寬仁，賢智歸心，有如影響」（《大唐創業起居注》）卷一，中華書局，1983）。至十三年（617），建成尚在河東，李淵對留在身邊的李世民說：「隋歷將盡，吾家繼膺符命，不早起兵者，顧爾兄弟未集耳。」可見晉陽起兵確為李淵本人蓄謀已久之事，且對建成的倚重也溢於言表。河東是軍事要地，處在太原和關中之間，李淵「命皇太子於河東潛結英俊」，而建成亦不負李淵期望，「傾財賑施，卑身下士」，「故得士庶之歡心，無不至者。」（同上）攻克霍邑後，《舊唐書》說：「河東水濱居人，競進舟楫，不謀而至，前後數百人。」（《高祖本紀》）想必與建成二人在河東的工作密不可分。李淵起兵後第二月，建成、元吉從河東趕回太原，隨即與世民共同指揮了關係帝業成敗的首次大戰，一舉攻克西河城，往返僅用九天時間，從此奠定了進軍關中、直取長安的基礎。而兩《唐書》涉及這一至關重要的戰役時，卻只說世民奉高祖之命征討西河，一筆抹殺建成的功績。西河之役後，建成因功封爲隴西公，統率左軍，世民封爲敦煌公，統率右軍，可以說建唐以前的全部軍事活動，定西河、取霍邑、圍河東、屯永豐、守潼關、克長安等，建成都是直接參與者和指揮者。考慮到該書作者溫大雅屬於李世民一黨，絕不會故意貶低世民、抬高建成，應該比《高祖、太祖實錄》眞實可信得多。

武德元年（618）李淵定都長安之後，隨即立李建成爲太子，李世民爲秦王、李元吉爲齊王。作爲儲君，建成的主要職責是幫助高祖處理日常政務，「高祖憂其不閑政術，每令習時事，自非軍國大務，悉委決之。」（《舊唐書．隱太子建成傳》）並委派德高望重的老臣李綱、鄭善果輔佐。而領軍作戰、平定各地割據勢力的任務基本上都由秦王李世民承擔，客觀上爲其建立顯赫的戰功創造了條件，形成了「秦王勳業克隆，威震四海，人心所向」（同上）的局面。如果僅從這一點便認定建成的政治、軍事才能遠遠不如世民是很偏頗的。劉黑闥事件就充分證明了這一點。

竇建德爲唐擊敗後，其部將劉黑闥於武德四年（621）起兵，很快占領故地。李世民奉命圍剿，採取「其魁黨皆縣（懸）名處死，妻子繫虜，欲降無繇」（《新唐書．隱太子建成傳》）的高壓政策，付出了極大的代價，勉強取得了軍事上的勝利。但僅隔數月，武德五年（622），劉黑闥又再度起兵，「旬日間悉復故城」（《舊唐書．劉黑闥傳》），定都洺州，稱漢東王。李建成接受王珪、魏徵的建議，主動請令征討，一改李世民的高壓政策，實行寬大安撫的懷柔政策，「建成至，獲俘皆撫遣之，百姓欣悅」(《新唐書．隱太子建成傳》)，於是「眾乃散，或縛其渠長降，遂禽（擒）黑闥」(同上)。如此僅用兩個月時間便平定了山東，這是《新唐書》作者都承認的事實。這足以說明，李建成的軍事才能絕對不亞於世民，甚至有過之而無不及。但《資治通鑑》爲了貶抑建成，藉王珪之口說「今劉黑闥散亡之餘，眾不滿萬，資糧匱乏，以大軍臨之，勢如拉朽」(《資治通鑑》卷一九〇)，建成正可藉此而輕易博得勳名云云，完全是誣衊之辭。因爲《舊唐書．劉黑闥傳》明確記載武德五年（622）劉黑闥再度起兵，憑藉突厥力量進攻山東，瀛州刺史馬匡武城陷被殺，貝州刺史許善護全軍覆沒，淮陽王李道玄戰死，原國公史萬寶大敗逃回，滄州刺史程大買、廬江王李瑗棄城逃走，齊王李元吉「畏黑闥兵強，不敢進」(《資治通鑑》卷一九〇)，可見當時劉黑闥的聲勢是非常浩大的。

舊時史家的記載，均眾口一辭稱建成、元吉嫉賢妒能，兩人狼狽爲奸，多次陰謀加害世民，玄武門之變實在是太宗不得已之舉。史載玄武門之變發生前三天，即六月初一晚，建成召世民到東宮飲酒，在酒中下了毒藥，世民當即「心中暴痛，吐血數升」(《舊唐書．隱太子建成傳》)，被叔父淮安王李神通扶回西宮。這件事的眞僞就頗爲可疑，建成既然要置世民於死地，必然下的是劇毒的毒藥，何以世民喝了毒酒僅僅吐了數升血而未當場身亡呢，莫非用了假冒僞劣產品？而且建成居然沒有預伏甲士，聽任世民逃脫，以建成的政治經驗應當明悉行毒酒之計未能成功的嚴重後果。看來此事多半出於貞觀史臣的虛構。

李建成係李淵與竇皇后所生嫡長子，立爲太子符合慣例，他也曾爲大唐創建立下了赫赫戰功，掌握著東宮獨立的武裝力量長林兵，並且獲得手握兵權的四弟齊王元吉的支持，李淵最爲信任的宰相裴寂，也是建成的堅定支持者，高祖寵愛的張婕妤、尹德妃等人經常在高祖面前說建成的好話：「至尊萬歲後，秦王得志，母子定無孑遺。」「東宮慈厚，必能養育妾母子。」（《舊唐書·隱太子建成傳》）顯然，建成的「接班人」地位十分穩固，看不出他有搞陰謀詭計的必要。清人王夫之云：「太原之起，雖由秦王，而建成分將以向長安，功雖不逮，固協謀而戮力與諧矣。同事而年抑長，且建成亦錚錚自立，非若隋太子勇之失德章聞也，高祖又惡得而廢之！」（《讀通鑑論》卷二〇，中華書局，1975）只有李世民身爲次子，根據名分絕無做皇帝的可能，除非建成發生意外，或採取政變奪權，可見他才有背著高祖與建成暗中活動的必要。事實上，李世民確實早有奪取皇位的野心。據《舊唐書·杜如晦傳》記載，李世民平定長安後，秦王府很多文武官員被調往外地爲官，使得李世民頗感不安。謀士房玄齡告訴世民，這些人調走得再多，也用不著可惜。但是杜如晦就不同了，此人是輔佐帝王之才，如果秦王只想當一個藩王，杜如晦這樣的人也沒什麼用，但是如果要「經營四方」，則非此人莫屬。李世民聞言大驚，「爾不言，幾失此人矣。」急忙將已外調爲陝州總管府長史的杜如晦調回。這些對話不可能出自《舊唐書》編者的杜撰，想必是本自貞觀史官的實錄。當年記錄此事無非是爲了突出太宗重視人才，卻無意中暴露了早在建唐之初，李世民就在積極籌備，蓄謀奪取皇位了。

在這場儲位鬥爭中，高祖李淵的態度頗爲關鍵，兩唐書和

《資治通鑑》記載早在晉陽起兵之初，李淵就許諾要立世民爲太子，只是被世民堅決推辭了。到了武德四年（621），高祖再次私下許諾立世民爲太子。言之鑿鑿，似乎確有其事，但卻與同一來源的另外幾條材料相抵牾。東都之役後，李世民逐漸以洛陽爲基地，擴充自己的勢力，於武德四年（621）設立文學館，招徠了杜如晦、房玄齡、長孫無忌等所謂「秦府十八學士」，武將則有所謂的「八百勇士」，引起了高祖的嚴重不滿。武德五年（622）他對宰相裴寂說：「此兒典兵既久，在外專制，爲讀書漢所教，非復我昔日子也。」（《舊唐書・隱太子建成傳》）此後就對李世民的軍政權力加以限制，於該年四月將其兵權轉歸齊王元吉，不久又罷免了他的陝東道大行台、都督山東河南河北諸軍事的職務，由太子建成取代。接著又驅逐了世民心腹房玄齡、杜如晦，以致六月初三夜秦王召二人密謀時，他們都是身穿道服化裝潛回的。高祖還曾經當面斥責世民：「天子自有天命，非智力可求；汝求之一何急邪！」（《資治通鑑》卷一九一）由此可見，李淵在立儲一事上，態度基本上是傾向於建成的。在這種情況下，身爲皇位合法繼承者的太子建成要除掉意欲篡奪的世民是再容易不過的事，謀士魏徵就「常勸太子建成早除秦王」（同上）。儘管建成採取了不少維護自己地位、打擊秦王勢力的行動，但始終沒有採納直接刺殺秦王的建議。武德七年（624），齊王元吉自告奮勇要爲建成除掉世民，「元吉伏護軍宇文寶於寢內，欲刺世民，建成性頗仁厚，遽止之。」（同上）史籍中充斥的建成等人「日夜譖訴世民於上」（同上）的記載，看來是建成一直希望能夠透過高祖，按正常管道解決爭端，而不願骨肉相殘。直到玄武門之變的當天，李建成接張婕妤的密報，知世民在高祖面前密奏自己淫亂後宮，高祖將召兄弟三人入宮「鞫問」，李元吉主張「宜勒宮府兵，托疾不朝，以觀形勢」（同上），而建成卻說「當與弟入參，自問消息」（同上），沒有採取任何措施便坦然入宮參見高祖，說明「性頗仁厚」、「東宮親慈」等說法絕非子虛烏有。而李世民在種種情勢均對自己不利的情況下，要奪取皇位，唯有孤注一擲，發動政變對自己的同胞兄弟下手了。陳寅恪曾據巴黎圖書館藏敦煌寫本P2640《李義府撰常何墓誌銘》考定，玄武門之變太宗取勝的關鍵在於收買了原建成的親信、玄武門守將常何（《唐代政治史述論稿》，上海古籍出版社，1997）。可見玄武門伏兵絕非倉促之計，本章開頭的血腥一幕，只是或早或晚之事而已。

史載玄武門的激戰結束時，高祖正「泛舟海池」，李世民立即派尉遲敬德「擐甲持矛，直至上所」去宿衛。須知李淵身爲帝王，平時身邊都有至少二、三百人的禁衛保護，而尉遲敬德竟然能夠一身戎裝、手持武器直闖，且高祖原擬此日一早「鞫問」兄弟三人，此時卻有閒情泛舟，也是頗令人奇怪之事。看來，在玄武門之變發生時，高祖已被世民武力挾持，是一個合理的解釋。高祖見到尉遲敬德後大驚，敬德稱太子、齊王作亂，已被秦王誅滅，諸大臣紛紛勸「委之國務」於秦王，李淵說：「善！此吾之夙心也。」並寫下手敕，讓諸軍都聽秦王號令，隨後父子二人相見，抱頭痛哭，似乎是父子情深。高祖隨即頒布詔令，以世民爲太子，建成、元吉的十個兒子均以謀反罪名處死，兩個月後，又宣布退位爲太上皇，李世民登基。清人趙翼指出，「是時高祖尙在帝位，而坐視其孫之以反律伏誅，而不能一救，高祖亦危極矣。」（《廿二史箚記》卷一九）可謂洞見。

就在二十二年前的隋仁壽四年（604），文帝次子楊廣發動宮廷政變，殺死其父楊堅和其兄楊勇自立，留在史書上的隋煬帝形象，是一個荒淫無恥、滅絕人倫的暴君，而導演了一場類似宮廷政變的李世民，卻是大唐帝國的締造者，是歷史上少有的明君。之所以會有如此巨大的差別，就在於楊廣上台後橫徵暴斂、誅殺功臣、窮兵黷武，不久即身死國滅，被後世視爲亡國之君的典型，而李世民則能吸取歷史的教訓，任用包括原建成親信魏徵在內的一大批名臣，開創盛唐的「貞觀之治」，自然可以從容地修改國史。儘管我們承認唐太宗李世民確實是歷史上少見的傑出政治家，但其弒兄逼父奪取皇位之舉卻是不能諱言的。太宗晚年因其諸子爭奪儲位而極其苦惱，甚至當著大臣的面「抽佩刀欲自刺」(《資治通鑑》卷一九七)，就是他自己種下的惡果。

儘管唐太宗要求史官修改實錄，但並未否定其殺死兄弟的事實，否則，他盡可以宣稱建成、元吉是暴病而亡，修改一切記錄，所以讓千餘年後的我們還能從有限的史料中窺出當時的些許眞相。但是如果史料已爲勝利者全面篡改，或者未留下任何可信的資料，比如儒家宣稱的惡兄象慫恿其父瞽叟迫害舜的故事，我們即便有所懷疑，但誰也無法求得歷史的眞相了。陳寅恪指出：「後世往往以成敗論人，而國史復經勝利者之修改，故不易見當時眞相。」(《唐代政治史述論稿》) 此言雖是針對唐史而發，其他一切的歷史也無不如此。既然如此，眞實的歷史究竟在哪裡呢？很多人因此認爲，儘管歷史事實是客觀存在，但任何人記載下來的歷史都不能避免自己的立場、觀點和感情的影響，其他人的理解和研究同樣如此，因此從來就不存在什麼大家都能接受的客觀、眞實的歷史。由此引出的階級性、政治性、人民性、以論帶史、先論後史、古爲今用等論點，曾經在史學界占盡風騷。而今天甚至有一些學者引用西方後現代主義史學家的觀點，認爲歷史事實不過是歷史學家頭腦中的產物，「在歷史學家創造歷史事實之前，歷史事實對於任何歷史學家而言都是不存在的」（愛德華·霍列特·卡爾，《歷史是什麼》，商務印書館，1981，頁18），我還是不敢苟同。

儘管在很多情況下，要復原歷史的眞實確實存在著不可逾越的障礙，但我還是深信，這都沒有改變這樣一個前提：歷史本身是眞實的，是客觀存在過的事實。無論我們今天是否還能了解，或者我們了解了以後是否願意承認。

4.2 要不要眞實的歷史？

既然歷史本身是客觀存在過的事實，那爲什麼總有一些研究者要故意隱瞞或曲解這些事實呢？就我所知道的原因，無非有以下這樣幾種：

一是爲了達到某種目的。如《中國歷史地圖集》內部本將不同時期的疆域拼湊成一個「極盛疆域」，是爲了顯示中國從來就擁有遼闊的領土；無論何時，中原皇朝的邊界都要畫在長城之外，至少要比長城更外一些，是爲了反駁二十世紀六〇年代中蘇論戰中蘇方的觀點，證明長城從來就不是中國的邊界。

二是爲了符合某種理論或主義。以前的學者根據明朝的戶口數把當時的人口定爲五、六千萬，如此低的數字，只要稍加注意就不難發現問題，但明朝中後期人口長期停滯的「事實」，正好被用以證明封建社會的窮途末路、統治階級的腐敗無能、農民遭到殘酷剝削，甚至可以看成是閉關鎖國、資本主義萌芽受到壓抑的證據，怪不得直到今天，還有人要置我們研究得到明朝人口已經突破二億的成果於不顧，津津樂道於明朝的「人口」始終徘徊於五、六千萬的「事實」。至於如果某些史料有悖於「馬克思主義」（打上引號的理由是：這些主義往往不見於馬克思的原著，或者只是對馬克思個別詞句的斷章取義，顯然稱不上他的主義），或者只要不符合某位欽定的權威學者的觀點，即使白紙黑字、證據確鑿，也只能說是地主階級（好在中國歷史上能留下記載的人幾乎都可以稱之爲地主階級）的造謠污蔑，或是以往的研究者本人別有用心所致。

三是強調爲政治服務，或爲了維護所謂的「國家利益」。對有些事實或結論，私下或內部可以承認你是對的，也知道自己是站不住腳的，但據說如果如實公布就會不利於國家，影響政治，所以必須按假話說下去。《中國歷史地圖集》內部本定稿時正值「文化大革命」期間，畫歷代的中國疆域、包括各中原皇朝的疆域越大越好，誰要根據史料提出應該縮小一些就有「賣國」之嫌，而主張盡可能大的都成了「愛國主義」的表現。到八〇年代初儘管文革已過，有些人尚心有餘悸或「預悸」，有些人則餘毒尚存，所以對實事求是的修改無法接受，有人就問過：「畫大一點有什麼不好？」還有一位著名的前輩學者向各級領導上書，指責修訂本自唐代至清代某段邊界的畫法對國家不利，是「賣國主義」。

這一理論往往被擴大到無以復加的程度，幾乎能適用於一切方面，至今還得到廣泛運用，雖然結果可能令人啼笑皆非。如譚其驤先生早在1942年就發表了〈論丁文江所謂徐霞客地理上之重要發現〉一文（載浙江大學《紀念徐霞客逝世三百週年紀念刊》），指出丁文江提出的徐霞客首先發現了長江正源是金沙江的說法是錯誤的，因爲問世於西元一世紀的《漢書・地理志》就記載了繩水（金沙江當時的名稱），並且知道它來自遙遠的境外。這本紀念論文集在二十世紀五〇年代重印過，並不是什麼秘笈孤本，可是直到八〇年代發表於大陸最重要報刊上的文章或報導依然稱「發現了長江的正源」爲徐氏的「傑出貢獻」。作者的理由大概就是，既然徐霞客是中國歷史上的偉人，拔高徐氏自然就是愛國主義了，此說對不對又有什麼關係？

再如，一直以來很多人都把西晉皇甫謐《帝王世紀》中記載的大禹時人口13553923這一數字說成是中國最早的人口調查紀錄，直到近年還爲一些論著所沿用，有人甚至把這作爲人口史中的一項世界紀錄。也有的作者雖然也知道這一說法不可靠，但又感到既然有精確到個位數的記錄，總不會毫無根據，所以捨不得割愛，加上「據說」兩字繼續使用。其實所謂大禹時的人口數字是根本不可信的。皇甫謐的《帝王世紀》原書已佚，現在我們能夠看到的這段記錄最早來自南朝梁劉昭的《後漢書・郡國志》注。該條記載大禹時九州之地有24308024頃，定墾者9306024頃，有人口13553923人，平均每人墾田68.66畝。先且不說他所列的這些數字是否眞實，即使就數字本身而言，也存在著無法解釋的矛盾。因爲同書又載，到西漢元始二年（2），全國人口已經增加到了59194978（《漢書・地理志》作59594978，當係傳抄之異），墾田數卻反而減少到8270536頃，平均每人墾田13.97畝。人均耕地減少還可以用農業單產的提高來解釋，耕地總面積的減少卻是無論如何也說不通的。因爲西漢的疆域比傳說中的九州大得多，這是連正統的儒家學者都承認的概念。從歷史事實看，傳說中的大禹時代絕不可能有這樣的人口記錄。因爲人口調查必須有一定的地域範圍以及能在這一範圍內實施行政管理的機構，但到目前爲止，還沒有得到學術界普遍承認的考古發現可以證明大禹時代的存在。五四以來，經過以顧頡剛爲代表的「古史辨」派的努力，證明《禹貢》九州絕不是大禹時的實際，而是戰國時的學者對大一統政治理想的設想，這一點也早已爲學術界公認。即使今後可以證明的確存在著夏文化，有一個夏朝，但有一點是現在就能肯定的：它絕不可能是一個統一了黃河流域的國家，更不用說還包括長江流域。所以即使當時眞能進行人口調查，能覆蓋的範圍也是很有限的。在當時的生產條件下，這樣大小的範圍內是不可能有上千萬人口的。要眞有這麼多人口，何以到現在爲止僅發現極個別的文化遺址呢？另外，人口調查需要相應的技術和物質條件，也有賴於文字加以記載。即使在今天，要完成上千萬人口的調查、登記和統計也要有一定的條件和準備。商代的甲骨文中最大的數字是三萬，更早的文字尚未發現。如果大禹時代眞的已經有了調查統計上千萬人口的技術，那麼又是怎樣記錄下來的呢？

據《晉書·皇甫謐傳》，皇甫謐卒於西晉太康三年（282），他離開傳說中的大禹時代至少有二千三百年，他又是根據什麼記錄下了那時精確到個位數的人口數字呢？著名的汲塚竹簡要到皇甫謐死的前一年才出土，他是來不及利用的。何況從傳世的《竹書紀年》來看，其中也沒有戶口一類的內容。看來這些數字只可能出自編造。當然始作俑者不一定是皇甫謐，這位先生可能也是受了騙又去騙人的。由於西晉以後一般學者信奉儒家學說，只要有人將這些數字附會在大禹、周公這樣的聖人身上，便會深信不疑；一旦被錄入正史，即使作爲注文，也就成了不刊之論，不敢輕易推翻。這就是何以自梁劉昭之後，皇甫謚之說一直爲《文獻通考》等史籍所沿用的原因。至今我從未看到有人提出證據加以反駁，但一些論著卻繼續在說這樣的話。其中的原因我不敢妄斷，但在一次會上我倒親自聽到了意見：「照你這樣說，我國的人口調查開始得比其他國家晚，照原來的說法從大禹時候開始不是很好嗎？」既然埃及、巴比倫從西元前3000年或2000年就開始人口調查，中國又豈能開始得太晚？爲什麼現成的「世界第一」不要，卻要白白讓給外國，豈不是對國家不利嗎？

至於要說這種種原因是不是値得考慮，或者說是不是應該作爲一個歷史學者求眞求實的前提，我想只能從歷史研究的目的來認識。我認爲，歷史研究的基本目的只有一個，就是要在復原歷史事實的基礎上，探索以往的人類社會發展變化的規律，就像任何一門科學都是爲了探索該學科的內在規律一樣。既然如此，就絕對容不得半點弄虛作假，否則怎麼可能得出準確的規律來呢？另一方面，在一種具體的規律被發現、被揭示以後，歷史研究的結果也可以用於驗證這一規律。如果不嚴格按照歷史事實，或者對歷史事實作隨心所欲的取捨，由此得出的結果就根本起不到驗證的作用。如果這一「規律」並不是眞正的規律，而是錯誤的，那這樣的驗證只能爲錯誤披上正確的外衣，延續並擴大了它的消極作用。如果這一規律是正確的，也會因爲採用了錯誤的驗證方法、使用了不眞實的論據而受到人們的懷疑。而且，即使是正確的規律，也不可能一下子就被人們全面、深刻地揭示和認識，實事求是的驗證可以發現其中存在的片面性或局部的誤差，這正是使之完善的恰當途徑。

一種理論或主義，如果是眞理，就不必害怕歷史研究的檢驗，因爲它必然符合歷史發展的規律。即使由於一時還無法找到充分的事實，或者由於眞相被歪曲、掩蓋而暫時不爲人們所知，但規律的客觀存在是不會改變的，難道它還要靠虛假的「歷史事實」才能變得正確嗎？相反，依靠迷信或其他欺騙手段、專制或其他暴力手段推行的理論或主義，由於違反歷史發展的規律，必然乞靈於捏造事實、造謠惑眾。在這種情況下，無論出於何種動機，用僞造的所謂「歷史事實」作附會迎合，只能是助紂爲虐、爲虎作倀。

我認爲，歷史事實、歷史規律本身是沒有階級性可言的，也沒有任何國家、民族、信仰的差別。對唐朝向中亞的擴張，地主階級、資產階級和無產階級可以有不同的看法，中國人與波斯人、佛教徒與回教徒、漢族人與非漢族人的評價可能會有差異，但唐朝向中亞擴張的事實是絕對無法改變的，它的西界到了哪裡也是不能改變的。你可以認爲這是愛好和平的表現，是必要的，是維護國家利益，但你不能說唐朝的軍隊沒有到過鹹海之濱；你也可以評論爲窮兵黷武，勞民傷財，但卻不能說唐朝一直打到了地中海邊。透過這一事實，不同的人完全可能總結出不同的「規律」，但眞正的規律只有一種，或許已經包含在其中，或許還沒有。如果地主階級和無產階級對同一歷史事件總結出來的不同「規律」居然都是對的，那麼這還算是什麼規律？規律的客觀性又何在呢？反之如果它們總結出了同樣的正確規律，那又有什麼階級性可言呢？

歷史哲學是對歷史規律的集中、概括和昇華，更應該建立在嚴格的、眞實的基礎之上。歷史哲學雖然不能排除邏輯和思辨的方面，但一種正確的歷史哲學觀的確立、完善並得到承認，卻離不開大量的實證。我對湯恩比（Arnold Joseph Toynbee, 1889-1975）的《歷史研究》不敢多作恭維，原因之一就是其中對中國歷史的引證往往並不符合歷史事實。

當然上面說的基本目的不是唯一目的，更不能代替具體運用中所要達到的具體目標。但無論哪一方面的具體運用，堅持眞實性不僅是必要的，而且是有益的。

我把歷史研究的運用即具體目的歸納爲三個方面：第一是爲其他學科的研究提供規律，第二是用於宣傳教育，第三是爲解決現實問題提供資訊，包括背景、經驗等。

第一個目的與基本目的並無二致，就像歷史研究要運用其他學科的規律和知識一樣，不能設想，如果這些東西是以虛假的、錯誤的論據爲依據，我們卻還能用之於歷史研究並得出正確的結論？反之當然也是一樣。如我們研究的歷史疆域範圍可以爲民族、人口、文化、藝術、語言、宗教、經濟、貿易、政治、對外關係、行政管理等各方面的學科提供重要的根據，如某一民族的分布和遷移、某一地區的人口密度、某種方言的形成過程、某種宗教的傳播範圍等往往與疆域的變遷有著密切的關係，甚至就是由此而決定的。要是我們在地圖上畫出的歷史疆域是隨心所欲的，或者只是爲了表示「愛國主義」而儘量擴大了的，相關學科以此爲據的結論又豈能正確呢？又如歷史時期的人口數量和分布，一般都能作爲分析評估當時的氣候、生態、地貌、災害的指標或參數，在觀測記錄不具備、文獻記載又缺乏的條件下尤其重要。十七世紀初的明朝究竟是有六千萬人口還是二億人口，對相應的結論不僅會有定量的影響，還會導致定性的差異。如果當時的人口眞的比一千六百年以前的西漢末年還少，很多生態、地貌方面的特徵就無法得到解釋。

第二個目的比較複雜，因爲接受宣傳教育的對象千差萬別，每次宣傳教育的具體要求又不一定相同，選擇的內容和方式當然應該有所區別。同樣是歷史課，初中的和大學的不應相同；都是作報告，對一般民眾與對黨政官員、專業人員自然不能用一種稿子；國難當頭時要多講先人的英雄功績和不屈不撓的精神，而不必同時說明歷史上同樣有過多少回委曲求全、賣國苟安；激勵民心時就側重於以往中國在世界的先進地位和偉大貢獻，而不必大談中華民族的弱點和歷史上的污點；接待友好鄰邦來賓時強調兩國歷史上的友誼，暫時不提也有過的衝突和戰爭；在某人的追悼會上主要談他的優點和善行，而不將他犯過的錯誤一一列舉；凡此種種，不僅是必要的，也是有效的。但這一切都應該是以不違背事實爲前提的，只能是對各種事實的不同選擇或側重點的不同，而不是歪曲甚至僞造事實。例如我們對初中生，可以只講唐朝的疆域最遠曾經到過什麼地方；對高中生可以說清唐朝不同時期的疆域變化；對大學生就應該分析一下唐朝開疆拓土的利弊得失。儘管詳略不同，繁簡有別，但基本事實應該是始終一致的。如果爲了達到宣傳目的而不顧歷史事實，儘管當時可能有效，一旦受眾了解了眞相，就會連正確的宣傳也不再相信，這樣的例子以前還少嗎？

第三個目的最爲某些人所看重，歷史研究爲現實、爲政治服務一度被置於首位，因而這方面的功能被無限地擴大了。實際上，歷史研究對現實或政治的直接作用是相當有限的，因爲歷史永遠不會重複，歷史事實也不會雷同，任何歷史經驗都不能完全適用於現實，任何歷史財富都不會直接轉化爲實際利益。在國家和民族消亡之前，歷史學者也是一個國家或民族的一員，當然要愛自己的祖國，要維護本民族的利益。但如果他要用歷史研究來爲國家或民族服務，那就必須遵循歷史學的原則，嚴格尊重歷史事實，如果在歷史事實中找不到有利的論據，可以保持沈默，也可以用別的方式來傾注自己的愛國熱情，而不應該僞造或歪曲事實。

就拿歷史地理中最敏感的疆域研究來說，其現實意義顯然是被誇大和曲解了。決定一個國家領土大小和穩定程度的主要因素，是現實，而不是歷史；而有直接影響的歷史也只是最近的數十年、至多一、二百年，絕不會牽涉到數百年或一、二千年前的歷史。今天中國的國界主要是最近這一百多年間形成的，對中國與鄰國有約束力的條約都是在此期間簽訂的，在此以前的歷史只是背景，至多只能作爲參考，而不是依據。所以研究唐朝的疆域大小純粹是學術問題，不是政治，沒有什麼現實意義，更不會給國家帶來直接的利益或損失。把唐朝疆域盡可能畫大只能滿足一些人的虛榮心，不會使今天中國的領土擴大一分一毫，算不上愛國主義；就是畫得比實際小了，也不會因此而使國家利益受到任何損害，更不會使中國人感到低人一等，除非是此人本來就有不正常的心態。即使是完全符合歷史事實的畫法，也只是歷史而已。如整個唐朝都擁有今天越南的一部分，難道我們可以憑一份唐朝疆域圖向越南索取領土？即使是晚清和民國期間，導致領土喪失的主要原因也不是歷史，更不是歷史學者的過失。沙皇俄國掠奪了中國上百萬平方公里的土地並不需要什麼歷史根據，日本強迫清朝割讓台灣也不是由於證明了台灣「自古以來」就是日本的領土，而台灣之重歸祖國靠的是抗日戰爭和世界反法西斯戰爭的勝利，並不是因爲歷史學家論證了台灣的歷史歸屬。

這樣說並不等於說歷史疆域的研究完全不涉及國家利益，更不意味著歷史學者可以不顧國家利益，或者不爲國家保守機密，如果眞的存在並有必要的話。例如，儘量爲政府提供有利的歷史依據，於我們不利而對方又沒有掌握的事實在一定階段內應該保密或迴避，對政府內部決策的意見暫時不公開討論。這些做法也應該是以實事求是的研究爲基礎的，否則如果連歷史事實都沒有搞清楚，又怎麼判斷對我們有利還是不利呢？又如何能確定正確的策略和政策呢？如果連對方早已掌握了的資料、甚至根本無密可保的史實都不予公開，除了愚弄一些國人以外又能給國家爭到什麼好處？

總之，就歷史研究而言，無論出於什麼目的，處於什麼條件之下，對眞實的追求是絕對的、無條件的；而在運用研究成果時，可以有所選擇或取捨，但還是必須以不違背眞實性爲前提。

4.3 能不能獲得眞實的歷史？

必須承認，絕對的眞實歷史是永遠無法獲得的，就像絕對眞理一樣。而且歷史科學有其自身的局限，它的研究對象只能是過去，而不是現在或將來。歷史既是全人類的活動，又是一個個具體人的活動，而人的生命與歷史相比是極其短暫的。一個人，無論多麼偉大，只要沒有留下記載，他的行爲和思想就會隨著他生命的結束而永遠消失，而即使留下了記載，也會隨著時間不斷消失。例如，唐朝的邊界在哪裡，當時的開拓者、守衛者、當地居民、地方行政機構以至中央政府都是了解的，但在那些當事人死亡以後，後人就只能依靠直接和間接的記載了；如果當時沒有留下記載，或者這些記載又在戰亂中全部毀滅了，歷史學者就無能爲力了。即使是一個活著的人，對他過去的研究也得依靠當時留下的記載，直接、間接的，自己的、他人的，而不是由他本人現在來重現。

當然，新的科學技術方法爲復原歷史事實創造了一些條件，但在可以預見的未來，再先進的方法都不能使歷史重演、讓歷史人物復生，所獲得的結果也是有限的。由於明朝後期沒有進行過人口普查，我們又不可能爲當時的人口補作一次普查，所以只能依靠文獻記載來作估計。而研究現在的人口問題，不僅可以利用普查資料，而且能在需要時進行實地調查，對前一段時間的情況也能作回顧調查。當然透過現代人口統計技術，可以對以文獻爲依據所作估計的結果進行修正和檢驗，但在缺乏最起碼資料的條件下，要求得到精確的結果是絕無可能的。至於一些本來就只發生在個別人之間的事情，如一位偉人在臨終時究竟說過什麼話、是否眞的留下了臨終遺囑，如果在場的人都未作任何形式的記錄，要依靠什麼技術手段來再現，顯然已經超出了現有科學技術的能力。

但是，眞實的歷史依然是歷史學家永恆的追求，因爲離開了眞實，史學就沒有任何價值，就不成其爲科學。如果我們把眞實理解爲相對的、可以逐步接近的，對眞實的追求就是可行的，並且會不斷取得進步，使我們越來越靠近它。以天文數字計的歷史人物、事件及其附屬的各個部分並不具有同樣的價值，恰當的選擇在很大程度上可以彌補記載的缺陷和空白。秦始皇臉上是否長了一顆痣，確實是歷史事實，如果眞有人研究出個結果來也不是壞事，但不了解這一點，對確定他的歷史貢獻顯然不會有什麼影響，不能說不知道這一點就不眞實了。明朝某一時刻有多少人口，是永遠無法精確到個位數或萬位數的，但即使在百萬位數、甚至千萬位數上取得了可信的成果，也是向眞實大大地靠攏了一步。

這樣的追求還是一個不斷修正錯誤的過程。史學家在探索的過程中很可能作出了錯誤的判斷，或者誤信了虛假的史料，或者受到相關學科的制約，因而會背離眞實，甚至可能倒退。但一旦發現了，就應該毫不猶豫地回到正確的方向，而且對致力於求眞的史學家來說，這樣的過程只能更堅定自己的信念。

4.4 了解歷史

了解歷史是學習和研究歷史最基本的要求，但要全面了解歷史就並非那麼容易了。因爲每個人了解的歷史都是歷史中間很小的片斷，或者一個概貌，歷史無法重演，即便將來眞有了所謂的「時光隧道」，客觀上可以讓我們看到過去，但人所觀察到的又不過是其中一個很小的片斷而已。假使將來可以在太空觀察中國的歷史進程，如果要看全局，只能是很粗略的；如果要觀察局部，就只能顧此失彼，看到北京天安門，就未必能同時看到上海外灘。就是有人全部拍攝下來，一個人一輩子也看不完，對人來說又有什麼意義？

了解歷史，第一步是閱讀史料。對於史料，讀通文字當然非常重要，以前由於史料的字詞、句讀等曾引起句意的分歧。李白的名篇〈靜夜思〉「床前明月光，疑是地下霜。舉頭望明月，低頭思故鄉。」詩中的「床」字，以前一般都釋作「睡眠之床」，但是睡在床上怎麼可以「舉頭」和「低頭」呢？顯然此說並不合理。其實古代床並不單指臥具，《說文解字》說床是「安身之坐者」，也可以指凳椅，「胡床」即東漢自西域傳入中原的一種凳子。近來有人將此詩中的床解釋爲井欄，引李白〈長干行〉「郎騎竹馬來，繞床弄青梅」爲證，認爲是詩人深夜在園中徘徊而作，也可以說通。又如《論語·鄉黨》云：「廄焚，子退朝，曰：『傷人乎？』不問馬。」（孔子的馬廄失了火，孔子退朝後得知，說：「傷了人嗎？」而沒有問到馬。）有人認爲這體現了孔子的人本主義觀念，但唐代韓愈卻認爲末句當斷爲「曰：『傷人乎不（通否）？』問馬。」這樣便成了既問人，又問馬，因爲孔子是大聖人，「聖人豈仁於人不仁於馬？」（見唐李濟翁《資暇錄》）也有人斷該句爲：「曰：『傷人乎？』『不』。問馬。」也是相似的意思。對原始文獻的解釋不同，結論無疑也會不同。但是我們同時也要注意，今天見到的歷史文獻，絕大多數都已經過後人的傳抄、翻印，甚至改竄、增補，通行的本子就未必是原貌。比如我們以往都根據傳世本《道德經》研究老子其人及其思想，但1973年長沙馬王堆三號漢墓中出土了帛書《老子》兩種鈔本，最顯著的差異即《德經》在前，《道經》在後。1993年湖北荊門郭店一號楚墓中出土了《老子》三種更早的竹簡本，文字與傳世本更有較大差異，不少表述不見於傳世本。長期以來，大多數學者均認爲今傳本《尉繚子》是一部僞書，幾乎成爲定案，然而，1972年山東臨沂銀雀山一號漢墓出土了竹簡本《尉繚子》，與今傳本篇章、文字相似，這就證明了今傳本《尉繚子》確爲基本可信的先秦古籍。該墓還與《孫子兵法》同時出土了失傳近二千年的《孫臏兵法》，證明歷史上先後存在過兩個孫子：吳孫子武和齊孫子臏，而後者與前者一直被認爲是同一個人。可見原來一些通行的說法恰恰不符合事實，而此前被認爲是錯誤的說法倒反而是正確的。還有一些史料因殘缺過多，或錯得十分離奇，至今還解讀不出來。

但是，即便讀通了文字，仍然存在很多問題。古人不是人人都識字，文字掌握在少數人手裡，而這少數人的文字能流傳到今天的又更是少數，哪些存世、哪些湮滅帶有很大的偶然性。這留下的少數中又有相當一部分是僞造的、竄改的，還有一部分也是有所取捨的。特別是代表官方立場的資料，經過整理和剪裁，已不是原始資料。如明洪武三年（1370），朱元璋頒發聖旨，推行戶帖制度，中國人民大學歷史檔案系收藏的明代戶帖原件上引述聖旨原文：「說與戶部官知道，如今天下太平了也，只是戶口不明白，俚教中書省置天下戶口的勘合文簿、戶帖。你每（們）戶部家出榜去教那有司官將他所管的應有百姓都教入官附名字，寫著他家人口多少，寫得眞，著與那百姓一個戶帖。」（引自韋慶遠，《明代黃冊制度》，中華書局，1961）完全是大白話，與朱元璋的底層出身也是相符合的。而這道聖旨到了《明實錄》裡，經過史官之筆刪改潤色，成了「民者，國之本也。今天下已定，而民數未核實，其命戶部籍天下戶口，每戶給以戶帖。」完全變了樣子。

即使是原始資料，如古人的日記，也需要鑑別。前人的日記，一部分是記給自己看的，另外相當一部分是記給別人看的，生前就準備公開發表，這是明清以來文人的習氣，其眞實性就要大打折扣。著名的《越縵堂日記》，是晚清名士李慈銘的日記，始於咸豐四年（1854），止於光緒十五年（1889），1920年由商務印書館影印出版，計五十一冊之多，其內容涉及政治、經濟、文化、學術、時事等，無所不包。李慈銘的日記，早在生前就經常借人傳抄，流傳甚廣。魯迅曾尖銳批評《越縵堂日記》，「我覺得從中看不見李慈銘的心，卻時時看到一些做作，彷彿受了欺騙」（〈怎麼寫〉，《三閒集》），譏爲「眞是其蠢臭爲不可及也」（〈馬上日記〉，《華蓋集續編》）。胡適的日記，也是在生前就公開出版了的，許多涉及利害的事實必然有所隱諱，研究其生平思想，顯然不能單憑這樣的資料出發。

中國的史料往往過於注重倫理道德、精神生活，現實生活實際的記錄很少。很多史料中連篇累牘都是政治套話或空泛議論，而眞正實質性的內容很少。即便一個忠實的記錄者，由於受到觀察的限制，受到自身素質的限制，也可能走樣，更何況連這樣的忠實記錄者也很少。中國的學者，一般也不願去記敘習以爲常的東西，所以很多古代的日常生活在以前的史料中反映不出來。倒是明末以來進入中國的西方傳教士，看到了覺得新奇，會在給教會的報告和私人書信中記錄下來。例如中國南方普遍的主食是稻米，他在西方時沒有見過，就會詳細記錄下其製作過程：先用水將米浸泡，然後放在火上煮乾，再用長長的小木棍，而不是刀叉送入嘴中。中國人吃的青菜，他在西方時沒有見過，就會用文字記下它的情況，甚至在旁邊畫上一棵青菜，標上物價。而中國人自己這方面的記錄反而鮮見。他們還會驚異於中國人的餐桌上很少放調料，調料早已在製作菜餚過程中加入了。對太監如何淨身等細節，最詳細的記載也都是外國人做的，中國人對此似乎不屑一顧。

了解歷史並不是簡單地拿本史書來看就行了，大部分歷史的眞相是不可能直接從史書上看到的，而需要我們透過這些文字看到歷史的眞相。對於離我們不太遠的階段，還可以透過實際調查加以印證，糾正記載中的錯誤。如「文化大革命」結束後，經歷過的人大多數還健在，透過他們的回憶，就可以糾正當時留下的假報導、假記錄和假史料。但對更早的歷史就無法透過調查來驗證或糾正，也未必能找到新的史料，那就要深刻地理解史料背後蘊涵的內容，透過史料表象逐步接近於歷史眞實。至少也可以發現其中的矛盾，去僞存眞，作出可能的推測。

本書第二章已經提到，宋元以來，尤其明代，政府大規模地表彰節婦，據筆者的約略統計，此前正史《列女傳》中記載的貞節烈女很少，一般僅在數十人而已，而《明史 · 列女傳》就一下子收入三百零一人之多，編者尙稱「其著於實錄及郡邑志者，不下萬餘人」。到了清代更是不計其數，據《清史稿 · 列女傳序》稱：「禮部掌旌格孝婦、孝女、烈婦、烈女、守節、殉節、未婚守節，歲會而上，都數千人。軍興，死寇難役輒十百萬。」編者挑選入傳的就有六百八十八人。這眞的說明當時的節婦很多嗎？其實恰恰說明這類人很有限，否則政府有什麼必要去大力表彰呢？爲什麼不去表彰男人及時結婚，因爲只要經濟許可，又找得到合適的女子，男人都會及時結婚，根本用不到政府來表彰。據今人對清代刑科題本檔案（地方督撫向刑部上報導致被害人死亡的刑事案件的文書）中供詞的研究，由於喪偶婦女缺乏經濟來源，以及總人口中女性少於男性，儘管她們的再婚行爲不被鼓勵，但依然是一種極普遍的現象，尤其在社會中下層家庭當中。

了解歷史不能單透過書面文字，更要注意文字以外的資料，包括實地調查。有些歷史現象雖然已經消失，或者只留下一些痕跡，但大的地理環境是不會變的。我最早讀《史記》、《漢書》時，對當時的西域分爲三十六國或四十八國一直心存疑慮，除了西部的烏孫、大宛等國面積較大、人口較多以外，其餘各國都極小，大多只有數千人或幾百人，爲什麼要分成那麼多的國？爲什麼以後不少朝代連這些國都無法控制？有一次去新疆，從烏魯木齊乘一架小飛機越過天山，飛往南疆的喀什。從飛機上往下看，新疆就像是一個碩大無朋的沙盤，在一道道赭紅色的山嶺之間是土黃色的荒漠，中間稀疏地散布著大大小小的綠洲。以後坐汽車返回時，往往清早出門，汽車在一望無際的戈壁上持續行駛八、九個小時，才出現了一片綠洲。其他時間整天看不到一個村落，出了綠洲又是綿綿不絕的戈壁和沙漠。今天有汽車等機械運輸工具尚且如此，在只有人力、畜力作爲交通工具的古代，一個綠洲的人又如何去統治另一個綠洲？對這些國家來說，除非受到外敵入侵要尋求保護以外，否則，結合成更大的政治實體或統一爲一個國家都缺乏實際意義，基本是有害無利的。因爲要實施有效的統治就得派遣人員、傳遞消息、徵收賦稅、交流物資，而這些都是難以辦到的，或者耗費巨大。這就是當時分爲三十六國、四十八國的根本原因。也正因爲如此，中原皇朝對這一地區的管轄一般都是採取以軍事控制加以監護的形式。漢朝的西域都護府、魏晉的西域長史府、唐朝的安西都護府等，基本上都是軍事性質的。中原皇朝的軍隊和屯墾人員一般都集中在若干據點，以便將有限的兵力集中起來使用。它們對所轄的各國、各部族或各都督府的基本要求，只是對中央政府的忠誠、保持交通線的暢通和軍事上服從徵調，而一般不會干預它們的內部事務。在西域地區特殊地理條件下，這種統治方法是唯一切實可行的。所以直到清朝末年在新疆建省之前，僅隋、唐在今新疆東部設置過正式行政區域，十六國中的幾個割據政權設置過若干郡縣。如果沒有到過新疆，對於歷史上的這種情況就無法有切身的體會。

4.5 復原歷史

絕對的復原歷史當然不可能，但是相對的復原還是可以做到的。儘管復原歷史的過程，其實已經加入了復原者主觀的判斷、主觀的意識，這是不能避免的。從某種意義上講，後人撰寫的歷史，都是這樣一種主觀的過程。所以對復原的歷史就應該有一種謹慎的態度，要作認眞的分析。

以前史料的收集很難，有「沙裡淘金」的比喻，即要通讀卷帙浩繁的文獻，剔除大量無用或無關的資訊，才能找到少數有用的史料。有時甚至連這樣一些史料都找不到，那就得擴大查閱的範圍，彷彿大海撈針。所以寫一篇論文、作一項研究，在收集史料方面花的時間和精力往往要占大部分。今後資訊技術發達了，收集史料會變得越來越容易。如果所有的史料都已輸入電腦，我們只要在查詢系統中輸入關鍵字，含有這個關鍵字或與此有邏輯關係的史料就會自動羅列出來，甚至對史料的分析和比較將來也完全可能透過機器來做。據說已經有人用電腦統計《紅樓夢》前八十回與後四十回出現的虛詞個數、頻率等特點，發現存在明顯差異，從而認定確實出自兩人手筆。

儘管如此，史料的判斷、理解以及在此基礎上對歷史的復原和重建，恐怕還是只能依靠人的智慧。我深信，機器是人造出來的，機器的智慧是由人輸入的，即使有一天機器可以自覺地重複或綜合人的智慧，但絕不會在總體上超過人類本身，何況人類還在不斷地創新，所以眞正能夠理解歷史的永遠只能是人自己。

怎樣復原歷史呢？說來很簡單，就是將歷史恢復到原來的面貌，但實際上是極其複雜的。正如前面多次提到的那樣，任何復原都不可能超越主觀意圖，因爲百分之百眞實的過去既不可能恢復，也完全沒有必要。退一萬步說，如果做到了，又有什麼辦法來檢驗這樣的復原是否正確呢？因爲這不像揭示自然現象的一些科學實驗，是可以重複的，從而可以透過反覆試驗的成功與否來作檢驗。所以所謂復原，實際上只是有選擇地重建某種歷史現象，或重新顯示某些過去發生過的事情，而不可能是全部。

生物學家已經預言，透過一個人的完整基因組DNA，就能完整無缺地複製（clone）出這個人。用之於動物，1996年英國科學家用成年綿羊乳腺細胞培育出的桃莉羊就是成功的例子。這是因爲用之於複製生物的基因組雖小，但已包含了這個生物體的全部特徵的遺傳訊息，並且能保證它們在複製過程中不發生變異。

另一個復原的例子是用電腦拼接瓷器碎片。一些古瓷窯中往往能出土大量瓷器碎片，以往只能透過人工加以拼接，往往無法拼出幾件成品來。現在利用電腦，據說成功率大大提高。這種復原與前一種是有本質區別的，因爲它不是唯一的。古窯中的碎片並不是屬於同一器物，而是大量同類器物。借助電腦的方法其實並不難，首先是將所有能用於拼接的碎片逐一編號掃描，電腦記住編號及形狀，然後讓電腦按一定要求（如大致尺寸、形狀、色澤等）一次次試驗，最後虛擬拼接出大致可以接受的器物，人再按照電腦測定的編號和位置拼成實物。但用於拼成這類實物的碎片未必來自同一原物，更不能保證絕對符合本來存在過的某一實物。

如果可以肯定所有的碎片來自同一器物，如出土或發現於一個與其他器物隔絕的環境，那樣才能保證復原品的唯一性。但這樣又有了新的前提：殘缺的部分不能太多，不能是最關鍵的部分。如果關鍵部分遭到了粉碎性的破壞，不是完全無法恢復，就是恢復了也無法判斷是否正確了。

可惜，歷史卻不存在包含了生物全部資訊的基因，也很難像拼接來自同一器物的碎片那樣，最多只能用第二個例子中提到的方法。但實際情況往往是連第二種方法都還沒有條件做到。所以我們現在所說的復原歷史，一般還只是大致的、粗略的、局部的、階段性的，無論在時間、空間、人物、現象、過程、程度等方面都有很大局限性。如果連起碼的復原也做不到，那只能證僞，即指出現有敘述中的錯誤或疑點，卻無法說明正確的應該如何。我們能做的，無非是透過以下幾種方法：

分析主要史料的來源，弄清我們目前所依據的史料是怎樣產生的、出於何人之手、站在何種立場、與所敘述的對象關係如何？由此發現矛盾，判斷史料的可信程度。以往研究王莽，唯一的史料來自《漢書》，而《漢書》作於東漢，完全延續了西漢的政治價值體系，將王莽定位爲篡奪漢朝權力、導致西漢覆滅的奸臣。相反，出於王莽方面或其他方面的史料已經不復存在。完全根據《漢書》的記載無疑不可能復原眞實的王莽，也不可能作出公正的判斷。又如研究宋代的歷史，就不能單單依靠據宋《國史》修纂的《宋史》以及宋人編纂的史籍，如《建炎以來繫年要錄》、《三朝北盟會編》等。南宋紹興十一年（1141），宋金簽訂「紹興和議」，《要錄》收錄了南宋向金國遞交的〈皇朝講和誓書〉，《金史・宗弼傳》便作「誓表」。在古代，書是一種平級或上對下的文體，而表則爲下對上的文體。

《金史》中該表與宋方文獻最顯著的差別即是開篇有「臣構言」三字，明確無誤地顯示了南宋史官所諱言的宋高宗趙構向金國奉表稱臣的事實。《金史．宗弼傳》還明確記載了金國派使者冊封高宗之事，南宋的史籍中更是隻字不提。而紹興八年（1138）十二月戊午和戊辰，高宗兩次強調「朕嗣守太祖、太宗基業，豈可受金人封冊？」（《建炎以來繫年要錄》卷一二四）

其次就是所謂「外證」，即在史料本身以外尋找證據。無論是文字的還是非文字的，前面提到過的各種形式的歷史，只要是有關的，都應該找來，然後加以比較分析。這樣做雖然未必能得出一個完滿的結論，但至少可以發現存在的矛盾和問題。外證還應該包括歷史以外的證據，如一部分歷史現象是能夠透過考古或科學技術的手段來模擬、檢驗的。南方不少地方都發現古代少數民族的懸棺，在沒有機械設備的條件下，古人是如何將懸棺放置到背山面水、無路可攀的懸崖絕壁上去的呢？結果有人用原始的吊杆和繩索，只依靠人力就試驗成功了，這就破除了以往不少離奇的猜測。又如，一些人堅持認為今甘肅金昌境內曾安置過西漢後期的羅馬戰俘，甚至演繹出「羅馬軍團」之說，有的報導還舉出一些當地人至今還保持著高鼻、捲髮、藍眼珠為證據。其實這個假設很容易證實，即使真有羅馬戰俘，他們絕大多數應該是男性，要有後代就得與漢朝婦女通婚，二千多年來經過六、七十代還能留下多少具有羅馬人特徵表型（phenotype）的遺傳基因？居然還能保持羅馬人的相貌特徵？只要對這些人做一次DNA檢測就能得出科學結論，並且早已有人作了建議，只是當地人堅決不願意罷了。

如果找不到外證，就只能找「內證」，即在現有史料本身尋找矛盾，發現問題。由於現有史料大多出於一人或一方之手，所以這樣的漏洞不會太多、太明顯，必須深入探求，並結合對歷史的整體性理解和廣博的學識，才有可能發現問題。還是以王莽爲例，在《漢書》中班固對王莽極盡誣衊之能事，說他「滔天虐民，窮兇極惡，流毒諸夏，亂延蠻貉」等等，連他的長相，也說是「侈口蹷顄，露眼赤睛，大聲而嘶」，「所謂鴟目虎吻豺狼之聲者也」（嘴巴寬大，下巴突出，雙目外突，眼珠發紅，聲音大而嘶啞，就是有貓頭鷹的眼睛、老虎的嘴巴、豺狼的聲音的那種人），幾乎找不到對他有利的正面記載。但是即便從這個完全來自對立面的史料中我們也會發現，班固也實在舉不出王莽的多少眞正的壞事來。

從陽朔三年（前22）步入仕途，至當上新朝的皇帝，王莽花了三十一年時間。在《漢書．王莽傳》中除了當上「攝皇帝」時劉氏宗族曾兩次武力反抗外，在這三十一年間沒有什麼反對王莽的具體事實，只是在王莽設置西海郡並人爲製造「以千萬數」的罪犯遷往那裡時，才說「民始怨矣」。此事發生在元始五年（5），也就是說前面二十七年間王莽沒有遇到任何來自民間的阻力。在西漢末年政界貪贓枉法成風、外戚聚斂唯恐不及的社會，王莽非但不貪，還一次次把自己的錢財、土地和獲得的賞賜分給下屬和貧民，甚至連俸祿也常常用於救濟。而他自己的生活極其節儉，一到發生自然災害，王莽就吃素。如元始二年（2）全國大旱，並發蝗災，受災最嚴重的青州百姓流亡，在王莽帶頭行動的感召下，二百三十名官民獻出土地住宅救濟災民。有一次王莽的母親病了，公卿列侯都派夫人登門問候，只見一位穿著布衣短裙的女士出來迎接，這批貴婦人以爲是位傭人，一問方知是王莽夫人，都吃了一驚。王莽的兒子王獲殺了自家的一名奴婢，被他痛罵一頓，逼令自殺。在奴婢的地位與牛馬相同的情況下，像王莽這樣一位貴戚高官的兒子殺死一個奴婢，實在是小事一樁，王莽竟逼他自殺，百姓和奴婢們聞訊，怎能不感激他、稱頌他？

這些都是《漢書》承認的事實，王莽並沒有表面吃素菜，背後喝參湯；也沒有公開將錢財散發，暗底下又去搜刮回來；王莽的兒子也的確是自殺了，並沒有藏起來或送到外國去；要是有這些事，絕不會逃過東漢史臣的刀筆。從中我們就可以明白爲什麼當時王莽會有那麼大的號召力。王莽的這些行爲，就是在一個國泰民安的時代也已夠得上典範了，更何況是處在一個腐爛透頂的社會和一群禽獸般的貴族之中？《漢書》談到這些時，一概斷定是王莽沽名釣譽的僞裝，「其匿情求名如此」。如果一個人一輩子都在僞裝，那也不就成了眞的了嗎？我們固然可以將這種行爲冠之以「虛僞」，但爲什麼不可以理解爲一種對自己私欲的高度克制呢？如果一個人能夠一輩子克制自己，難道就不是一種崇高的修養嗎？如果政治家都願意付出如此大的代價來作假，政治一定會清明得多，道德水準也一定會提高很多。

如果說，王莽所做的一切都是爲了當皇帝，是爲了以新朝取代漢朝，那麼他已經付出了足夠的代價。除了他不姓劉以外，其他條件都不比成帝、哀帝、平帝差。西漢自從成帝開始，外戚輪流執政，忠正能幹的大臣被殺害或排斥，留下的不是靠諂媚奉承，就是明哲保身，以致政治腐敗。皇室濫加封賞，外戚寵臣窮奢極欲，貪得無厭，如哀帝的同性戀夥伴董賢在短短幾年裡，積聚的家產竟達四十三萬萬。朝廷如此，地方上更加黑暗。地方官只要能結交上外戚、寵臣，就能肆無忌憚，對百姓搜刮盤剝。成帝、哀帝時，流亡的百姓已經以百萬計，在發生災害的年份，流離失所，死於溝壑的百姓更是不計其數。貧富相差懸殊，奴婢與牛馬一起供買賣，對農民實際的剝削量已達收成的一半，全家辛勞終年卻連自己都養不活，這樣的社會怎麼能長久存在呢？在這種情況下，從高層官員到百姓平民，對現實已普遍不滿，對前途已喪失信心，無不希望出現某種積極的變革，但卻一直不見其人，以至無所寄託，王莽的出現當然會給大家帶來希望。所以，當時把王莽當成聖人、周公、救世主是完全正常的。對王莽的稱頌雖然有宣傳和誇大的成分，但在他代漢之前，多數人還是出於誠意，否則，只靠劉歆等學者是造不出那麼大的聲勢的。

如果王莽只是為了奪取權力、當皇帝，他並不是沒有成功的可能。而且他已經相當平穩地取得了漢朝的最高權力，又順利地當上了新朝的皇帝。但王莽不但要當皇帝，還想當改革家、當聖君，這樣脫離實際的目標就注定了他的悲劇下場。

一般都說王莽是「托古改制」，認為他的眞正目的是改制或篡位，「古」只是一個幌子，只是假托。我以為，王莽倒是眞心誠意地復古，因為他把儒家經典中描述的古代社會當成了可以實現的目標。如果王莽的復古只是為了篡位，那麼在他當上了新朝皇帝以後就可以改弦更張了，歷來的政治家大多如此。可是王莽這個泥古不化的書呆子，卻在上台以後以更大的熱情頑固地推行他烏托邦式的復古改革，從而把自己推上了絕路。直到臨死前，王莽還手持所謂的「虞帝匕首」（自然是好事者偽造了進獻給王莽的）說：「天生德於予，漢兵其如予何！」（上天給了我德，漢兵又能把我怎樣！）實在迂腐得可以。

王莽曾經使社會各階層、各類身分的人都獲得過實際利益，因而贏得了最廣泛的支持。但王莽想在不觸犯貴族、豪強、官僚利益的前提下，讓百姓、貧民、甚至奴婢的生活也得到改善，完全是癡心妄想。增加王侯官員的俸祿和供養學者的開支，勢必減少農民的土地，提高百姓的賦稅；而要緩解土地矛盾，減輕百姓的賦稅，只有削減朝廷開支，裁減貴族官僚，限制他們的土地占有量；絕對難以兩者兼顧。所以要得天下的人心裡都清楚，自己該依靠誰抑制誰，書呆子王莽卻不明白。

《漢書．食貨志》中說「莽性躁擾，不能無爲，每有所興造，必欲依古得經文」。他爲了恢復《周禮》中所描繪的上古三代的井田制，即位之初便頒布詔令，將天下田改名「王田」，規定不許買賣，每個不足八個男口的家庭，使用的田不得超過一井，超過部分必須分給九族鄰里，原來沒有田的人可以根據制度受田。在當時情況下，根本就是不切實際的幻想。王莽又將奴婢改稱「私屬」，也不許買賣。但改個名稱不會給他們帶來任何利益，禁止買賣更沒有改變他們的身分，相反，由於買賣改爲暗中進行，或者主人原有的土地減少，他們的處境只會更壞。爲了抑制商人對農民的過度盤剝，制止高利貸，控制物價，改善財政，王莽根據《周禮》中賒貸、《樂語》中五均等的記載，在始建國二年（10）下詔實行五均六莞。所謂五均，即在長安、洛陽、邯鄲、臨淄、宛、成都等城市設五均司市師，管理市場，平抑物價。所謂六莞，是由國家對鹽、鐵、酒、鑄錢、五均賒貸實行統制，不許私人經營；控制名山大澤，對採集者徵稅。從這些政策的內容看，似乎相當合理，制定的出發點也是爲了「齊眾庶，抑並兼」（《漢書．食貨志》），如果眞能有效實行，政府和百姓雙方都能得益。但其前提是政府必須掌握相當數量的商品和貨幣，並且有強有力的管理手段。由於沒有這兩方面的條件，王莽只能依靠富商大賈來推行，反而給了他們搜刮百姓的機會，形成危害更大的官商壟斷性經營。由國家對鹽鐵等實行統管統制，早已被實踐證明是行不通的，再次實施自然不會有好結果。而由國家控制名山大澤，實際只是給主管官員增加了財源。總之，國家沒有增加收入，百姓卻加重了負擔，正當的商人和手工業主也受到打擊。王莽又根據周代的制度進行貨幣改革，廢除五銖錢和刀幣，「更作金、銀、龜、貝、錢、布之品，名曰寶貨」（同上），其下名目繁多，體系複雜，以後又多次變更，使老百姓無所適從。受到百姓抵制後，還企圖透過嚴刑峻法強制推行，規定攜帶使用五銖錢的人與反對井田制同樣處罰，流放邊疆。為了提高他頒布的「布錢」的地位，王莽規定官民出入都得帶上，否則，就是有合法的證明，旅館也不接待食宿，關隘和渡口可以加以拘留。連公卿出入宮門時，也必須出示所帶布錢。一種貨幣一旦變成了通行證以後，流通的作用也就不存在了。

王莽又深受儒家「夷夏之辨」的影響，對邊疆少數民族政權採取了一系列錯誤政策。他脅迫羌人「獻」出青海湖一帶的土地設立西海郡，以便與國內已有的北海郡（國）、南海郡、東海郡合起來湊全「四海」。為了使這塊荒地像一個郡，必須強制移民，於是增加了五十條法令，以便增加成千上萬的罪犯，滿足移民的需要。為了這個西海郡，王莽招來了最初的不滿。王莽又將匈奴改為「恭奴」、「降奴」，將「單于」改為「善于」、「服于」，改「高句麗」為「下句麗」，引起了各族首領的不滿；又輕率地決定動用武力，不僅導致邊境衝突，還使數十萬軍隊長期陷於邊疆，無法脫身，耗費了大量人力物力，造成了北方邊疆人民深重的災難。以後的反抗首先在北部邊區爆發，絕不是偶然的。本來，中原皇朝的政權更迭不至於影響它與周邊少數民族政權的關係，王莽完全可以維持現狀，但他卻主動挑起了無謂的爭端，使自己內外受敵。

地皇四年（23）十月初一，更始軍入長安城，攻至宮門。初三天明，王莽在王揖等護衛下逃往漸台，公卿大夫、宦官、隨從還有千餘人。最後將士全部戰死，其他隨員在台上被殺。王莽終於爲他心目中崇高的政治理想付出了生命的代價，此幸耶？不幸耶？不過，在中國這樣一個「見勝兆則紛紛聚集，見敗兆則紛紛逃亡」（魯迅，《這個與那個》）的社會，竟然還會有千餘人自願與山窮水盡、必死無疑的王莽同歸於盡，也總算能給他一絲安慰，也應該向後人透露了一點眞實的資訊。

在同樣代表東漢官方立場的《後漢書．劉玄傳》中，記述王莽被殺以後，他的頭被割下送到南陽宛縣更始帝劉玄的堂前，他高興地說：「莽不如是，當與霍光等。」（王莽要是不這樣做，就與霍光一樣了。）霍光受武帝遺詔輔佐年幼的昭帝，昭帝死後，又迎立宣帝，秉政長達二十年，是匡扶漢室社稷的大功臣。可見身爲西漢宗室、光武帝劉秀族兄的劉玄深知王莽敗亡的根本原因不是他的個人品質或政治舉措，而是他奪了劉家的天下。王莽之所以遭到東漢以來正統史家的「妖魔化」，原因正在於此。漢朝開國皇帝劉邦完全是流氓無賴出身，又能比王莽好到哪裡去呢？

當然，找內證時也要防止穿鑿過分，隨意附會，異想天開，把注意力集中到一些毫無意義又根本無法證實的問題上。1995年，中國文學出版社出版了一本《紅樓解夢》，經過該書作者的「大膽考證」，從《紅樓夢》一書中破譯出林黛玉及書中眾女子的原型爲曹雪芹的意中人竺香玉，被雍正皇帝選入後宮並冊立爲皇后，她與曹合謀用丹砂毒死了雍正等驚人故事。竺香玉的名字，是作者依據第十九回賈寶玉向林黛玉講述了耗子偷香芋（玉）的故事，又聯繫到《紅樓夢》中詩詞、對聯、地名、人名中多有或隱有竹、香、玉等字而「考證」出來的，針對作者憑索隱法而得的竺香玉之名不見於任何清代史籍，該書稱乃是繼位的乾隆將其檔案全部銷毀了。書中的一系列反面人物，則均是雍正的化身。如薛蟠之「蟠」字，影射「龍」字，其祖上爲領取內府帑銀行商的「皇商」，諧音「皇上」。賈敬服丹藥而死則正是影射了雍正被丹砂毒死。此外還有第三十八回林黛玉所作〈螃蟹詠〉中有「多肉更憐卿八足」一句，作者聯繫《世宗本紀》「生有異徵」的記載，「考證」出雍正有六個腳趾，全書諸如此類的牽強附會、憑空杜撰比比皆是，實在不值一駁。作爲一位學者，只能依據確鑿的史料、目前已經證實的歷史事實來判斷是非，而非想像、虛構以及嘩眾取寵的新聞炒作（**圖4.5**）。令人費解的是，該書出版後竟風行一時，若干紅學家也出來叫好，譽之爲紅學研究的劃時代成果。如果紅學可以這樣研究的話，那只能是學術的悲哀和恥辱。其實，這不過是清末民初拆字猜謎式的紅學索隱派的翻版而已。其特徵無非是將野史、札記、詩詞、隨筆乃至傳聞中的一些資料，與《紅樓夢》中的人物、事件做牽強的比附，索隱出其中隱含的所謂「本事」。1917年蔡元培出版《石頭記索引》，認爲《紅樓夢》是清康熙朝的政治小說，寶玉是傳國玉璽之意，而「賈」通「假」，即影射被廢的皇太子胤礽；大觀園中的諸美人暗指當時的幾位名士，林黛玉是朱彝尊，薛寶釵是高士奇等等；而紅與朱字同義，曹雪芹於悼紅軒中增刪此書，是悼亡明朝之意。還有人「考證」出《紅樓夢》中的賈寶玉即順治皇帝，林黛玉是董鄂妃，而董鄂妃即秦淮名妓董小宛，她冒用了滿姓，此外諸

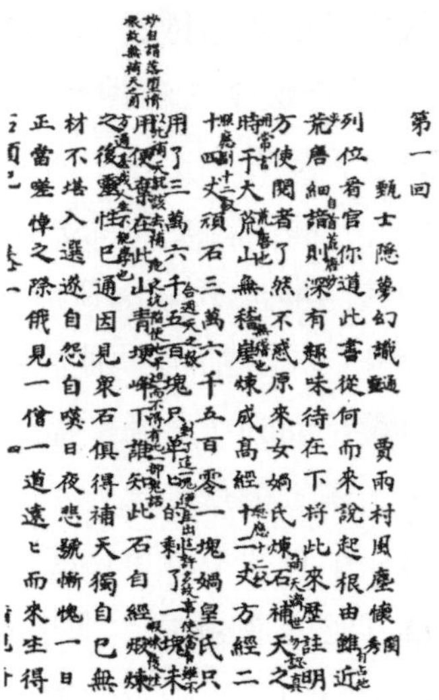

圖4.5 《脂硯齋重評石頭記》(甲戌本)書影

存世最早的《紅樓夢》寫本,評語透露了作者的家世和創作情況,爲研究曹雪芹的原稿面貌及思想提供了重要線索。

如和珅家事說、明珠家事說、明清興亡史說等奇談怪論還有不少。胡適在1921年發表了著名的《紅樓夢考證》,認爲這些不是在做《紅樓夢》的考證,而只是《紅樓夢》的附會,「完全是主觀的,任意的,最靠不住的,最無益的。」(《胡適文集》第二冊,北京大學出版社,1998)近年來不時從報刊電視上聽說某人破譯了河圖洛書、破譯了《山海經》、破譯了天書碑文等等,無不是此類穿鑿附會的產物,正反映了當前學界的浮躁和功利。

必要的計量分析也是復原歷史的有效途徑。中國古代的史料有一個很大的缺陷,就是缺乏必要的數量,或者雖有數量卻不可靠。如《宋史·食貨志》中有看似非常精確的賦稅總額數字,如至道(995-997)末是70893000,天禧五年(1021)則爲

64530000，但這些數字竟然是「穀以石計，錢以緡計，帛以匹計，金銀、絲綿以兩計，藁秸、薪蒸以圍計，他物各以其數計」，將這些不同單位的數字相加而得。該書中還有諸如「正稅並積負凡九十二萬二千二百貫石匹兩有奇」等資料，從統計學角度而言，這種不同統計單位數字的相加是毫無價值的。

當然數量與事實之間、數量與數量之間往往有一定的關係或規律，所以儘管我們未必能復原正確的資料，卻不難發現它們之間的矛盾，從而破除虛假的歷史。例如有的傳記中讚揚一位官員「到任三載，戶口倍增」，有人就肯定這個地方在那三年間的人口增長速度極快，數量翻了一番。其實，即使不是誇大，這也只是登記戶籍數的增加，包括原來漏登的人口被重新登記，也包括外來移民就地登記入籍。因爲根據人口再生產的規律和全世界已有的歷史人口統計數，人口在三年內翻一番是絕無可能的。又如史料中對鄭和航海時所乘「寶船」尺寸的記載也不可信，我親耳聽到一位從事船舶力學研究的中國科學院院士說過，要是按照這樣的尺寸造出來的船，就算勉強推到水裡，也會立即翻掉。顯然有關「寶船」規模的資料是錯的，因爲不符合基本的力學原理。

但是，我們同樣必須警惕將計量分析誇大甚至神化的傾向，計量分析絕不是萬能的，尤其是在原始資料非常有限、結論又無法得到驗證的情況下，應該特別謹慎。例如一個地方的人口變化受到各種自然、社會、人文和人口自身各種因素的影響，任何一項因素的變化都可能導致人口數量的改變，所以如果只是根據一般人口增長率來推算，至多只能得出一個上限或下限。不能將推算出來的結果看得過於認眞，並且以此爲根據一步步往下推算，由甲得出乙，由乙再得出丙，由丙更得出丁，貌似精確，實際卻往往是誤差越來越大。一旦甲錯了，整個系統就失去了存在的基礎。另一種情況是，對整體性的、大範圍的推算大致可行，但如果一定要分解到各個基層或小範圍，誤差就會越來越大，所以並非越仔細越精確。

最後一種途徑其實就是考察歷史的遺存，不過未必是直接的、等同的，所以一般只能作爲一種參照物或參照系。人類學家想了解原始社會的情況，雖然無法回到那個時代和環境中去，但可以設法到世界上殘存的原始社會或保留原始殘餘較多的地方去。當年美國人類學家摩根（Lewis Hehry Morgan, 1818-1881）爲了研究原始社會，就長期居住在印第安人的易洛魁部落，透過研究其社會制度和生活狀況來了解人類早期情況。現在的不少人類學家則去新幾內亞、亞馬遜流域等熱帶叢林中研究土著部族。所謂「禮失求諸野」、「古風猶存」就是這個意思。

在一些環境閉塞、交通不便、發展遲緩的地方往往能見到在其他地方早已消失了的「禮」或「古風」，可以起到一種「活化石」的作用。宗族制度在大都市居民的觀念中就比較淡薄了，而在農村卻依然勢力強大。有一些生產方式、生活方式，可能在局部的邊緣地區尚存孑遺。社會發展的延續性、舊制度的頑固性也爲我們提供了理解歷史的便利。像生活於四川省鹽源縣與雲南省寧蒗縣交界處的瀘沽湖畔的摩梭人（屬納西族），他們保留著比較典型的母系制度。每個大家庭都根據母系血緣組成，親屬結構均以女性爲中心。家庭成員普遍男不娶、女不嫁，婚姻生活實行男方隨女方居住的走婚制，即男方到女方家中共宿，互稱爲「阿肖」（或「阿注」），但次日天明前必須離開，回到自己的母系家庭中去。生下的子女由女方家族撫養，與生父是兩個不同親族的人，一般都是以阿烏（舅舅）相稱。走婚的確定不受長輩約束，建立簡單，解除自由，但感情是首要因素。據二十世紀五〇年代的民族調查，摩梭人絕大多數一生中有多個阿肖，並且可同時與多位異性保持臨時阿肖關係。雖然在當地土司家庭中已建立父系制，實行一夫一妻，但夫妻雙方依然可以公開找阿肖，過走婚生活（宋恩常等，《雲南省寧蒗彝族自治縣永寧納西族社會及其母權制的調查報告》，1963年鉛印本）。這種制度之所以能夠長期存在，是與當地交通閉塞、生產、生活條件惡劣等直接相關的。個人只有從屬於群體，即母系血緣集團，實行氏族式的集體勞動，才能適應當地的生產發展水準。文革時期，曾經一度強行禁止走婚，實行一夫一妻的小家庭，結果引發了不少矛盾。這種原始婚姻狀態的孑遺，對於我們探求早已消失的人類早期社會情況有很大的幫助。人類由血緣內部通婚發展到對偶家庭，其間應存在一個過渡形式，既要保證外婚制（即婚配雙方必須分屬不同的血緣集團），又不打破氏族組織，而走婚制恰恰符合這兩個條件。

當然現在是一個劇烈變動的社會，隨著地區經濟的發展，傳統文化失去存在的基礎，很快地消亡，比如直到二十世紀六〇年代，生活在大興安嶺的鄂倫春族仍以游獵爲生，過著遷徙不定的生活，但現在他們已棄獵務農，實現了定居，物質生活與漢族基本上沒有差別了。但是變動之初的狀況，還是留下了大量資料。其他如古代的專制集權、官僚作風、腐敗現象、人類劣性的殘餘今天還不難發現，制度的原始文本與變遷、理論涵義與實際操作之間的巨大差異也隨處可見，所以深入了解今天的社會也是復原歷史的必要手段。

但是，儘管透過實地考察來復原歷史是一種有效的方法，但也是有局限的。一般來說，現在能夠看到的只是今天的狀況和過去的不完整的遺存，不能無止境地向上回溯，終究不能代替文獻研究。比如有的地方古風猶存，對那裡的考察所獲得的資訊能否代表古代的情況呢？我看未必。因為過去這麼長時間，這中間必定已經有了變化。比如現在某個邊遠山區的農村，還是純手工勞動，過著「日出而作，日入而息，鑿井而飲，耕田而食」（《論衡・藝增》）的生活，有人就會認為這與四、五千年前一樣。其實並不一樣，很多情況都變了，就算他們使用的農具與古時完全一樣，人的體力、人的思想都已經改變，何況即使這樣的例子也越來越少了。所以我們現在復原歷史，主要還是只能依據前人留下的文字記載。

4.6 認識和把握歷史

歷史可以分成三個層面：研究層面、運用層面、哲學層面。歷史哲學是最高的境界，認識歷史和把握歷史是最難的階段。因為從某種意義上講，研究歷史是任何人都可以做的，區別只是在於研究水準的高低。運用歷史也是同樣，大家都可以做，區別也只是在於運用是否得當、效果如何，但是歷史哲學，也就是眞正從本質上、總體上認識歷史的規律和把握歷史的過程，就絕不是人人都做得到的。這需要包括歷史在內的廣博的知識結構，還要有極其卓越的判斷能力。要把對歷史的認識，提高到哲學的高度，並不是短期內所能做到的。

研究歷史的人往往集中解決某一方面的問題，成為專門史的專家，不少人一輩子從事某一專門史的研究，作出了巨大的貢獻。沒有這樣的專門史，眞正高品質的通史是無法寫出來的。成功的專門史研究還能提供方法論和理論的價值，很多方法的應用範圍並不限於專業本身，而能擴大到其他領域。由專門史研究提升的理論也具有一定的普遍意義，是構建史學理論的基礎。但對通史專家來說，僅僅精通某一方面的專門史就遠遠不夠了。所謂「通史專家」不僅應該擁有不只一方面的專門史基礎，而且不是孤立地掌握幾個方面的歷史知識，而是應該將多方面的專門史融會貫通，才能形成一種全面正確的歷史觀念，才能在總體上把握歷史。如果說專門史與通史專家還只是量的不同、範圍的不同，或者分工不同，眞正的「史學大師」與一般史學家之間的區別就在於品質和總體水準的不同。「史學大師」並不是什麼都研究，什麼都懂，但必定能對歷史具有整體性的判斷能力，形成了自己的歷史觀念，掌握了歷史研究的基本方法。

但史學大師與歷史哲學家還是有區別的，因爲要將歷史知識和歷史觀念上升到歷史哲學還有一個常人無法逾越的過程，不是人人都有能力完成的。要完成這個過程，固然離不開歷史本身，但又必須超越歷史；不僅需要對歷史有廣博的知識和深刻的理解，而且需要擁有歷史以外的人文、社會和自然科學各個領域的知識。與史學大師相比，歷史哲學家更需要擁有天賦，而不僅僅是個人的努力。正因爲如此，有志於研究歷史哲學的人也應該有自知之明，歷史哲學研究者是人人可做的，但能夠成爲得到後世承認的歷史哲學家的人只能是鳳毛麟角，甚至是絕無僅有的。古今中外的大科學家、政治家、軍事家可能都掌握一定的歷史哲學，或者他們能夠利用歷史哲學家的一部分成果，但他們本人不可能是歷史哲學家，因爲他們不具備歷史哲學家應有的超現實的境界。

史學研究者的任務是復原歷史，而歷史哲學家所做的則是從中總結歷史發展的規律。凡是普適的規律，都很簡單，因爲規律的存在是源於人類社會存在共性，一複雜就成個性了。比如本書的第一章曾經提到，全世界幾乎所有的語言中小孩子對母親的稱呼語音極其相似，都是很簡單的Ma，或Mama，有些語言學家認爲這是由於這個語音最容易發聲的緣故。但到小孩子學會講話以後，用詞就會越來越複雜，不同語言間的差別也就越來越明顯，有對母親的正式稱呼、尊稱、暱稱、別稱等。從這種角度而言，如果歷史發展確實存在規律，也該是比較簡單的，這樣才能夠適應各種複雜的歷史現象。似乎迄今爲止還沒有幾條大家都能夠接受的規律，這就說明我們還需要不斷地探索。有些話看起來似乎是規律，比如「多行不義必自斃」、「善有善報，惡有惡報」、「天網恢恢，疏而不漏」等等，其實未必是規律。多行不義的人不一定自斃，很多善人也並沒有得到善報。這只是一種感情，但並不是規律。北魏永安三年(530)，以暴虐著稱的軍閥爾朱兆以爲其叔父以爾榮報仇的名義率兵進攻洛陽，孝莊帝本以爲黃河深廣，敵軍難以渡過，豈料那天水深不及馬腹，且刮起大風沙，爾朱兆攻到宮門才被發現。於是殺孝莊帝、皇子及王公大臣，並縱兵大肆劫掠（事見《資治通鑑》卷一五四)。東魏武定五年（547)，楊衒之行經北魏舊都洛陽，已是一片蕭條，想起舊事，不禁感慨萬千：「昔光武受命，冰橋凝於滹水；昭烈中起，的盧踴於泥溝，皆理合於天，神祇所福，故能功濟宇宙，大庇生民。若兆者，蜂目豺聲，行窮梟獍，阻兵安忍，賊害君親，皇靈有知，鑑其凶德。反使孟津由膝，贊其逆心。《易》稱天道禍淫，鬼神福謙，以此驗之，信爲虛說。」(當年漢光武帝劉秀接受天命，滹沱河水結成冰橋，讓他順利渡河；昭烈帝劉備興起，的盧馬從泥溝躍起，使他得以脫險；這都是因為他們的作為符合天命，神靈降福，所以他們的功勳使普天之下受益，庇護萬民。而像爾朱兆這樣的人，雙目突出，聲音兇惡，行為就像食母的梟鳥和食父的獍獸一樣，倚仗軍隊安於做殘忍的事，殘害國君和親人，如果上天有知，應該明悉他的兇殘本性，反而使孟津的黃河水位降到僅及膝蓋，成全了他叛逆之心。《周易》上說：「上天會降災給邪惡的人，鬼神會賜福給謙遜的人。」從這件事來加以檢驗，真是假話。《洛陽伽藍記》卷一）可見善惡相報的天道，實在相信不得。在中國傳統的等級社會，無法從制度上保證公正與正義，底層無助的民眾受到壓迫，無處訴求，除了聖君、清官外，就只能寄希望於天道、鬼神的報應，尋得一丁點自我安慰而已。

儘管眞正普適的規律應該是簡單明瞭的，但認識它、運用它又是很不容易的。因爲這需要全面地考察整個人類的歷史，才能做出一個比較科學的總結。像湯恩比以數十年之功，寫下共計十二卷的巨著《歷史研究》，將人類世界分爲二十六個文明，分別考察它們的歷史發展，最後證明的只是很簡單的一點：文明是交替興衰的。而這二十六個文明中，除了西方文明也許還活著以外，其餘所有文明不是早已解體或衰亡，便是已經僵化或停滯了。基於這一學說，人們一直在預測西方文明何時衰落，東方文明何時復興，哪一種文明即將取代哪一種文明，似乎歷史永遠只能是非此即彼的輪迴。杭廷頓（Samuel P. Huntington）提出的「文化衝突論」在西方頗有市場，「中國威脅論」成爲一些政客和學者的熱門話題；甚至已經有人預言中國持續增長的人口需求將超出世界糧食供應的能力，因而必然造成全球性的災難。同時另一些人則把儒家學說抬高到不切實際的地位，並且稱之爲未來世界的文化主流；「大中華經濟圈」、「華人經濟」、「太平洋世紀」、「中國世紀」等等令人目眩的詞語和更多激動人心的論據日新月異。試問如果回教徒眞的都要強制實行基本教義主義，要是中國人眞的要將儒家文化推行到世界，要是華人眞的要建立起一個經濟或文化（當然隨之而來的是政治）的超級帝國，西方人能不感到驚恐不安嗎？

在我看來，要證明湯恩比的文明興衰學說很難。儘管他在西方被譽爲最偉大的歷史學家之一，但我看他書中有關中國的部分就極爲薄弱，甚至有明顯的錯誤。由此我就可以懷疑，即便他對其他文明的分析都是正確的，這也未必是眞正的規律，至少對中國就不適用。爲什麼西方文明的延續只能以遏制東方文明的興起爲代價（或者反之）？難道就不能產生這樣一種結局：人類共同創造一種集各種文明之長而又避各種文明之短的全新的文明，它既不是西方文明的延續，也不是儒家文明或回教文明的復興。從這一意義上說，即使現存的各種文明都消亡了，但從它們的優點都已被吸收的意義上說，它們都獲得了永生。古代的文明，在當時嚴酷的生產條件、交通條件、生活條件下，文明可能只能交替興衰，這一點湯恩比總結的規律也許是正確的，但問題在於，適應過去的規律未必適應於未來，而目前和未來正處於人類歷史上一個巨大變革的時代，隨著客觀條件的改變，文明興衰的規律也將發生變化。

首先是人類精神文明的進步，特別是在觀念、信仰、法律、制度等方面的進步，使全世界各國、各民族、擁有各種宗教信仰和生活在各種政治制度下的人民有了越來越多的共同性。聯合國憲章、全世界絕大多數國家的憲法和法律都承認一些基本原則，如保衛和平、制止侵略和戰爭、實行民主和法治、維護人權、保障信仰和思想的自由、政教分離、反對種族歧視等等。儘管還有少數當權者不承認這些原則，儘管理論上的承認並不等於實際上的實行，但今天的世界與有史以來任何一種文明最輝煌的階段相比，都不可同日而語。這不僅爲世界和平和進步、各國和各民族的和平共處提供了政治上的保證，而且使各種文化有了共存、共榮的基礎，因爲至少在這些原則上，不同文化之間的差異已經或將要消失。

其次，物質文明的進步已經或正在縮小各種文化在物質方面的差異。科學技術和工業生產的方式早已消除了不同物質文化之間本質上的差別，汽車、火車、飛機、輪船、電影、電視、電報、電話、音響、空調、照相機、傳真機、影印機、電腦、衛星通訊、網際網路、農業機械、基因技術、易開罐、牛仔服等等的使用、流行或普及並沒有因爲國家、民族和宗教信仰的不同而有太大的區別。人們的物質生活和精神生活雖然繼續保持著豐富多彩，但其物質基礎卻越來越趨於一致，因而也越來越互相滲透。豆腐是中國人發明的，但今天日本的流水線在中國生產豆腐，新的凝固劑和防腐保鮮材料取代傳統工藝，使豆腐進入了開發國家的超級市場。可口可樂是美國人的專利，但據說也用了中國的藥材（由於配方保密，只能是「據說」而已），更沒有影響它風靡世界。

現代科學技術需要人類的共同努力才能發展和進步，生產、流通的效率不僅要以大規模生產爲基礎，而且要求全球的一體化。跨國公司的出現和擴大，金融、資訊的國際聯網，無不意味著這些領域正在打破原來存在的各種界限。生態環境的保護已經使分屬不同國家、民族和宗教的人們不得不承認，地球是我們的共同家園，是一個不可分割的整體。任何一種文化，如果想要在未來生存和發展，就絕不能置身於日益全球化的世界之外。在這種情況下，它自然也不可能脫離外界的影響。

再者，地理環境的制約曾經在文化的興衰上起過重要的甚至決定性的作用，如氣候的變遷、河流的改道、某種疾病的流行、某些資源的枯竭，都可能導致一個帝國的崩潰、一個民族的滅絕或一種文明的消失。在可以預見的未來，儘管人類也無法超越地理環境的制約，但卻能夠充分運用地理環境所提供的條件，用科學技術來順應客觀規律。地球的資源是有限的，但人類的利用潛力卻遠未達到極限，只要利用的效率得到提高、方式得到改進，同樣數量和品種的資源就會產生高無數倍的效能。如果人類在超導技術、受控核聚變、生物基因工程方面取得進一步突破，那麼現有的資源就足以滿足全球人口未來相當長年代內的需要。由於地理環境變遷而引起的文化衰落儘管還不能完全避免，但這一過程必將大大延長。

地理環境也曾經是文化傳播的主要制約因素。在古代，一種文化的傳播速度之所以緩慢、影響的範圍之所以有限，以致有的文化在沒有傳播到外界之前就已滅絕，一個主要原因就是當時人無法克服地理障礙所造成的傳播困難。出於同樣的原因，人們要認識、選擇、學習、掌握一種先進的文化，往往需要付出巨大的代價、耗費漫長的時間。但現在，發達的交通工具已可在短時間內到達地球上有常住人口的每一個角落，先進的通訊手段已使大多數人能在原地了解世界上的最新進展。隨著多媒體技術和網際網路的發展與普及，不僅將使資訊傳播的空間和時間差異縮小到可以忽略不計，而且將使人們由對資訊的單向接受變爲多向參與，由視覺和聽覺的感知變爲各種感官的全方位體驗和反應。資訊革命對文化的影響並不局限於傳播速度和效率的無限提高，更在於使每種文化都幾乎同步地甚至超前地展現在世人面前，優勝劣汰的過程無疑將大大加快。

暴力、戰爭和侵略曾經是一些文明滅絕的主要原因，也是另一些文明得到強制推行的重要手段。但隨著人類自身的進步和科學技術的發達，以正義的戰爭反對並制止非正義的戰爭已成爲可能，第二次世界大戰最終以反法西斯同盟的偉大勝利而結束就證明了這一點。近一、二十年來以聯合國爲首的國際社會爲維護世界和平、解決地區衝突所做的不懈努力證明，只要國際社會團結一致，戰爭就有可能避免和制止。我們有理由相信，歷史上曾經一再重演的窮兵黷武、屠殺異教徒、滅絕異族、毀滅其他文明的慘劇將得到有效的防範和制止。

總之，透過人類的共同努力，我們完全有可能創造出一種全球性的、世界性的、全人類的文明。儘管這種文明也會由盛轉衰以至消亡，但與以往的文明相比，這一過程將大大延緩。而且人類完全有能力在它消亡之前創造出更加輝煌的新文明。如果把文化衝突解釋爲不同文化之間的矛盾、碰撞、挑戰和競爭，那麼只要有不同的文化存在就在所難免。但這樣的「衝突」可以是求同存異、自由競爭、和平共處，而不應該再是充斥於以往歷史中的相互排斥、訴諸武力、你死我活。文化的大同並不影響各種亞文化之間的小異，就像華夏文化、基督教文化、回教文化內部本來就存在著相當多的小異一樣，所以沒有必要擔心世界文化會從此暗淡無光、千篇一律，或者從此喪失了活力。

世界大同，曾經是無數先哲前賢畢生的理想與目標，也曾被不少人譏爲空想與幻夢。如果「大同」就是將全世界合併爲一個國家，實行一種制度，並且聽命於一位君主、一個政府、一個政黨或一種政治勢力；就是「溥（普）天之下，莫非王土；率土之濱，莫非王臣」（《詩經．小雅．北山》）；就是實現「世界革命」，那當然只能是一種狂妄的幻想，而且是歷史的大倒退。但如果「大同」是指世界各國之間建立共同遵守的秩序，確立公認的行動準則，用談判協商來解決問題，維護和平和發展，那麼世界不正是在走向「大同」嗎？這樣來看世界文明的大同，就不再是一個遙不可期的幻夢。

所以，我希望已經到來的二十一世紀既不是「太平洋世紀」、「中國世紀」或「儒家世紀」，也不是「基督教世紀」、「西方世紀」或「回教世紀」，而是世界世紀、全人類的世紀。同樣，儒家文化、中國文化面臨的迫切問題也不是如何走向世界或推廣到其他國家，而是如何融入世界或適應人類未來發展的需要。己所不欲，固然勿施於人；更爲重要的是，己之所欲，也同樣未必就能施於人，而應該讓別人來自由選擇。能在未來的世界文化中占有一席之地，固然是一種文化的光榮；經過比較和競爭被淘汰了，也是一種文化完成了歷史使命的標誌，是包括這種文化的主人在內的全人類的共同進步。

總之，對歷史哲學固然需要學術的論證和學理的研究，但更需要實踐、時間和空間的檢驗。它不僅適用於某一領域、某一時段、某一學科或某一國家，而且應該適用於相當廣泛的領域、相當長一個歷史階段、所有的學科和整個世界，並且能夠昭示未來。歷史哲學所研究和依據的是歷史規律，但眞正的歷史規律就像絕對眞理一樣，是可望而不可及的。即使是最傑出的歷史哲學家，他所認識的也只是比較接近絕對眞理的相對眞理而已。與其他人相比，他的本領只是相對正確地認識和闡述了歷史規律而已。

我從來沒有成爲歷史哲學家的企圖，但希望能夠掌握一些歷史哲學，就像我從來不奢望能當什麼大師，卻總是貪婪地占有本專業以外的知識，「究天人之際，通古今之變，成一家之言」（司馬遷），把史學通人作爲努力的方向。我知道我離這一目標還很遙遠，我也知道這一目標於我也許永遠都是無法實現的，但我願意自己一直這樣走下去，願自己永遠行走在前行的路上。

後　記

本書能夠問世，首先得感謝北京大學出版社的楊書瀾女士。當她第一次向我提出寫這本書的建議時，連我自己都不相信能寫出來。只是因爲對這一題目的興趣，再加上她的反覆勸說，才姑妄應之。直到書名和作者見諸廣告，甚至在趙世瑜兄寫的2001年中國歷史學的回顧文章（文載《中華讀書報》，2002.1.16）中已經提及時，本書還未最後定稿，要不是楊女士的耐心和堅持，或許早已流產了。

但要是沒有周筱贇君的參與，我肯定也無法寫出此書。周君是我指導的博士生，此前曾自告奮勇整理過我在復旦大學的幾次講演記錄，我看後很是滿意。在對楊女士的盛意無法再推辭、而我又抽不出多少時間的情況下，我與周君商定，由我擬出提綱，分段口述，請他錄音，並與我當場討論，然後據錄音整理成文，再作加工。

實際上，周君不但完成了整理，而且爲我核對了大量史料，補充了不少例證，也提出了一些正確的意見，糾正了我的錯誤和自相矛盾之處。例如，對「歷史」一詞的來歷，我以前只有模糊的印象和猜測，他花費了很多時間和精力，還寫信請教了上海漢語大詞典出版社的徐文堪編審、香港《詞庫建設通訊》的黃河清先生，並委託日本京都大學人文環境科的博士學位候選人鍾翀先生查閱日文文獻，終於找到了確切的證據。他還就寫作過程中遇到的學術問題請教過上海交通大學科學技術史系的江曉原教授、湖南人民出版社的朱正編審、浙江省社會科學院文學研究所的顧志興研究員、復旦大學歷史系的樊樹志教授等人，他的工作已經遠遠超出了記錄和整理，這本書是我們兩人合作的產物，他作爲本書的第二作者是當之無愧的。

此外，英國巴思大學（University of Bath）社會政策與科學系（Department of Social Policy & Science）的陳廣華、長沙中南大學金融系的陳楓、大連外國語學院法語系的王曉楓、復旦大學歷史地理研究中心的宣炳善、吳滔、復旦大學世界經濟研究所的田貞余、復旦大學外國語言文學系的陳潔、上海人民出版社的王衛東、上海財經大學人文學院的左鵬、復旦大學遺傳工程國家重點實驗室的程海鵬諸君，都曾經在各方面向作者提供了熱情而無私的幫助，在此一併致謝。

最後我還應該感謝本書的責任編輯劉方女士，她爲本書的出版做了大量的具體工作。由於本書最終經我定稿，對可能存在的錯誤均應由我負責。

葛劍雄

國家圖書館出版品預行編目資料

歷史學是什麼 = What is history? / 葛劍雄，周筱贇著.
-- 初版. -- 臺北市：揚智文化，2003 [民 92]
面； 公分. --（人文社會科學叢書：11）

ISBN 957-818-466-2（平裝）

1.史學

601 91021966

人文社會科學叢書 11

歷史學是什麼

編 著 者／葛劍雄、周筱贇◎著
出 版 者／揚智文化事業股份有限公司
發 行 人／葉忠賢
總 編 輯／閻富萍
登 記 證／局版北市業字第 1117 號
地 址／台北縣深坑鄉北深路 3 段 260 號 8 樓
電 話／(02)8662-6826
傳 真／(02)2664-7633
網 址／http://www.ycrc.com.tw
E-mail ／yangchih@ycrc.com.tw
印 刷／鼎易印刷事業股份有限公司
ＩＳＢＮ／957-818-466-2
初版一刷／2003 年 2 月
初版二刷／2009 年 2 月
定 價／新台幣 300 元